高职高专物流类专业系列教材

配送作业管理

主　编　彭秀兰　马冬梅

参　编　任晓雪

机械工业出版社

本书以配送作业流程为线索构建学习模块，每个学习模块都有具体的实训工作任务和多样的同步测试题。内容上既重视实训练习，也强调理论知识体系的构建。通过本书的学习，学习者将经历配送的各项典型作业管理控制过程，获得配送作业操作和管理技能，以及相关的实务理论知识。书中从配送作业管理基础讲起，接着讨论配送中心选址及内部规划问题，在此基础上，按照配送作业流程依次讨论订单处理与备货、拣货与配货、补货与加工、送货与退货等作业的控制程序，最后讨论的是配送线路优化和配送作业绩效评价问题。这些内容能使学习者专业技能和理论知识同时得到拓展和提高。

本书既可以作为高职高专、五年制高职、应用型本科等院校物流管理及相关专业的教材，也可以作为中职学校相关专业的教材，还可作为社会从业人员的参考用书。

图书在版编目（CIP）数据

配送作业管理/彭秀兰，马冬梅主编. —北京：机械工业出版社，2019.4（2023.5 重印）
高职高专物流类专业系列教材
ISBN 978-7-111-62699-2

Ⅰ．①配… Ⅱ．①彭… ②马… Ⅲ．①物流配送中心—作业管理－高等职业教育－教材 Ⅳ．①F252.14

中国版本图书馆 CIP 数据核字（2019）第 087191 号

机械工业出版社（北京市百万庄大街 22 号　邮政编码 100037）
策划编辑：孔文梅　　　责任编辑：孔文梅　张潇杰
责任校对：王　欣　　　封面设计：鞠　杨
责任印刷：邓　博
北京盛通商印快线网络科技有限公司印刷
2023 年 5 月第 1 版第 4 次印刷
184mm×260mm・14.25 印张・353 千字
标准书号：ISBN 978-7-111-62699-2
定价：45.00 元

电话服务　　　　　　　　　网络服务
客服电话：010-88361066　　机　工　官　网：www.cmpbook.com
　　　　　010-88379833　　机　工　官　博：weibo.com/cmp1952
　　　　　010-68326294　　金　书　网：www.golden-book.com
封底无防伪标均为盗版　　　机工教育服务网：www.cmpedu.com

前言

党的二十大报告中强调，加快建设制造强国、质量强国、航天强国、交通强国、网络强国、数字中国。推动现代产业发展，建设现代化产业体系离不开现代物流高质量发展的底层支撑。现代物流发展面临建设满足经济社会发展新需求的现代流通体系的新要求；面临电子商务快速发展，人民消费升级的新要求。而现代物流的发展离不开物流系统终端环节——物流配送的支持，因此在物流基础设施建设升级和结构优化的同时，加强物流配送的作业组织和管理意义重大。

配送作为物流活动之一，每时每刻都在发生。配送成本直接影响生产企业、流通企业及物流企业的总体收益，也影响企业的生产效率与人们的生活质量。随着电商行业的迅速发展，物流配送行业得到了巨大的发展，整个行业市场在不断地扩大，越来越多的投资者及创业者纷纷投身于物流配送行业。物流配送企业越来越多，但服务水平参差不齐，这势必会影响整个配送行业在市场上的地位。在经历了多年的发展之后，物流配送网络已经形成，物流配送已经进入配送服务标准化、品牌化的服务升级阶段。

配送企业从价格竞争向品质竞争转型，竞争取胜的关键是配送作业操作的质量和效率。所以，配送企业管理工作的重点应放在基层操作层面，设计优化作业流程和作业标准，规范操作人员的操作方法，在从业人员或准备从事配送工作的人员中普及作业流程及作业标准等实务理论知识并训练相关技能。配送物流既简单又复杂，其操作容易但做好做精难。如何让配送服务标准化，升级服务质量，提高客户满意度，是本书编写的出发点和归宿点。同时，将物流强国的使命感、责任感和紧迫感，有机地融入到相关内容中，打造融价值塑造、知识传授和能力培养为一体的实用教材。

配送行业的快速扩张，必然对业务操作人员、客服与营销人员、运营管理人员产生巨大的需求。其中，培养大批有真才实学又符合配送行业发展要求的基层管理实务人才是当务之急，这也是本书的编写目标，所以本书定位在配送作业操作管理层面。书中选取的知识总量覆盖整个配送活动的各项典型作业，重点讨论作业操作、衔接关系及作业控制程序。本书未讨论与仓储功能有关的内容，是为了避免与仓储管理课程内容重复。

本书以配送作业流程为线索编排内容。从"配送作业管理基础"（第一章）讲起，其中配送作业标准化管理是为回应当前实践中配送服务标准化、品牌化的服务升级要求而设置的；各项配送活动都是依托配送中心开展的，除送货外，配送的其他作业都是在配送中心内完成的，所以接下来就是认知配送中心，讨论配送中心选址及内部规划问题（第二章）；在此基础上，从第三章开始，按照配送作业流程环节顺序展开讨论订单处理与备货、拣货与配货、补货与加工、送货与退货等作业的控制程序，解决相关作业操作问题（第三～六章）；最后是对配送路线优化和配送作业绩效评价进行探讨（第七章和第八章）。通过这样的编排，让学习者经历配送的各项典型作业管理控制过程，获得配送作业操作和管理技能，以及相关的实务理论知识。

本书内容安排的指导原则是实用，满足教学需要，重内容，兼顾形式。教材内容设计既重视实训技能也重视专业知识，各学习单元（节）以配送的典型作业控制程序为线索构建知识体系，避免为了突出实训练习而使知识内容简单化、碎片化，为学生的职业发展奠定扎实的理论知识基础。实训练习强调实用性和可操作性，每一次的实训任务都是直观的实际问题，贴近实践，有内容、有难度、有意义，能对理论知识进行综合应用并能训练相关的技能。

本书共八章，具体分工如下：彭秀兰（辽宁省交通高等专科学校）编写第一章和第二章，马冬梅（辽宁省交通高等专科学校）编写第三～六章，任晓雪（辽宁省交通高等专科学校）编写第七章和第八章，最后由彭秀兰统稿、定稿。

本书在编写过程中，参考了大量的文献资料和相关的网络资源，引用了一些专家学者的研究成果和一些公司的案例资料，在此对这些文献作者表示诚挚的谢意。

为方便教学，本书配备电子课件、测试题答案等教学资源，凡选用本书作为教材的教师均可登录机械工业出版社教育服务网（www.cmpedu.com）免费下载。如有问题请致电010-88379375，QQ：945379158。

由于物流配送行业正处于不断的变革和发展之中，配送运营模式、作业管理方式、技术方法以及实践知识都在不断地调整和完善，还有待于进一步的探讨和研究。另外，虽然我们花费了大量的心血编写本书，但由于水平有限，书中难免出现疏漏和差错之处，恳请广大读者批评指正。

编　者

（2023 年 5 月重印改）

二维码索引

序 号	微课名称	二维码	页 码
1	中通快递转运中心作业流程		6
2	中通快递企业概况		19
3	中通快递自动化分拣设备		57

目 录

前 言
二维码索引
第一章 配送作业管理基础 1
    第一节 配送概述 2
    第二节 配送中心概述 19
    第三节 配送作业管理概述 24
    实训练习 31
    本章小结 32
    同步测试 32

第二章 配送中心选址及内部规划 35
    第一节 配送中心选址 36
    第二节 配送中心内部规划 47
    第三节 配送中心信息管理 61
    实训练习 62
    本章小结 65
    同步测试 65

第三章 订单处理与备货作业管理 69
    第一节 订单处理作业管理 70
    第二节 备货作业管理 85
    实训练习 95
    本章小结 100
    同步测试 101

第四章 拣货与配货作业管理 105
    第一节 拣货作业管理 106
    第二节 配货作业管理 124
    实训练习 128
    本章小结 129
    同步测试 130

第五章 补货与加工作业管理 ... 133
第一节 补货作业管理 ... 134
第二节 配送加工作业管理 ... 140
实训练习 ... 148
本章小结 ... 149
同步测试 ... 150

第六章 送货与退货作业管理 ... 152
第一节 送货作业管理 ... 153
第二节 送货车辆调度管理 ... 158
第三节 退货作业管理 ... 164
实训练习 ... 169
本章小结 ... 170
同步测试 ... 171

第七章 配送路线优化 ... 174
第一节 配送路线优化概述 ... 175
第二节 一对一直送式配送路线优化 ... 178
第三节 一对多分送式单车配送路线优化 ... 180
第四节 一对多分送式多车配送路线优化 ... 184
第五节 多对多直送式配送路线优化 ... 189
实训练习 ... 193
本章小结 ... 194
同步测试 ... 194

第八章 配送作业绩效评价 ... 199
第一节 配送作业绩效评价含义 ... 200
第二节 配送作业绩效评价指标 ... 202
第三节 配送作业绩效评价指标分析 ... 213
实训练习 ... 216
本章小结 ... 219
同步测试 ... 219

参考文献 ... 222

第一章 配送作业管理基础

▶▶▶ 学习目标 ◀◀◀

1. 能够陈述配送作业的一般流程。
2. 能够根据配送的节点、时间、数量等因素识别不同的业务类型。
3. 能够运用决策分析方法对配送的运营模式选择问题进行辅助决策。
4. 能够结合配送的环节及配送的作业流程,讲解配送中心的功能。
5. 能够根据配送中心的功能、构成和运营方式等因素,讲解配送中心的类型。
6. 能够根据制订作业标准的要求,为配送作业管理工作撰写《作业标准规范文件》。
7. 能够结合当前配送企业的经营现状,阐述实施配送作业标准化管理的现实意义。

引例

配送作业管理的重要性

任平是顺达物流公司的总经理。顺达物流公司以前是以整车运输业务为主,根据市场的需求情况变化,公司已转型为一家专业的配送企业,提供市内配送业务。一天,任经理接到客户反映问题的电话:"小任,我知道你们刚刚干起来,各方面做得总的来说还算很好。要求你们做得十全十美这不现实,但是该说的我还是要说,你们的那些送货司机态度非常不好。前天下午,你们送货晚点了,我们向司机提了一下,结果他们不但不虚心接受,反倒摆出了一大堆理由,又是'不该这个点儿要货',又是说'市内就这几条马路,这个时间段哪条路都堵车,我们有什么办法?'……好像全是我们的错,你们这样的态度,怎么能行呢?我想这些事你该处理一下,毕竟我们是你的客户呀!"

下午,任经理找来了车队运输管理的负责人小张,深入地了解了一下情况。

小张对任经理讲了目前的难处:"以前,车队利用大型运输工具进行长途批量运输,运输线路是一定的,可按计划运行,而且运送的货物量也大,这样在管理上,我们既能做到计划性,又能够事先算定运输费用。现在和以往的运输不一样了,配送在小范围内为分散在不同区域的多家客户提供少量、多频率的运送服务,与长途批量运输相比,管理方法是完全不同的,并且在市内配送,我们用的都是小型载货汽车。"

小张接着说:"我们管理的难度不在于用什么样的车,而在于如何安排配送运输这个控制环节。我来给您具体讲讲配送管理有什么难度。

① 配送操作是在城市这个平面场所进行面上运送的,城市里不同时间段的交通状况、路面是否有修路工程、有无交通事故等情况,每天是不一样的,这样,时间管理非常困难。

② 一次为多家客户分别送去少量商品的配送业务很多。这样会带来按什么顺序送货、怎样分配时间、装卸方不方便等问题。

③ 不可能每天都为同样的地方送同样的货,每天都会发生送货地点不同、货物量不同的问题。这样,就有必要事先拟订作业计划,这也是个难题。

④ 还有可能发生一些不可预知的事情,如途中遇到堵车;到达目的地时,必须停车卸货,如果是人工卸货,就要花时间;有时因客户的原因不得不等待等。

所有这些因素,都会造成不能将货物及时送抵、运输成本提高、客户不满意等问题……"

小张的一席话,坚定了任经理的想法:改进配送管理,提高客户服务水平。

上述案例中,出现了运输、配送、配送业务、配送运输等概念,那么,该公司所面对的运输与配送的差异何在呢?配送活动有哪些基本环节?它的基本作业流程是怎样的?如何提高配送服务质量让客户满意呢?本章我们将对配送的内涵、配送环节及作业过程、配送业务类型及经营模式给予详细阐述;同时,对配送业务的作业场所——配送中心的功能、类型进行介绍;最后对改进配送服务质量的措施办法——配送作业的标准化管理问题进行探讨。

第一节 配送概述

知识点 配送的基本概念、配送的基本环节、配送作业的一般流程、配送的典型作业、配送的业务类型、配送网络结构、配送运营模式、配送运营模式决策方法。

能力点 陈述配送作业的一般流程、识别不同配送的业务类型、选择配送的运营模式。

一、配送的基本内涵

(一)配送的产生

配送(或配送方式)是伴随着生产的不断发展而发展起来的。第二次世界大战后,为了满足物资需求,发达国家逐步发展了配送中心,加速了库存物资的周转,打破了仓库的传统观念。

配送作为一种新型的物流手段,是在变革和发展仓库业务的基础上开展起来的。因此,从某种意义上来说,配送是仓库功能的扩大化和强化。传统的仓库业务是以储存和保管货物为主要职能的,其基本功能是保持储存货物的使用价值,为生产的连续运转和生活的正常进行提供物质保障。但是在生产节奏日益加快,社会分工不断扩大,竞争日趋激烈的情况下,企业迫切要求缩短流通时间和减少库存资金占用,因此急需社会流通组织提供系列化、一体化和多项目的后勤服务。许多经济发达国家的仓库企业开始调整内部结构,扩大业务范围,转变经营方式,以适应市场变化对仓储功能提出的新要求。很多老式仓库转变成了商品流通中心,其功能由货物的"静态储存"转变为"动态储存",其业务活动由原来的单纯保管、储存货物变成了向社会提供多种服务,并且把保管、储存、加工、分类、分拣和输送等功能连成了一个整体。从服务方式看,变革以后的仓库可以做到主动为客户提供"门到门"的服务,可以把货物从仓库一直运送到客户的仓库、车间生产线或营业场所。这样,配送就逐渐形成和发展起来了。

(二)配送的基本概念

配送的概念最早广泛应用于日本,其英文"Delivery"指交货、送货。在日本工业标准(JIS)中,将配送定义为将货物从物流节点送交收货人。我国国家标准《物流术语》(GB/T 18354—2021)对配送(distribution)的定义是:根据客户要求,对物品进行分类、拣选、集货、包装、组配等作业,并按时送达指定地点的物流活动。

"经济合理区域范围内"一般指半径为30~50km。随着交通基础设施日益完善和配送工具日益先进,配送的业务辐射范围可涵盖半径300km的范围,如图1-1所示。

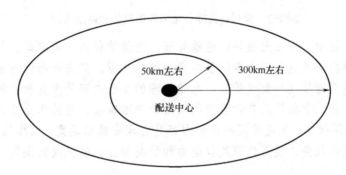

图1-1 配送的"经济合理区域范围内"示意图

企业案例1-1

配送与运输、仓储的区别

德邦物流股份有限公司(以下简称德邦)为了更好地帮助客户成功,2009年重新定位——做中国"精准物流领导者"。精准,即针对客户的货物,精准把控从下单到交货之间的每一个细小环节,确保100%安全到达。德邦通过实施作业流程标准化及客户服务人性化,实现了这一点。

德邦物流标准化运作的整体思路如图1-2所示。

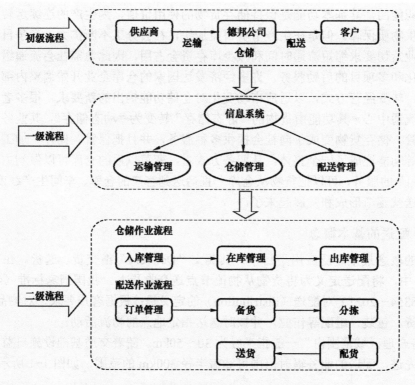

图 1-2　德邦物流标准化运作的整体思路示意图

上述一级流程中，分三大模块：运输管理、仓储管理和配送管理。其中，运输管理的工作内容由供应商负责，即由各地供应商为德邦送货，完成货物的运输，所以德邦的运营管理重点是仓储管理和配送管理。仓储管理的作业内容是负责物料的接收、保管和发放，保证账、物、卡相符及各种报表的及时性与准确性，监控库存及仓储成本，确保物料安全，提高周转率；配送管理的作业内容是合理安排承运商，以降低整体运输成本，统筹安排日常配送任务，提高故障处理能力和恢复能力，确保及时供货。

（三）配送的作用及意义

1. 完善和优化了物流系统

第二次世界大战之后，大吨位、高效率运输力量的出现，使干线运输无论在铁路、海运或公路方面都达到了较高水平，长距离、大批量的运输实现了低成本化。但是，在所有的干线运输之后，往往都要辅以支线转运或小搬运，这成了物流过程的一个薄弱环节。这个环节和干线运输有许多不同点，如要求灵活性、适应性、服务性等，致使运力利用不合理、成本过高等问题难以解决。采用配送方式，从范围来讲，将支线运输及小搬运统一起来，加上各种配送作业活动，使输送过程得以优化和完善。

2. 提高末端物流的效益

采用配送方式，通过增大经济批量（集中客户订单向上游统一订货）来实现经济进货，又通过将客户的各种商品集中在一起进行一次发货，代替分别向不同客户小批量发货来实现经济发货，使末端物流经济效益提高。

3. 通过集中库存使企业实现低库存或零库存

实现了高水平的配送之后，尤其是采取准时配送方式之后，生产企业可以完全依靠配送中心的准时配送而不需要保持自己的库存。或者，生产企业只需要保持少量保险储备而不必留有经常储备。这就可以实现生产企业多年追求的"零库存"，将企业从库存的包袱中解脱出来，同时解放大量储备资金，从而改善企业的财务状况。实行集中库存后，其库存总量远低于不实行集中库存时各企业分散库存的总量，同时增加了调节能力，提高了社会经济效益。此外，采用集中库存可利用规模经济的优势，使单位存货成本下降。

4. 简化事务，方便客户

采用配送方式，客户只需要在一处订购，或者与一个进货单位联系就可订购到以往需要去许多地方才能订到的货物，只需要组织对一个配送单位的接货便可代替现有的高频接货，因而大大减轻了客户的工作量和负担，也节省了事务性开支。

5. 提高供应保证程度

生产企业自己保持库存、维持生产时，供应保证程度很难提高（受到库存费用的制约）。采用配送方式，配送中心可以比任何单位企业的储备量更大，因而对每个企业而言，中断供应、影响生产的风险便相对降低，使客户免去了货物短缺之忧。

阅读链接

物流配送行业的未来发展方向和趋势

现在物流配送技术随着信息技术创新和机械技术进步，已经孕育出了如配载技术、线路优化技术、过程控制技术等省时、省力、省钱的物流业新模式、新理念。作为物流配送从业人员要学习新技术，做好充分的准备，以适应物流配送行业的未来发展要求。

（1）智能化物流配送将成为未来物流配送的重要发展趋势。物流配送行业将大量采用智能化、自动化技术，开发智能物流系统，实现自动导航、自动路径规划、自动化货物搬运、自动化出入库等功能，以提高物流的效率，降低成本。

（2）大数据技术也将成为未来物流配送发展的重要力量。通过大数据技术分析，可以获得客户行为数据，以深入了解客户的需求，实现对客户的个性化服务。

（3）云物流配送是将物流配送的所有组件、服务及其他资源，通过云计算技术集成，实现在云端共享和运营物流配送的服务，从而提高物流配送效率，降低成本。

（4）无人配送是指通过无人机、小车、自动货架及其他机器人设备，实现物品的自动搬运及配送，以替代人工进行物流配送的服务。

（5）3D打印技术将成为物流配送发展的重要方向。3D打印技术可以实现对货物进行定制，使货物运输更加安全，减少物流配送过程中的等待时间，提高物流效率。

（6）物联网技术可以实现物品的实时监控，使物流配送过程可追溯，能防止物流运输过程中的丢失及货物质量的变化，从而提高物流配送的效率和服务水平。

（7）因物联网、云计算、大数据等技术支持，实现虚拟化配送将成为可能。虚拟化配送可以让物流配送变得更加灵活，从而提高物流效率及客户支持。

（8）大规模无人驾驶技术也将大大提高物流配送效率。无人驾驶的物流车辆可以实现实时路径规划，减少路途中的时间消耗，从而提高物流效率。

总之，未来物流配送行业将继续受到新技术的推动，实现智能、便捷、安全、灵活的物流配送服务。

二、配送环节及作业流程

（一）配送的基本环节

配送作业是按照客户的要求，把货物分拣出来，按时按量发送到指定地点的过程。从总体上讲，配送是由备货、理货和送货三个基本环节组成的，其中每个环节又包含若干项具体的、枝节性的作业活动。

1. 备货

备货是指准备货物的系列活动，它是配送的基础环节。严格来说，备货包括两项具体活动：筹集货物和储存货物。

2. 理货

理货是配送的一项重要内容，也是配送区别于一般送货的重要标志。理货包括货物保管、分拣、配货和包装等经济活动，其中分拣是指采用适当的方式和手段，从储存的货物中选出客户所需货物的活动。分拣货物一般采取两种方式来操作：摘取式和播种式。

3. 送货

送货是配送活动的核心，也是备货和理货的延伸。在物流活动中，送货实际上就是货物的运输。在送货过程中，常常进行三种选择：运输方式、运输路线和运输工具。

（二）配送作业的一般流程

配送作业是配送企业运作的核心内容，因而配送作业流程的合理性以及配送作业效率的高低都会直接影响整个物流系统的正常运行。配送作业的一般流程如图1-3所示。

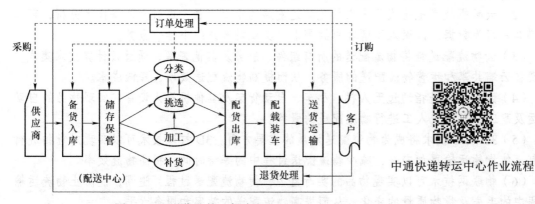

图1-3 配送作业的一般流程

当配送中心接到客户订单后，首先将订单按其性质进行"订单处理"，之后根据处理后的订单信息，从仓库中取出客户所需货品，拣货完成。一旦发现拣货区所剩的存货量过低，则必须由储存区进行"补货"作业。储存区的存货量低于规定标准时，便向供应商采购订货。从仓库拣选出的货品经过配货整理之后即可准备"发货"，等到一切发货准备就绪，司机便可将货品装在配送车上，向客户进行"送货"作业。另外，在所有作业进行中，可发现只要涉及物的流动作业，其间的过程就一定有"搬运"作业。从图1-3中还可以看出，订单处理是组织配送活动的前提和依据，是其他各项作业的基础。

配送作业的一般流程比较规范，但并不是所有的配送作业都按上述流程进行。不同产品的配送可能有独特之处，如燃料油配送就不存在配货、分放、配装工序，水泥及木材配送又多出了一些配送加工的过程，而配送加工又可能在不同环节出现。

（三）配送的典型作业

配送作业的流程涉及很多环节，我们选择订单处理、备货入库、拣货作业、配货作业、补货作业、配送加工、送货作业、退货作业以及信息处理等内容，在后续各章中逐一讨论，配送的典型作业如图1-4所示。

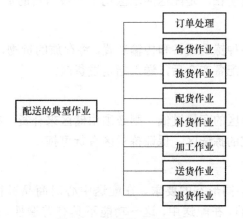

图1-4　配送的典型作业

1．订单处理

配送公司与其他经营实体一样，有明确的经营目标和服务对象。客户订单是配送公司开展配送业务的依据，因此，在开展配送活动之前，必须对订单信息进行分析和处理，据此安排备货、拣货、加工、补货、配货、送货等作业环节。

2．备货作业

备货作业是配送的准备工作和基础环节，是开展配送业务的物资保障。备货的目的在于把客户的分散需求集合成规模需求，通过大批量的采购来降低进货成本，在满足客户要求的同时提高配送效益，其订货、采购过程如图1-5所示。

图1-5　商物一体化的订货、采购过程

对于只委托配送服务的客户，订货、采购工作由客户直接向供应商下达采购订单，备货作业环节从负责接受商品开始，其订货、采购过程如图1-6所示。

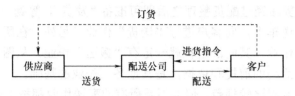

图1-6 商物分离模式的订货、采购过程

储存是备货验收入库后的延续作业，储存工作对整个配送有一定的影响。本书不对储存作业环节进行具体的讨论。

3．拣货作业

为保证商品准时送达，满足客户的需要，配送公司根据客户的订单要求对储存的商品进行拣取归类作业。从地位和作用上来说，拣货（分拣）是配送中心整个作业流程的关键环节，是配送活动的实质所在，是配送活动区别于一般送货的重要标志。

4．配货作业

配货作业是指使用各种拣选设备和传输装置，将存放的货物，按客户的要求拣选出来，进行分类、检查、包装、配备齐全后，送入指定发货区。

5．补货作业

拣货完成后发觉拣货区的存量过低，则必须由储区来补货。补货的目的是确保货品能保质保量地按时送到指定的拣选区，保证拣货区有货可拣。

6．加工作业

为满足客户对商品不同形态的要求，在配送中心对商品进行必要的分等、分割、包装等加工也是十分必要的。在配送中，这一功能不具有普遍性，但往往具有重要的作用。配送加工作业属于增值性经济活动，能够完善配送业务的服务功能，还可以取得加工增值收益。

7．送货作业

发货区的货品经配装配载后，装车发送，确保在准确的时间和地点送到客户手中。送货是配送活动的核心，也是配送的最终环节。送货直接面对客户，必须提高送货人员的服务质量。

8．退货作业

由于商品本身质量问题、配送作业操作中商品损坏或其他原因（送错、过期等），使退货或换货在配送活动中不可避免。退换货处理会增加物流成本，减少利润，所以做好商品退货管理工作有重要意义。

三、配送业务类型

配送业务类型是指通过有序组织和实施各项配送作业活动而形成的配送服务形式，配送业务大致有以下几种。

（一）按实施配送节点分类

1. 配送中心配送

配送的组织者是专职配送中心，规模较大。它有不同的组织方式：有的依靠配送中心储存各种商品，进行配送，因而储存量比较大；也有的专职于配送送货，储存量较小，货源靠附近的仓库补充。配送中心的专业性较强，和客户有固定的配送关系，一般实行计划配送，需要配送的商品有一定的库存量。配送中心的设施及工艺流程是根据配送需要专门设计的，所以配送能力强，配送覆盖区域较大，配送品种多，配送数量大。配送中心可以承担连锁商业的配送以及工业生产所需主要物资的配送，还可以向配送商店实行供货性配送等。配送中心配送是配送的重要形式，如京东在各大城市的物流中心就专职于本企业的配送任务。

2. 仓库配送

仓库配送是以一般仓库为中心组织的配送。它可以是将仓库完全作为配送中心，也可以是在保持仓库仓储功能的基础上，增加一部分配送功能。由于不是按配送中心的要求专门设计和建立的，所以仓库配送规模较小，专业化较差。因为可以利用原仓库的储存设施及能力、收发货场地、交通运输线路等，所以仓库配送是开展中等规模配送可选择的配送形式，也是较容易利用现有条件而不需大量投资且运营较快的形式。

3. 商店配送

配送的组织者是商业的门市网点，这些网点主要承担商品的零售业务，规模一般不大，但经营品种较齐全。除日常零售业务外，还可根据客户的要求将商店经营的品种配齐，或者代客户外订外购一部分本商店平时不经营的商品，和商店经营的品种一起配齐送达客户。这种配送组织者实力有限，往往只是小量、零星商品的配送。因为客户需求量不大，有些商品只是偶尔需要，很难与大配送中心建立计划配送关系，所以利用小零售网点从事此项工作。商店零售网点数量较多，配送半径较短，比较灵活机动，可承担生产企业非主要生产物资的配送及对消费者个人的配送，这种配送是配送中心配送的辅助及补充的形式。

4. 生产企业配送

配送的组织者是生产企业，尤其是进行多品种生产的生产企业，可以直接由本企业进行配送而无须再将产品发运到配送中心进行配送，由于避免了一次物流中转，所以有一定优势。但是，生产企业尤其是现代生产企业，往往进行大批量低成本生产，品种较单一，没有配送中心依靠产品凑整运输的优势。因而生产企业配送不是配送的主要形式。一般就地生产、就地消费的食品、饮料、百货等，某些不适于中转的化工产品及地方建材等生产资料，可采用这种方式。

（二）按配送时间及数量分类

1. 定时配送

定时配送是按规定时间间隔进行配送，如数天或数小时进行一次，每次配送的品种及数量可按计划执行，也可在配送之前以商定的联络方式（如电话、计算机终端输入等）通知配送品种和数量。这种方式由于时间固定，易于安排工作计划，易于计划使用车辆，也易于客户安排接货力量（如人员、设备等）。但是，由于配送物品种类经常处于变化的状态，配货、装货难度较大，在要求配送数量变化较大时，也会使配送运力安排出现困难。定时配送有以下两种具体形式。

1）日配（当日配送）。日配是定时配送中运用较为广泛的方式，尤其是城市内的配送，日配的比例较大。日配的时间要求大体上是上午的配送订货下午可送达，下午的配送订货第二天早上送达，送达时间在订货的24小时之内；或者是客户下午的需要保证上午送到，上午的需要保证前一天下午送到，在实际投入使用前24小时之内送达。日配方式对下述情况特别合适：消费者追求新鲜的食品，如水果、点心、肉类、蛋类、蔬菜等；客户是多个小型商店，追求周转快，随进随售；客户由于条件限制，不可能保持较长时期的库存，如已采用零库存方式的生产企业，"黄金宝地"位置的商店以及缺乏储存设施（如冷冻设施）的客户；临时出现的需求。

2）准时-看板方式。准时-看板方式是使配送供货与生产企业生产保持同步的一种方式。这种方式比日配方式和一般定时方式更为精细准确，配送每天至少一次，多则几次，以保证企业的不间断生产。准时-看板方式所追求的是出货时间恰好是客户的生产之时，从而货物不需在客户仓库中停留，就可直接运往生产场地。和日配方式相比，它连"暂存"也可取消，可以绝对实现零库存。准时-看板方式非常适合装配型重复大量生产的客户，这种客户所需配送的物资重复、大量且无大的变化，因而往往是一对一的配送，如为某汽车制造公司提供上线零部件的配送中心就是采用这种配送方式。

2．定量配送

定量配送是按规定的批量在指定的时间范围内进行的配送。这种方式配送物资的数量固定，备货工作较为简单，可以按托盘、集装箱及车辆的装载能力规定配送的数量，能有效利用托盘、集装箱等集装方式，也可做到整车配送，因此配送效率较高。由于时间无严格限定，它可以将不同客户所需的物品集合整车后配送，运力利用率较高。对客户来讲，在每次接货时间处理同等数量的货物，有利于进行人力、物力的准备。

3．定时定量配送

定时定量配送是按照规定的配送时间和配送数量进行配送，这种方式兼有定时、定量两种方式的优点，但特殊性强，计划难度大，适合采用的对象不多，不是一种普遍的方式。

4．定时定路线配送

定时定路线配送是指在规定的运行路线上制订到达时间表，按运行时间表进行配送，客户可按规定时间接货及提出配送要求。采用这种方式有利于计划安排车辆及驾驶人员。在客户较多的地区，也可免去由于过分复杂的配送要求所造成的配送组织工作及车辆安排上的困难。对客户来讲，不但可以对一定路线、一定时间进行选择，又可以有计划地安排接货力量。但这种方式应用也是有限的，对客户的选择性较强，不是所有客户都能利用这种方式。

5．即时配送

这是完全按客户突然提出的时间和数量要求随即进行配送的方式，是有很高灵活性的一种应急方式。采用这种方式配送的物品可以实现保险储备的零库存，即采用即时配送代替保险储备，如顺丰推出的"即刻送"产品，以服务商超或门店为主，发力3~5公里之内的主流O2O配送，单人完成收派，即拿即送，1小时送达。

企业案例1-2

精准配送

某精准配送公司是一家从事电子产品配送的物流服务商，为手机店提供手机等电子产品配送是其主要的业务。因为这类产品的价格变化较快，客户往往只留很少的库存或者采取零库存策略，因此，配送的时间和数量要求非常不确定。公司经常因为客户的临时插单而影响正常的工作程序。为了解决这一问题，公司开发了一套实用的软件来处理订单，安排配送工作。经过努力，公司目前已经能够应对这种预先不确定时间、数量及送货路线的订单，成为先进的配送企业。

四、配送业务运营模式

配送业务运营模式是指配送主体对配送业务所采取的基本战略与方法，是根据配送对象的性质、特点及工艺流程而固定的配送运营规律。

（一）配送网络结构

配送业务运营模式的选择受现有配送网络结构的影响。配送网络结构主要是由物流网络的物流节点、物流通道和物流市场构成，这些要素相对固化，配送模式只能在现有的配送网络基础上形成自己的营利模式。配送网络结构大致有以下三种。

1. 集中型配送网络

集中型配送网络是指在配送系统中只设一个配送中心，所有用户需要的物品均由这个配送中心完成配送。它的特点是管理费用少，安全库存低，客户提前期长，运输成本中的外向运输成本相对高。它的网络结构主要成员有生产企业、单一区域配送中心、零售店或居民用户。配送中心首先从生产企业集中进货，再集中配送给各个零售店或居民用户，如图1-7所示。

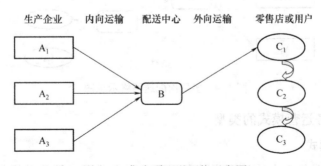

图1-7 集中型配送网络示意图

2. 分散型配送网络（单层次配送网络）

分散型配送网络是指配送系统中设有多个配送中心，而将用户按一定的原则分区，归属某一个配送中心开展配送。它的特点是配送中心离用户近，外向运输成本低，供应商内向运输成本大，库存分散带来的安全库存及总平均库存增大，用户提前期较短。其网络结构的主要成员有生产企业、区域多个并列配送中心、零售店或居民用户。多个配送中心从生产企业集中进货，再各自配送给零售店或居民用户，如图1-8所示。

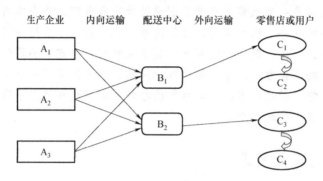

图1-8 分散型配送网络示意图

3. 多层次配送网络

多层次配送网络是指有两层或更多层次的物流中心和配送中心，其中至少有一层是配送中心，而且是靠近用户的物流配送系统。它的特点是库存集约化，不一定增加商品库存量；内向运输成本和外向运输成本相对降低；商品库存时间较短，用户提前期较短。它的网络结构成员有生产企业、区域多个层级配送中心、零售店或居民用户。上级配送中心从生产企业集中进货，再配送给下级配送中心，再由下级配送中心根据自己的服务区域给该区域的零售店或居民用户配送货物，如图1-9所示。

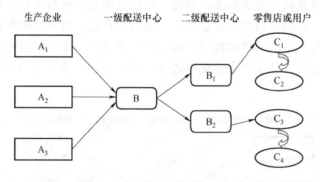

图1-9 多层次配送网络示意图

（二）配送业务运营模式的类型

1. 自营配送模式

自营配送模式是指企业物流配送的各个环节由企业自身筹建并组织管理，实现对企业内部及外部货物配送的模式。此模式有利于企业供应、生产和销售的一体化作业，企业对配送各个环节有较强的控制能力。不足之处表现在，企业为建立配送体系的投资将会大大增加,在企业配送规模较小时,配送的成本和费用也相对较高,可能会影响企业的核心业务。

一般而言,采用这种配送模式的企业大都是规模较大的集团公司,如青岛海尔集团、美国沃尔玛公司等。

企业案例1-3

京东的自营物流配送经营模式

随着无界零售时代的到来,京东物流以降低社会物流成本为使命,致力于成为全球供应链基础设施服务商,将基于短链供应,打造高效、精准、敏捷的物流服务;通过技术创新,实现全面智能化的物流体系;与合作伙伴、行业、社会协同发展,构建共生物流生态。通过智能化布局的仓配物流网络,京东物流为商家提供仓储、运输、配送、客服、售后的正逆向一体化供应链解决方案,快递、快运、大件、冷链、跨境、客服、售后等全方位的物流产品和服务,以及物流云、物流科技、物流数据、云仓等物流科技产品。目前,京东物流拥有中小件、大件、冷链、B2B、跨境和众包(达达)六大物流网络。

2. 第三方配送模式

第三方配送模式是指企业物流配送的各个环节委托给外部第三方物流企业来完成货物配送的模式。第三方物流(简称TPL)也称物流服务提供者(Logistics Service Provider),是指专门从事商品运输、库存管理、订单处理、流通加工、包装、配送、物流信息管理等物流活动的社会化物流系统。其基本功能是设计执行及管理商务活动中的物流要求,利用现代物流技术与物流配送网络,依据与第一方(供应商)或第二方(需求者)签订的物流合同(合作形式是一对一服务),以最低的物流成本,快速、安全、准确地为客户在特定的时间段内,按特定的价格提供个性化的一系列物流服务。此外,合同物流、物流外协、全方位物流服务公司、物流联盟等,也基本能表达与第三方物流相同的概念。

大型工商企业一般都倾向于与第三方物流服务商签订长期合同,为其提供稳定可靠的配送服务。第三方配送模式如图1-10所示。

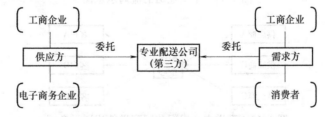

图1-10 第三方配送模式示意图

把配送等辅助功能外包,企业能够集中精力于核心业务,因此,第三方配送模式是现代工商企业和电子商务企业开展配送业务的首选。

企业案例 1-4

通用汽车委托专业物流公司提供第三方物流服务

美国通用汽车在美国的 14 个州中，大约有 400 家供应商负责把各自的产品送到 30 个装配工厂进行组装，由于卡车满载率很低，使库存和配送成本急剧上升。为了降低成本，改进内部物流管理，提高信息处理能力，通用汽车公司委托专业的物流公司 Penske 为它提供第三方物流服务。通用汽车公司在 Cleveland 使用一家有战略意义的配送中心，配送中心负责接收、处理、组配半成品，由 Penske 派员工管理，同时 Penske 也提供 60 辆载货汽车和 72 辆拖车，除此之外，还通过 EOI 系统帮助通用汽车公司调度供应商的运输车辆以便实现 JIT 送货。为此，Penske 设计了一套最优送货路线，增加供应商的送货频率，降低库存水平，改进外部物流活动，运用全球卫星定位技术，使供应商随时了解行驶中的送货车辆的位置。与此同时，Penske 通过在配送中心组配半成品后，对装配工厂实施共同配送的方式，既降低了载货汽车空载率，也减少了通用汽车公司的运输车辆，只保留了一些对 Penske 所提供的车队有必要补充作用的车辆，这样也减少了通用汽车公司的运输单据处理费用。

3．共同配送模式

共同配送的主要追求目标，是使配送合理化。共同配送可以分为以货主为主体的共同配送和以物流企业为主体的共同配送两种类型。

1）以货主为主体的共同配送也称共享第三方物流服务，指多个客户联合起来共同由一个第三方物流公司来提供配送服务。它是在配送中心的统一计划、统一调度下展开的。图 1-11 所示为未开展共同配送前的个别配送情况下的流通示意图，图 1-12 所示是开展共同配送后的流通示意图。

图 1-11　个别配送的流通示意图

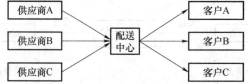

图 1-12　配送中心组织共同配送的流通示意图

由于共同配送是多个货主企业共享一个第三方物流公司的设施和设备，并由多个货主共同分担配送成本，从而降低了货主企业的配送费用支出。另外，由多个不同货主的零散运输通过整合可以变成成本更低的整车运输，从而使得运输费用也大幅度降低。

2）以物流企业为主体的共同配送是由多个配送企业联合组织实施的配送活动。联合协作体现在配送共同化、物流资源利用共同化、物流设施设备利用共同化以及物流管理共同化，如图 1-13 所示。组建物流联合体要坚持成员企业之间功能（如储存、分拣、分货、分装、加工等）互补，充实和强化联合体的整体功能，弥补单一企业功能的不足，实现物流资源的有效配置，以更好地满足客户需求，提升物流能力。

随着经济的发展，很多配送公司都想扩展自己的业务、开拓新的市场，或进入其他的产品市场。但是，在进行投资之前这些公司都非常谨慎并希望投资风险尽量减小，基于此方面的原因，很多配送公司采取了共同配送的运营形式。

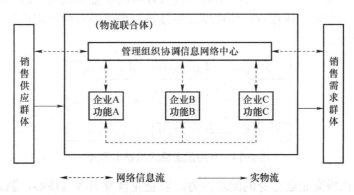

图 1-13　以物流企业为主体的共同配送模式示意图

共同配送的本质是通过作业活动的规模化和共享配送设施设备，降低配送作业成本，从而间接地为其客户节省费用。共同配送可以实现效益共享，它是物流配送发展的总体趋势。当然，共同配送涉及很多具体的细节问题，在实施过程中难免会出现一些困难。

现在很多第三方物流公司都提供共同配送服务，而且通过与 ECR（有效消费者响应）和连续补货方式相联系，更显现出其独特之处。尤其是在零售业，共同配送非常流行，因为零售业的一个重要特点就是产品种类多，因此一个零售商要有很多的供货商向其供货。又如药品与保健品公司为了快速履行订单，在主要的销售点附近保存少量的存货，因为这些销售点的空间较小，为保证在有限的空间内陈列更多的商品，就不能保有太多的库存，因此采用共同配送进行及时补货是非常适合的。

企业案例 1-5

孟买批发分公司的共同配送

孟买家具及配件公司近来想要成立一家服务于成千上万零售店和网上商店的批发分公司，新成立的批发分公司所销售产品的性质和零售渠道同之前的业务是完全不同的，它们必须要有能力履行位于不同地方的成千上万个客户的订单。由于服务的集约化以及运量的不同，它们几乎需要使用所有的运输方式，很多客户还要求采用特殊的条码和标签。综合各方面的因素，共同配送成为孟买批发分公司的首选。孟买批发分公司选择了 USCO 物流公司作为其物流服务商，共享其物流设施。它们之间的协议是一月一签，采用按件计费的收费方式。这使孟买批发分公司避免了支付人工、设备和设施等高额管理费用，也给了孟买批分分公司更大的发展空间，并为它们的服务能力带来了更大的柔性。随着客户订单的快速增长，孟买批发分公司依靠 USCO 物流公司的帮助实现订单发行程序的自动化，并得到该公司为顾客定制条码和标签的技术支持。孟买批发分公司同样也把公司所有的外向运输交给了 USCO 物流公司，这在一定程度上要比孟买公司自己与运输公司谈判签约所付的运费要低。

4. 互用配送模式

互用配送模式是几个企业为了各自利益，以契约的方式达成某种协议，互用对方配送系统而进行的配送模式。其优点在于不需要投入较多的资金和人力，就可以扩大自身的配送规模和范围，但需要企业有较高的管理水平以及与相关企业的组织协调能力。互用配送模式如图 1-14 所示。

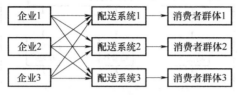

图 1-14 互用配送模式的基本形式

互用配送旨在提高企业自身的配送能力，以企业自身服务为核心，强调自身的作用。互用配送模式目前还没有典型的业务案例，因为该模式要求企业有较高的管理水平以及与相关企业的组织协调能力。

（三）配送业务运营模式的选择

对于配送业务运营模式的选择，首先，有配送业务需求的企业应该掌握各种配送运营模式的基本理论和应用发展规律；其次，应充分考虑运营模式选择的影响因素，如配送对企业的重要性、企业的配送能力、市场辐射范围、配送服务区域、配送综合成本以及配送服务的要求等；然后，企业要根据自身的综合实力选择适当的运营模式。

运营模式选择的决策分析方法有以下几种。

1. 确定条件下的决策方法

不同运营模式在确定的经营状态下，其收益或损失值可以定量地估算出来，假设有表 1-1，此时可应用计算综合评价值的方法进行评价选择。

表 1-1 确定型决策分析表

评价项目及重要度 \ 配送模式	成本费用（万元）0.1	销售额预计值（万元）0.3	利润总额（万元）0.4	客户满意度（%）0.2
自营配送	10	220	25	98
第三方配送	5	140	15	99
互用配送	8	180	17	97

综合评价值计算如下，评价值越高，说明该配送模式综合评价的效果越好。

自营配送模式综合评价值：5/10×0.1+220/220×0.3+25/25×0.4+98/99×0.2=0.95

第三方配送模式综合评价值：5/5×0.1+140/220×0.3+15/25×0.4+99/99×0.2=0.73

互用配送模式综合评价值：5/8×0.1+180/220×0.3+17/25×0.4+97/99×0.2=0.76
因为：0.95>0.76>0.73，所以，自营配送模式是最佳的选择。

2．不确定条件下的决策方法

如果运营模式面临的经营状态发生的概率不能确定，此时决策问题的评价选择方法很多，现结合下面的例子简单介绍。

某企业有一新产品的配送任务，该企业管理层有三种配送运营模式可供选择：自营、互用、第三方；新产品的市场需求状态有三种：需求较好、需求一般、需求较差。根据以往经验，管理层计算出三种运营模式在不同的需求状态下的收益值（见表1-2），由于是新产品，所以未来的需求情况好坏无法确切知道。那么管理层该如何选择新产品的配送作业运营模式呢？

表1-2　不确定型决策分析表　　　　　　　　　　　　　　　　（单位：元）

需求状态 运营模式	需求较好	需求一般	需求较差
自营（A_1）	200 000	120 000	80 000
互用（A_2）	160 000	160 000	100 000
第三方（A_3）	120 000	120 000	120 000

（1）最大-最大法（乐观法）

决策者不放弃任何一个获得最好结果的机会，争取大中之大，充满着乐观冒险的精神。它的决策步骤是：

1）找出每个模式在不同状态下的最大收益值。

A_1：max{200 000, 120 000, 80 000}=200 000

A_2：max{160 000, 160 000, 100 000}=160 000

A_3：max{120 000, 120 000, 120 000}=120 000

2）从各方案的最大收益值中找出最大值。

max{200 000, 160 000, 120 000}=200 000

3）所求得的最大收益值200 000对应的模式是A_1，故选择A_1为最优模式。

（2）最小-最大法（悲观法）

决策者比较谨慎小心，总是从未来的市场需求情况可能较差的状态考虑，然后再选择最优的可行方案。它的决策步骤是：

1）找出每个模式在不同状态下的最小收益值。

A_1：min{200 000, 120 000, 80 000}=80 000

A_2：min{160 000, 160 000, 100 000}=100 000

A_3：min{120 000, 120 000, 120 000}=120 000

2）从各方案的最小收益值中找出最大值。

max{80 000, 100 000, 120 000}=120 000

3）所求得的最大收益值120 000对应的方案是A_3，故选择A_3为最优模式。

（3）"遗憾值"法

当某一种经营状态出现时，如果决策者由于决策失误未选取收益最大的运营模式，而

是选了其他模式,因而会感到遗憾而后悔,这两个模式下的收益值之差叫遗憾值或后悔值。它的决策步骤是:

1)找出对应于各种状态下每种模式的最大收益值。

A_1: max{200 000, 160 000, 120 000}=200 000

A_2: max{120 000, 160 000, 120 000}=160 000

A_3: max{80 000, 100 000, 120 000}=120 000

2)求出各模式在不同状态下的遗憾值,见表 1-3。

表 1-3 遗憾值表 (单位:元)

需求状态 运营模式	需求较好	需求一般	需求较差	取最大遗憾值
自营(A_1)	0	40 000	40 000	40 000
互用(A_2)	40 000	0	20 000	40 000
第三方(A_3)	80 000	40 000	0	80 000

3)从表 1-3 的遗憾值中选出每个方案的最大遗憾值,列入表的最右列中。

4)从三个方案的最大遗憾值中,选出其中最小的,表中 A_1、A_2 方案的遗憾值最小,故 A_1、A_2 为最优模式。

(4)等概率法(平均法)

等概率法假定各种经营状态出现的概率相等。

本例中,各种状态发生的概率为 0.33,三种模式的等概率的收益值计算如下:

A_1: 200 000×0.33+120 000×0.33+80 000×0.33=132 000

A_2: 160 000×0.33+160 000×0.33+100 000×0.33=138 600

A_3: 120 000×0.33+120 000×0.33+120 000×0.33=118 800

按等概率法计算收益值最大为 138 600 元,对应的模式为 A_2 最优。

(5)折中法

这种准则的思路是对乐观准则和悲观准则的折中。每个模式折中收益值的计算公式为

折中收益值=最大收益值×α+最小收益值×(1-α)

其中 α 为乐观系数,若 α=1,就是乐观准则;若 α=0,就是悲观准则。在所有模式中选择折中收益值最大对应的模式为最优。

在本例中,若取 α=0.8,有关三种模式的折中收益值的计算过程为

A_1: 200 000×0.8+80 000×(1-0.8)=176 000

A_2: 160 000×0.8+100 000×(1-0.8)=148 000

A_3: 120 000×0.8+120 000×(1-0.8)=120 000

最大的折中收益值为 176 000 元,对应的模式为 A_1 为最优。

综上所述,对于不确定型决策问题,若采用不同的决策方法,则求得的决策结果也各不相同。因此,具体采用何种方法一般视决策人的态度而定。

3.风险条件下的决策方法

如果能够对经营状态发生的概率做出估计,此时的决策问题可用期望值法进行决策,计算出每种模式下的期望值,见表 1-4。

表 1-4　风险型决策分析表　　　　　　　　　　　　　（单位：元）

需求状态及概率 运营模式	需求较好 0.3	需求一般 0.5	需求较差 0.2
自营（A_1）	200 000	120 000	80 000
互用（A_2）	160 000	160 000	100 000
第三方（A_3）	120 000	120 000	120 000

A_1：200 000×0.3+120 000×0.5+80 000×0.2=136 000

A_2：160 000×0.3+160 000×0.5+100 000×0.2=148 000

A_3：120 000×0.3+120 000×0.5+120 000×0.2=120 000

A_2 的数学期望值 148 000 为最大，所以，选择模式 A_2 为最优运营模式。

第二节　配送中心概述

知识点　配送中心的含义、配送中心的功能、供应型配送中心、销售型配送中心、储存型配送中心、流通型配送中心、加工型配送中心、城市配送中心、区域配送中心、配送中心岗位设置。

能力点　陈述配送中心的功能、陈述配送中心的类型。

一、配送中心的含义

日本《物流手册》将配送中心定义为：从供应者手中接收多种大量的货物进行倒装、分类、保管、流通加工和情报处理等作业，然后按照众多需要者的订货要求备齐货物，以令人满意的服务水平进行配送的设施。

我国国家标准《物流术语》（GB/T 18354—2021）对配送中心（distribution center，DC）的定义是：具有完善的配送基础设施和信息网络，可便捷地连接对外交通运输网络，并向末端客户提供短距离、小批量、多批次配送服务的专业化配送场所。

中通快递企业概况

综上所述，配送中心是一种末端物流的结点设施，通过有效地组织配货和送货，使资源的最终端配置得以完成。现代化商品配送中心集商流、物流、信息流、资金流于一体，一头连接生产，一头连接销售。

企业案例 1-6

美国沃尔玛商品公司的配送中心

沃尔玛配送中心是由沃尔玛公司独资建立的，专为本公司的连锁店按时提供商品，确保各店稳定经营。该中心的建筑面积为 12 万 m^2，总投资 7 000 万美元，有职工 1 200 多人；配送设备包括 200 辆车头、400 节车厢、13 条配送传送带，配送场内设有 170 个接货口。配送中心 24 小时运转，每天为分布在纽约州、宾夕法尼亚州等 6 个州的沃尔玛公司的100家连锁店配送商品。配送中心完全实现了装卸搬运机械化,全面采用叉车、托盘作业系统,配以蓄电池拣选搬运车等去实现装卸搬运作业的机械化。配送中心就是一个大型的仓库,一端是装货月台,另外一端是卸货月台,两项作业分开进行。

二、配送中心的功能

配送中心作为专业从事货物配送活动的物流场所和经济组织,它是集备货、理货、送货等多种职能于一体的物流结点。也可以说,配送中心是集货中心、分货中心、加工中心的综合。因此,配送中心具有以下一些功能。

1. 采购功能

配送中心只有采购到所需供应配送的商品,才能及时、准确无误地为其客户即生产企业或商业企业供应物资。为此,针对市场的供求变化情况制订和及时调整统一而周全的采购计划,并由专门的人员组织实施的采购活动是配送中心的首要功能。

2. 集散功能

配送中心凭借其区位优势和各种先进的设施和设备,能够将分散在各个生产企业的产品集到一起,经过分拣、配货,向多家客户发运。配送中心也可以把各个客户所需的多种货物有效地组合(或配装)在一起,形成经济、合理的货载批量,集中送到分散的客户手中。

3. 存储功能

配送中心的服务对象是为数众多的生产企业和商业网点(如超市和连锁店)。为了顺利而有序地完成任务及更好地发挥保障生产和消费需要的作用,配送中心需要建设现代化的仓库,并配备一定数量的仓储设备,存储一定数量的商品,形成对配送的资源保证。

4. 分拣功能

每个客户的订单都至少包含一项以上的商品,这些不同种类的商品需要由配送中心挑选出来并集中在一起。分拣(拣货)就是将一批相同或不同的货物,按照客户不同的要求拣选后集中在一起进行配送。强大的分拣能力是配送中心实现按客户要求组织送货的基础,也是配送中心发挥其分拣中心作用的保证,分拣功能是配送中心的重要功能之一。

5. 分装功能

提供产品的企业常常通过大批量生产来降低生产成本,但使用产品的用户为了降低库存、加快资金周转、减少资金占用,则往往要采用小批量进货的方法。配送中心为了满足双方用户的要求,在产品大量购进后,需就地分装,然后实施配送。

6. 加工功能

为了扩大经营范围和提高配送水平,目前国内外许多配送中心都配备了各种加工设备,由此形成了一定的配送加工能力。这些配送中心能够按照客户的要求,将组织进来的货物按一定的规格、尺寸和形状进行加工。配送加工不仅方便了客户,而且提高了物质资源的利用率和配送效率,同时还为配送中心增加了附加效益。

7. 送货功能

将配装好的货物按到达地点或送货路线进行送货。配送中心可以租用运输车辆或使用自己的专业运输车队。

8. 信息处理功能

配送中心连接着物流干线和配送,直接面对产品的供需双方,因而不仅是实物的连接,更重要的是进行信息的传递和处理,包括配送中心的信息生成和交换。

每个配送中心一般都具有以上这些功能,根据其对某一功能的重视程度不同,决定着该配送中心的性质也不相同,而且它的选址、内部构造、规模和设施等也随之变化。

三、配送中心的类型

由于配送中心建造企业的背景不同,其配送中心的功能、构成和运营方式会有很大区别,配送中心具体分类方式及类型如下。

(一) 按配送货物流向分类

1. 供应型配送中心

供应型配送中心是专门向某些用户供应货物,充当供应商角色的配送中心,其服务对象有两类:一类是组装、装配型生产企业,为其供应零部件、原材料或半成品;另一类是大型商业组织(超市或连锁商店),为其配送的货物主要是各类生活消费品。

供应型配送中心一般都建有大型的现代化仓库,占地面积大,采用高效先进的机械化作业。例如,我国上海地区 6 家造船厂的钢板配送中心,就属于供应型物流配送中心。又如,始建于 1987 年 3 月的英国斯温顿 Honda 汽车配件配送中心,占地面积为 150 万 m^2,总建筑面积为 7 000m^2,经营配件 6 万余种,储存的大型配件达 1 560 货格,小型配件为 5 万箱左右。位于美国洛杉矶的 Suzuki 汽车配件中心,占地面积为 40 000m^2,总建筑面积为 8 200m^2,经营的汽车配件达 10 000 种之多。

2. 销售型配送中心

销售型配送中心是以销售商品为目的,以开展配送为手段而组建的配送中心。因隶属单位不同,销售型配送中心又可细分为三种。

1)生产企业为了直接将自己的产品销售给消费者,以提高市场占有率而自建的销售型配送中心。在国外特别是美国,这种类型的配送中心数量很多。我国的海尔集团所建的配送中心就是此种类型。

2)专门从事商品销售的流通企业,为了扩大销售而自建或合建的销售型配送中心。我国一些城市已建或在建的生产资料配送中心多属此类。

3)流通企业和生产企业联合建造的协作性物流配送中心。

(二) 按配送作业特点分类

1. 储存型配送中心

储存型配送中心具有很强的储存能力。一般来讲,在买方市场下,企业成品销售需要有较大的库存支持,其配送中心可能有较强的储存功能;在卖方市场下,企业原材料、零部件供应需要有较大的库存支持,这种供应型配送中心也有较强的储存功能。大范围配送的配送中心,需要有较大的库存,也可能是储存型配送中心。瑞士 GIBA—GEIGY 公司的配送中心拥有规模居于世界前列的储存库，可储存4万个托盘；美国赫马克配送中心拥有一个有163 000个货位的储存区，可见存储能力之大。

2．流通型配送中心

流通型配送中心基本上没有长期储存功能，仅以暂存或随进随出方式进行配货、送货。这种配送中心的典型方式是，大量的货物整进并按一定批量零出，采用大型分货机，进货时直接进入分货机传送带，分送到各用户货位或直接分送到配送汽车上，货物在配送中心里仅做少许停滞。日本的阪神配送中心，中心内部只是暂存，大量储存则依靠一个大型补给仓库。

3．加工型配送中心

配送中心具有加工职能，根据用户的需求或者市场竞争的需要，对配送物品进行加工之后进行配送的配送中心。在这种配送中心内，有分装、包装、初级加工、集中下料、组装产品等加工活动。例如，麦当劳、肯德基的配送中心就是提供加工服务后向其连锁店配送；工业、建筑、水泥制品等领域的配送中心，如石家庄水泥配送中心，既提供成品混凝土，又提供各种类型的水泥预制件，直接配送至用户。

（三）按配送区域范围分类

1．城市配送中心

这是向位于城市范围内的用户提供配送服务的配送中心。这类配送中心有两个明显的特征：一是采用汽车将货物直接送达用户，因为运距短，反应能力强；二是开展少批量、多批次、多用户的配送，实行"门到门"式的送货服务。城市配送中心所服务的对象大多是零售商、连锁店和生产企业，大多采用和区域配送中心联网的方式运作，以"日配"的服务方式配送。如我国很多城市的食品配送中心、菜篮子配送中心等都属于城市配送中心。

2．区域配送中心

区域配送中心是以较强的辐射能力和库存准备，向跨市、跨省范围内的用户提供配送服务的配送中心。这种配送中心一般经营规模较大，设施和设备先进，配送的货物批量也较大。配送对象大多是大型用户，如城市配送中心和大型工商企业，采用"日配"或"隔日配"的服务方式。虽然它也给批发商、企业用户、商店零星配送，但不是主体对象。例如，美国沃尔玛公司的配送中心，建筑面积12万m^2，每天可为6个州100家连锁店配送商品；荷兰"国际配送中心"，在接到订单后，24小时内即可将货物装好，只需3～4天的时间就可以把货物运送到欧盟任一个成员国用户的手中。

（四）按配送货物种类分类

根据配送货物的属性，可以分为食品配送中心、日用品配送中心、医药品配送中心、化妆品配送中心、家用电器配送中心、电子（3C）产品配送中心、书籍产品配送中心、服饰产品配送中心、汽车零件配送中心以及生鲜处理中心等。

企业案例 1-7

沃尔玛配送中心的种类

沃尔玛配送中心目前有 6 种形式：

1）干货配送中心。这是目前沃尔玛数量最多的配送中心，主要配送普通无特殊要求的商品。

2）食品配送中心。主要负责配送一些生鲜食品，这类商品因为易变质所以需要使用专业的冷藏、冷冻的仓储和运输设备，负责配送到店。

3）山姆会员店配送中心。山姆会员店的特点就是商品价格便宜，批发和零售结合，所以有 1/3 的会员都是小零售商，所以该种配送中心的配送多以大包装货物为主。

4）服装配送中心。因为沃尔玛卖场的各类衣服不会直接送往门店，而是要在服装配送中心先进行分类，再送往其他配送中心，配送到店。

5）进口商品配送中心。专门配送进口商品，通过大量采购进口商品的规模效应以降低进价，进行一些相关报关手续后，再送往其他配送中心，配送到店。

6）退货配送中心。专门接受门店因各种原因退回的商品，包括一些滞销品、残次品等，按照合同约定退还给供应商，或者送往折扣商店，或者就地处理，其收益主要来自出售包装箱的收入和供应商支付的相关手续费。

四、配送中心岗位设置

"因事设岗"是配送中心岗位设置的基本原则。在配送中心业务运营中，具体岗位的设置要视配送中心的规模、设施设备、作业内容及服务对象而定，对一些主要岗位的设置还应由配送中心的作业流程来决定。配送中心一般设置如下岗位。

1）采购或进货组。负责订货、采购、进货等作业环节的安排及相应的事务处理，同时负责对货物的验收工作。

2）储存管理组。负责货物的入库、保管、拣取、养护等作业的运作及管理。

3）加工管理组。负责按照用户的要求对货物进行包装、分割、计量、拴标签、刷标志、组装等简单的配送加工作业。

4）配货组。负责对出库货物的拣选和组配（按客户要求或方便运输的要求）作业进行管理。

5）运输组。负责按用户要求制订合理的运输方案，将货物送交客户，同时对完成配送进行确认。

6）营业管理组或客户服务组。负责接收和传递客户的订货信息、送达货物的信息，处理客户投诉，受理客户退换货请求。

7）财务管理组。负责核对配送完成表单、出货表单、进货表单、库存管理表单，协调控制和监督整个配送中心的货物流动，同时负责管理各种收费发票和物流收费统计、配送费用结算等工作。

8）退货与换货作业组。负责安排车辆回收退货商品，再集中到仓库的退货处理区，重新清点整理。

以上岗位设置是一般配送中心设置的主要岗位。由于配送中心的规模、设施设备、作业内容、服务对象不同,岗位设置也不尽相同。

企业案例1-8

某配送公司的组织编制与人力配置情况(见表1-5)

表1-5 某配送公司的组织编制与人力配置

部门名称	人力		小计	部门名称	人力		小计
1. 总经理室	总经理	1	2人(正式)	(2)车辆维修	成员	2	
	助理	1		(3)回单处理	成员	2	
2. 管理科	科长	1	6人(正式)	5. 商品仓储科	科长	1	20人(正式) 拣货26人(临时)
(1)管理	成员	2		(1)仓储管理	成员	2	
(2)会计	成员	1		(2)进出货	成员	4	
(3)信息	成员	2		(3)理货	成员	4	
3. 业务科	科长	1	5人(正式)		拣货	26	
(1)订单处理	成员	3		(4)配送加工	成员	6	
(2)客户服务	成员	1		(5)退货处理	成员	3	
4. 运输科	科长	1	8人(正式) 驾驶员47人(约聘)	(6)盘储	成员	9	外包
(1)配送	成员	3		合计	需要员工123人(实聘)		41人(正式) 驾驶员47人(约聘) 盘储9人(外包) 拣货26人(临时)
	驾驶员	47					

第三节 配送作业管理概述

知识点 | 配送作业管理的含义、目标、原则、作业标准、作业流程、标准化管理、作业标准规范文件、标准化管理的目标、制订作业标准的要求。

能力点 | 阐述实施配送作业标准化管理的现实意义、撰写《作业标准规范文件》。

一、配送作业管理概念

(一)配送作业管理的含义

配送的典型作业包括订单处理、备货入库、拣货作业、配货作业、补货作业、配送加工、送货作业、退货作业以及信息处理等。

配送作业管理是以这些作业作为生产管理的起点和核心,通过对各项作业的组织、控制和调度,以最少的资源消耗来提高"客户价值"(客户为取得企业提供的产品或服务愿意支付的代价),从而不断提高企业配送经营活动的效率和效果。

(二) 配送作业管理的目标

作业管理把企业看作为最终满足客户需要而设计的"一系列作业"的集合体，形成一个由此及彼、由内到外的作业流程链。每完成一项作业要消耗一定的资源，而作业的产出又形成一定的价值，转移到下一个作业，按此逐步推移，直至最终把产品或服务提供给企业外部的客户，以满足他们的需要。最终，产品/服务作为企业内部一系列作业流程运作的结果，它凝聚了在各个作业上形成而最终转移给客户的价值。因此，作业流程链同时也表现为"价值链"，随着作业的推移，价值也在逐步积累，最终形成产品或服务的总价值转移给企业客户。企业再从客户那里收回转移给他们的价值，形成企业的收入。收入补偿完成各有关作业所消耗的资源的价值之和后的余额，成为从转移给客户的价值中获得的利润。

所以，配送作业管理的目标，就是要充分运用作业成本计算提供的动态的、明细化的信息，通过不断改进和优化企业"作业流程链"来达到改进和优化企业的"价值链"，以促进企业经营目标的顺利实现。

(三) 配送作业管理的原则

1) 以客户为导向。一家极具竞争力的企业，必然是能充分满足客户需求的企业，也必然是一家以客户需求为导向的企业。开发市场是配送企业运营的起点，为客户提供满意的服务是落脚点，有高质量的服务才能拥有更多的客户，才有利于企业的生存和发展，所以配送企业对内要强调成本，对外要强调服务。而配送服务是通过执行作业流程和操作标准来一步一步地实现的。因此，以客户为导向就成为作业流程设计和作业标准制订时要遵循的最基本原则。

2) 以流程为中心。坚持以流程为中心的原则，就是将企业的管理方式从以任务为中心改造成以流程为中心，将原来一个个孤立的任务，连接成能够表示任务之间关系的流程。企业管理的重点不是任务而是流程，即开展"流程式管理"。

3) 以人为本的管理团队。因为作业流程是需要一个团队而不是一个人才能完成的，所以在开展流程式管理的过程中，要贯彻以人为本的团队式管理精神，注重团队的整体作用，注重团队中人员之间的相互配合。

配送作业管理人员只有掌握了以上三项基本原则，才有可能开发出适合本企业、适应市场竞争的作业流程，流程式管理也才有可能落到实处。否则，会给企业的管理、发展等带来诸多负面的影响。

二、配送作业标准化管理

(一) 作业标准的含义

作业标准主要是指为指导和规范员工的日常操作规范而制订的，针对各项作业工作制订的统一要求和规范化规定，是标准化工作中重点研究内容。研究作业标准是为了保证在规定的成本和时间内完成规定质量的产品或服务。

在配送企业里，配送作业运作就是以规定的成本、规定的时间为客户提供及时、优质的配送服务。如果配送各项作业现场的操作工序前后随意变更，或操作方法或作业条件随人而异有所改变的话，一定无法提供符合上述目的的配送服务。因此，必须对作业流程、作业方法、作业条件加以规定并贯彻执行，使之标准化。

（二）作业流程的含义

作业流程是为特定的客户或特定的市场提供特定的产品或特定的服务所精心设计的一系列活动。作业流程可以把一项业务中的若干个作业项目或者若干个工作环节以及它们的责任人和责任人之间的相互工作关系一目了然地表述出来。作业流程可用作业流程图来表达或呈现，美国国家标准学会（ANSI）规定了管理流程设计标准符号，如表1-6所示。

表1-6 管理流程设计标准符号表

设计符号	符号含义
○	椭圆——流程的开始或结束
▭	矩形——具体任务或工作
◇	菱形——需要决策的事项
→	箭线——流程线
▽	倒梯形——信息来源
▱	平行四边形——信息存储与输出

设计作业流程和作业标准是为配送业务管理提供规范化的工作程序与量化标准，流程和标准文件实际上是企业的内部法规，有了它们企业才能建立正常的工作规则和工作秩序。科学合理的流程和标准设计可以提高配送绩效，进而提高企业的运行效率和经济效益。作业流程和作业标准因配送业务内容、客户需求、企业条件等因素的不同而不同。

（三）标准化管理的含义

配送作业的标准化管理是在配送作业调查分析的基础上，将现行作业方法的每一个操作流程和每一个动作进行分解，以科学技术和实践经验为依据，以安全、质量和效益为目标，对配送作业过程进行改善，从而形成一种优化作业程序的过程。

持续改善作业过程和作业标准化是提升配送作业管理水平的两驾马车。持续改善是使配送作业管理水平不断提升的驱动力，而作业标准化则是防止配送管理水平下滑的制动力。没有标准化，企业不可能维持较高的管理水平。

配送作业的标准化管理是配送管理实务理论研究的主要内容，即研究实际配送作业的操作标准、操作方法、操作程序等问题。通过对配送作业，尤其是对关键控制点的细化和量化研究，形成配送作业流程和配送作业标准规范文件（标准化作业指导书），用以指导和规范操作人员的操作，进而为客户提供标准化的配送服务，使配送服务品牌化、服务质量升级成为可能。

作业标准规范文件记录的是完成一项工作所需的所有工作要素，并且将它们组织成为在循环时间内可以重复进行的工作序列。它的好处在于：

① 总结了迄今为止最好的作业操作方法。

② 维持现有作业操作方法的形象化的工具。
③ 使作业流程中各环节的浪费可视化。
④ 训练新上岗员工的最有效的训练工具。
⑤ 传递信息的标准模板。

企业案例1-9

配送工作流程及规范

六和集团南京和大食品有限公司的配送工作流程及规范

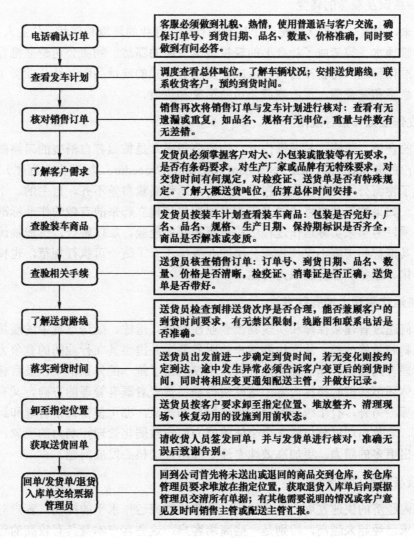

流程	规范
电话确认订单	客服必须做到礼貌、热情,使用普通话与客户交流,确保订单号、到货日期、品名、数量、价格准确,同时要做到有问必答。
查看发车计划	调度查看总体吨位,了解车辆状况;安排送货路线,联系收货客户,预约到货时间。
核对销售订单	销售再次将销售订单与发车计划进行核对:查看有无遗漏或重复,如品名、规格有无串位,重量与件数有无差错。
了解客户需求	发货员必须掌握客户对大、小包装或散装等有无要求,是否有条码要求,对生产厂家或品牌有无特殊要求,对交货时间有何规定,对检疫证、送货单是否有特殊规定。了解大概送货吨位,估算总体时间安排。
查验装车商品	发货员按装车计划查看装车商品:包装是否完好,厂名、品名、规格、生产日期、保存期标识是否齐全,商品是否解冻或变质。
查验相关手续	送货员核查销售订单:订单号、到货日期、品名、数量、价格是否清晰,检疫证、消毒证是否正确,送货单是否带好。
了解送货路线	送货员检查预排送货次序是否合理,能否兼顾客户的到货时间要求,有无禁区限制,线路图和联系电话是否准确。
落实到货时间	送货员出发前进一步确定到货时间,若无变化则按约定到达,途中发生异常必须告诉客户变更后的到货时间,同时将相应变更通知配送主管,并做好记录。
卸至指定位置	送货员按客户要求卸至指定位置、堆放整齐、清理现场、恢复动用的设施到用前状态。
获取送货回单	请收货人员签发回单,并与发货单进行核对,准确无误后致谢告别。
回单/发货单/退货入库单交给票据管理员	回到公司首先将未送出或退回的商品交到仓库,按仓库管理员要求堆放在指定位置,获取退货入库单后向票据管理员交清所有单据;有其他需要说明的情况或客户意见及时向销售主管或配送主管汇报。

(四) 标准化管理的意义

1. 将实践中积累的成功经验固化下来

标准化的作用主要是把企业内的成员所积累的技术、经验,通过文件的方式来加以保存，而不会因为人员的流动而使得整个技术、经验跟着流失。个人知道多少，组织就知道多少，也就是将个人的经验（财富）转化为企业的财富；更因为有了标准化，每一项工作即使换了不同的人来操作，也不会因为操作人员的不同，而在效率与品质上出现太大的差异。

2．提效降本的有效措施

标准化的作业流程和作业标准是提高配送作业效率、降低人工费用的重要措施。无论操作人员是新手或老手、懂行或不懂行，按着这个标准化的作业流程去操作，都可以高效地进行库内操作和送货服务，从而达到减少浪费、降低人工费用的目的。

3．推动意识及观念的转变

长期以来，物流一直被认为是一个底层的行业，行业的环境和现状、从业人员的素质、整个行业的管理水平等造成了社会上的轻视甚至政府的黯然。物流公司建立推行以至行业推广作业标准化管理，将物流公司打造成"麦当劳"式的连锁品牌，让从业员工难以树立起行业的自豪感和荣誉感，再造物流公司的形象和价值。

4．建立作业操作指导规范

在具体的仓储、运输、配送操作上，物流公司通常是按照各自沿袭的习惯做法和部分主要高端客户的要求设定的 SOP（Standard Operation Procedure，标准作业程序）来执行的。这样就造成了物流公司间的操作程序千差万别，运作质量参差不齐，自主的、个性化的东西成为主流。如果物流公司将通过多年的发展积累和建立起来的有效的作业标准化规范，和高端客户项目多年来实际运作过程中的智慧和好的经验，加以融合，形成物流作业操作指导规范，其推行和实施不仅使物流公司的业务操作有了统一可执行规范，也使物流企业的服务品牌化、服务质量升级成为可能。

5．提供运作管理上的有效方法

对于如何通过管理来保障和实现物流企业在仓储、运输、配送过程中的质量、风险控制、成本控制和效能改善，从而达到客户的服务要求并提高其在行业间的竞争力，一直是困扰基层管理者的课题。作业标准化管理，不仅给出了统一的体系框架以及目标要求，而且给出了具体环节的控制指标内容，这就使得基层管理者既有管理的方向，又有具体的控制方法和目标。另外，有了统一的操作管理标准和规范，亦可使得日常管理和运作的内容更加程序化，避免出现过分依赖某个个体的能力而导致弱化管理控制力的现象；也让中高层管理者腾出更多的精力，更加高效地专注于战略性的核心发展问题。

6．对接高端客户的管理

随着国内经济的快速发展、竞争加剧以及整体物流运作水平的提高，客户对物流运作和服务的要求已经越来越高，特别是一些高端客户，这些客户本身具有较高的管理水平和标准化、规范化、制度化的行为方式，所以对其物流合作伙伴有较高的要求。企业的标准化实施能够迎合这些高端客户的需求，以及把握未来普通客户需求发展趋势，为企业的市场拓展、可持续发展建立起客户认同感。

企业案例 1-10

浙江石油公司通过"四确认"消灭物流配送"顽疾"

在便利店物流配送体系中,到货商品的交接环节至关重要,而且由于该环节涉及的商品品类繁多,操作上显得较为复杂。浙江石油公司结合自身实际情况,制订到货交接"四确认",为减少便利店人员工作量、提高门店运营效率打下了坚实的基础。

第一步:确认到货时间

每次浙江石油公司所属各便利店的配送到货时间由设在杭州的中央仓在配送的前一天告知,并要求各分公司的非油品管理员在第一时间内通知相关加油站做好收货准备,车辆到达后,油站人员必须在十分钟内完成商品交接工作,并由加油站员工在《配送中心车辆封铅确认表》中填写车辆到达时间、开始交接时间以及配送车辆离开时间。

第二步:确认配送车辆封铅

所有加油站在开始交接前,都必须对车辆进行封铅号码核对,并由当值员工亲自拆封。收、退货完毕后,由加油站员工对车辆进行重新上封,并在《配送中心车辆封铅确认表》上签字盖章。

第三步:确认交接商品

商品交接时按清单交接整箱商品和物流箱个数,整箱商品必须核对不干胶上的站名,物流箱商品必须核对物流箱编号及站名,进行商品明细交接,交接无误后在《中石化浙江易捷商品件数交接单》上签字盖章,如商品件数不对请在交接单填写实际交接件数。

第四步:确认清点商品

商品清单明细工作必须在商品到货后的第二天下班前清单完毕,清点时必须是2人及以上一起清单,其中一人为站长(或当班领班),清点按先整箱后周转箱顺序进行,周转箱按周转箱号码进行清点,对于清点差异商品分两块进行上报,缺少商品请在收货时直接确认实际数量,对于配送单上多送的商品通过邮件发到配送中心指定邮箱。

(五)标准化管理的目标

从物流这一概念在国内得到普及到国家和各部委为了推动物流行业的发展,编制和出台了一系列国家和行业标准,我国物流业发展迅猛但早期多为概念认知和设施装备层面的,关于作业操作、业务管理、客户服务方面的较少。物流配送企业在内部建立和推行操作、管理、服务标准化管理,通过企业内部运作标准,实现服务质量升级,赢得更多客户。这不仅是企业内部运作标准的建立,也势必会影响和推动整个行业运作标准化体系的建设;同时这将在市场上确立配送企业的影响力和地位,为配送企业的快速、可持续发展奠定基础。

重视标准化作业流程的研究和实施,充分发挥管理的作用,改变设备不足与落后带来的低效率,实现管理出效益的战略目标。

三、配送作业标准化管理的实施

实施配送作业标准化管理的起点,是要深刻理解配送各环节的操作流程及衔接关系,掌握其理论原理并能研究操作标准。

（一）实施条件

1）需要配送管理团队对实施标准化操作的高度重视。
2）需要一批具备专业知识且对工作认真负责的业务骨干。
3）具备对一线人员的培训及宣传指导的团队。
4）一线管理团队要有执行力。

以人为本的标准化作业更有效率，还是以设备自动化为主的标准化作业更有效率，要根据实际情况选择。

（二）制订作业标准的要求

一个好的作业操作标准的制订是有要求的，要满足以下六点。

1）目标指向。标准必须是面对目标的，即遵循标准总是能保证作业操作能提供相同品质的配送服务。因此，标准中不能出现与目标无关的词语和内容。
2）显示原因和结果。如"及时地卸货"，这是一个结果，应该描述为"到达前30分钟通知接货人准备接货，到达后立即卸车"。
3）准确。避免用抽象、模糊的词语描述动作，如"卸货时要小心"，"小心"一词不宜出现。
4）数量要具体。保证每个读标准的人能以相同的方式解释标准。因此标准中应该多使用图和数字。
5）具有可操作性。标准必须是现实的、可操作的。可操作性差是许多企业作业标准规范的通病。如"记录客户需求信息要全面"，针对如何"全面"应做出具体的规定，否则无法衡量工作质量的好坏。
6）相对稳定性。标准制订好后要具有相对稳定性，但标准在内外部相关因素改变时必须修订。因为作业工作是按标准进行的，因此标准必须是最新的，是当时正确的操作情况的反映。

（三）实施案例

徐州烟草物流配送中心卷烟配送标准化——让每一个配送环节都有标准。

卷烟销售物流标准化是把卷烟销售物流作为一个大系统，按照国际惯例和国家通行标准，制订物流设施标准和工作标准，对物流的每个环节都实行统一的技术标准和管理标准，并规范物流用语，包括卷烟包装的规格化、系统化，物流信息的条码化，装卸、运输、存储作业的集装单元化，托盘、配送车辆车厢尺寸的标准化等。而卷烟配送标准化，就是在配送这一环节实施的标准化工作。

徐州市烟草公司制订了一套符合徐州市地区卷烟物流发展实际的《卷烟配送标准化工作手册》。根据《卷烟配送标准化工作手册》的规定，配送员将从流程管理、岗位管理、效率管理、成本管理、制度管理、服务管理共六个方面，按照"六个准确"的要求，实现"五化"的目标。即配送员把准确数量的卷烟，在准确的地点、执行准确的标准，准确地完成任务，实现操作规范化、送货班车化、服务标准化、管理精细化、效率最大化的目标。《卷烟配送标准化工作手册》还对卷烟配送工作中收货、理货、领货、装车、配送、停车、交货、收款、返程、结算、退货、补货等工作环节制订了具体的规范标准。

卷烟配送标准化工作为徐州烟草物流配送中心后来的数字化、智能化发展打下了坚实的基础。

实训练习

实训目的

通过配送市场需求调查及撰写总结报告工作，帮助学生在实践层面上完成对配送的内涵、业务类型、运营模式等基础理论知识的认知。

实训任务

完成一份城市配送服务的市场发展状况调查报告

任务情景

M物流公司欲了解A市城市配送市场需求现状及发展趋势的情况，为公司开展城配业务并投资建设配送中心提供决策依据。M物流公司坐落在A市，公司发展已经有15年的时间，主营零担业务，从几个人的小公司做起，现在已经发展到300人规模的区域型物流企业。在发展的过程中，经历了从货站门市到第三方物流服务企业的蜕变。经过多年的努力，公司积累了一定的管理经验和资金实力，现在公司欲谋求更大的发展，准备开辟新的业务市场。

目前全国许多城市都已覆盖了同城配送服务。如一些小件商品，包括送餐、送煤气、送矿泉水、送快件等能够实现快速配送，家电、家具等大宗类商品也同步实现了"同城配送"服务，随着我国电子商务的深入发展，"同城配送"成为必不可少的一个物流"环节"。

面对庞大的城配市场需求，M物流公司打算投资建设配送中心，提供同城配送服务。

为此，M物流公司的管理层需要首先了解A市城市配送服务的发展状况，为公司选择配送方式、配送服务内容、配送业务类型、经营模式、配送中心类型及设备配备等决策提供依据。

需要了解的情况包括配送货物（包括配送规模、商品规格、商品种类、包装要求、流通加工等）、竞争对手（包括业务规模、配送货物、发展规划、经营优势、市场占有率等）、经营环境（包括扶持政策、土地政策、税收政策、工业发展、商贸发展等）、配送设备（包括物流单元容器、工位器具、搬运设备、装卸堆垛设备等，见第二章第二节内容）、配送技术（包装技术、分拣技术、GIS地理信息系统、GPS全球定位系统、射频识别技术、条码技术等）、配送成本（包括送货费用、保管费用、装卸费用、包装费用、流通加工费用等）等。

请对A市（假设是你所在的城市）城配服务的发展情况进行调查，然后撰写《A市城市配送服务的市场发展状况调查报告》。

任务帮助

《××市场发展状况调查报告》模版

××市场发展状况调查报告

前言：写明调查的起因或目的、时间和地点、对象或范围、经过与方法，以及人员组成等调查本身的情况，引出中心问题或基本结论。

主体：包括以下两部分。

1）调查概况，包括调查方法与调查方式、调查范围和规模及调查内容。

2）分析调查所得材料中得出的各种具体认识、观点和基本结论。

结尾：调查的结论及建议；或总结全文的主要观点，进一步深化主题；或提出问题，引发人们的进一步思考。

本章小结

本章从三个方面对配送作业管理的基础问题进行了探讨。首先对配送的内涵、配送环节、作业流程及配送的典型作业给予介绍，对配送服务的业务类型及配送服务业务的经营模式进行了说明阐述；接着，对配送作业的实施场所——配送中心的功能、类型进行介绍；最后对改进配送服务质量、提效降本的重要措施进行了探讨，也就是对配送作业的标准化管理问题进行了研究。其中，配送作业标准化管理内容是回应当前实践中配送服务标准化、品牌化的服务升级要求而设置的。

为了获得配送作业管理知识和技能，我们必须先从配送的基础知识入手，通过本章的学习将为后续章节的学习打下基础。

同步测试

一、单选题

1．配送作为一种新型的物流手段，是在变革和发展（　　）的基础上开展起来的。

　　A．送货业务　　　B．运输业务　　　C．仓库业务　　　D．销售业务

2．一般而言，采用自营配送模式的企业大都是（　　）公司。

　　A．规模较小的　　　　　　　　　　B．生产制造

　　C．商贸　　　　　　　　　　　　　D．规模较大的集团

3．（　　）是现代工商企业和电子商务企业开展配送业务的首选。

　　A．自营配送模式　B．第三方配送模式　C．共同配送模式　D．互用配送模式

4．麦当劳、肯德基的配送中心是（　　）。

　　A．储存型配送中心　　　　　　　　B．加工型配送中心

　　C．销售型配送中心　　　　　　　　D．城市配送中心

5．（　　）是配送的一项重要内容，也是配送区别于一般送货的重要标志。

　　A．理货　　　　　B．备货　　　　　C．分拣　　　　　D．配货

二、多选题

1. 配送是在经济合理区域范围内，根据客户要求，对物品进行（　　　）等作业，并按时送达指定地点的物流活动。

   A．拣选　　　　B．加工　　　　C．包装　　　　D．分割

   E．组配

2. 配送是由（　　　）基本环节组成的。

   A．接单　　　　B．备货　　　　C．理货　　　　D．送货

   E．退货

3. 不同产品的配送可能有独特之处，如燃料油配送就不存在（　　　）作业。

   A．备货　　　　B．拣货　　　　C．配货　　　　D．分放

   E．配装

4. 配送业务按时间和数量分类有（　　　）。

   A．定时配送　　　　　　　　　　B．定量配送

   C．定时定量配送　　　　　　　　D．定时定路线配送

   E．即时配送

5. 配送作业管理的原则是（　　　）。

   A．以客户为导向　　　　　　　　B．以成本为导向

   C．以流程为中心　　　　　　　　D．以任务为中心

   E．以人为本的管理团队

三、判断题

1. 对于只委托配送服务的客户，订货、采购工作由客户直接向供应商下达采购订单，备货作业环节从负责接收商品开始。　　　　　　　　　　　　　　　　（　　　）

2. 现代化商品配送中心集商流、物流、信息流、资金流于一体，一头连接生产，一头连接销售。　　　　　　　　　　　　　　　　　　　　　　　　　　（　　　）

3. 作业标准是针对各项作业工作制订的统一要求和规范化规定，一经制订所有岗位员工必须执行。　　　　　　　　　　　　　　　　　　　　　　　　　（　　　）

4. 作业流程和作业标准不因配送业务内容、客户需求、企业条件等的不同而不同。
   　　　　　　　　　　　　　　　　　　　　　　　　　　　　　　　　　（　　　）

5. 配送通过将客户各种商品集中在一起进行一次发货，代替分别向不同客户小批量发货来实现经济地发货，使末端物流经济效益提高。　　　　　　　　　　（　　　）

四、简答题

1. 简述配送作业的一般流程。
2. 配送的典型作业是什么？
3. 什么是共同配送？这种运营模式是怎么运作的？
4. 配送中心的类型有哪些？
5. 作业标准规范文件记录的内容是什么？它的好处是什么？

五、计算分析题

某公司是一家新成立的，集研发、生产、销售、服务于一体的专业生产电子产品的厂家。该公司对于电子产品的配送模式需要做出决策。现在有三种模式可供选择：自营配送、第三方配送或共同配送。公司估计该电子产品市场需求情况有三种：需求较好、需求一般、需求较差。根据以往的市场销售行情，公司计算出三种模式在不同的需求状态下的收益值如表 1-7 所示，由于是新建公司，没有老客户，所以未来的市场对公司产品的需求情况（需求概率）无法确切知道。那么该公司该如何选择产品配送模式呢？（乐观系数 $\alpha=0.7$）

表 1-7　不同配送模式在不同的市场行情状态下的收益值　（单位：万元）

需求状态＼配送模式	需求较好 θ_1	需求一般 θ_2	需求较差 θ_3
自营配送模式（A_1）	100	95	80
第三方配送模式（A_2）	120	90	85
共同配送模式（A_3）	110	85	90

六、案例分析题

在某经济技术开发区内聚集着 20 余家小家电生产企业，每个企业在原材料采购和产品销售的过程中都遇到了同样的问题。在采购的时候，由于某一种材料的采购量不足，往往要花费高昂的费用。销售的时候，因为一个客户需要的产品数量少，多个客户需要的时间和数量上不断变化，销售费用居高不下。企业之间也曾坐下来商谈合作采购和销售的事，但没能成功。

针对家电生产企业面临的共同问题，M 物流公司经过前期的调研，决定在这个区域建一个小家电相关的配送企业，为这些企业提供采购和销售方面的服务。

问题：

配送企业主要做什么工作呢？M 物流公司建第三方家电配送企业集中做配送业务有利可图吗？

第二章 配送中心选址及内部规划

> ▶▶▶ 学 习 目 标 ◀◀◀

1. 能说出配送中心选址时应该综合考虑的各种因素及原因。
2. 能用重心法、因素加权法或层次分析法对简单的配送中心选址问题进行评估。
3. 能进行储运单位分析,明确配送中心的储运单位组合形式。
4. 能初步进行订单 EIQ 分析,明确配送中心的物流需求特性。
5. 能根据配送中心物流作业量和物流路线,初步设计配送中心的功能区域布局。
6. 能熟练地使用常用的存储和搬运设备。

引例

果蔬冷链物流配送中心的选址问题

烟台市位于中国山东半岛东部,市辖芝罘区、莱山区、福山区、牟平区、经济技术开发区、高新技术产业开发区、长岛县,以及龙口市、莱阳市、蓬莱市、招远市、栖霞市、海阳市 7 个县级市,全市总面积 13 745.5 平方公里,素有"水果之乡"的美称,盛产苹果、莱阳梨、葡萄、大樱桃等,是全国最大的红富士生产基地,同时还是规模大、档次高的蔬菜生产基地,是中国北方水果重点出口基地之一。烟台有很多连锁超市都拥有物流中心,但是其配送中心都不在烟台本市。因此,某公司欲在烟台市的某个地点选择投资建立一个占地面积约为 4 000m²、专门从事配送服务的果蔬冷链物流配送中心。相关的数据资料显示,过去 5 年的烟台全市果蔬种植面积及产量、果蔬批发市场的吞吐量和需求点的需求量、果蔬批发市场到各个备选点的运输距离、备选的配送中心到每个大型超市的运输距离、各个备选的配送中心各项费用成本都可以提前估算出来。

经专家初步评估已经确定了 3 个可建配送中心备选地点,现在的问题是需要进一步确定应选择哪个位置建设比较合适?

要建造一个设施完整、功能齐全、服务优良的现代化配送中心,系统规划与设计是决定成败的关键。所谓配送中心设计规划是指从空间和时间上对配送中心的新建、改建和扩建进行全面系统的规划。配送中心建设代表一个企业在赢得时间与地点效益方面所做出的努力,在一定程度上还是企业实力的标志。更为重要的是,设计规划的合理性还将对配送中心的设计、施工和运用、配送中心作业的质量和安全,以及所处地区或企业的物流合理化产生直接和深远的影响。

设计规划的内容包括:①确定配送中心规模及服务范围;②确定备选配送中心地址;③配送中心库区平面规划设计;④配送中心建筑类型及规模的确定;⑤配送中心设备类型及数量的确定;⑥配送中心技术作业流程的确定;⑦配送中心建设投资及运行费用的预测。

配送中心建设规划是一个非常复杂的问题,它受多种因素的影响和制约。各项配送活动都是依托配送中心开展的,除送货外,配送的其他作业都是在配送中心这个设施内完成的。所以接下来我们要进一步认知配送中心,本章只对配送中心的选址问题、内部规划问题以及信息管理问题等进行简单的探讨。

第一节 配送中心选址

知识点 选址的含义、选址的影响因素、重心法、因素加权法、层次分析法。
能力点 能用重心法、因素加权法、层次分析法对配送中心进行选址。

一、选址的含义

有关配送中心位置的选择,将显著影响实际运营的效率与成本,以及日后仓储规模的扩充与发展。因此,企业在决定配送中心设施的位置方案时,必须谨慎参考相关因素,并按适当步骤进行。

配送中心选址包括两方面的含义,即地理区域的选择和具体地址的选择。

配送中心的选址首先要选择合适的地理区域。对各地理区域进行审慎评估,选择一个适当范围作为考虑的区域,如华南区、华北区等,同时还须配合配送中心的物品特性、服务范围及企业的运营策略而定。

配送中心的地理区域确定后,还需确定具体的建设地点,如果是制造商型的配送中心,应以接近上游生产厂或进口港为宜;如果是日常消费品的配送,则宜接近居民生活社区。一般应以进货与出货产品类型特征及交通运输的复杂度,来选择接近上游或下游的选址策略。

二、选址问题的理解

某个配送系统可能需要建造一个配送中心,也可能需要建造两个以上的配送中心。当配送系统需要多个配送中心时,就必须同时对配送中心的数量、位置、规模、服务范围等进行决策。配送中心选址决策的结果实际上是确定了配送系统的网络结构,如图2-1、图2-2所示。

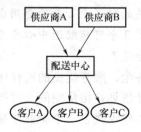

图2-1 单个配送中心的物流配送系统

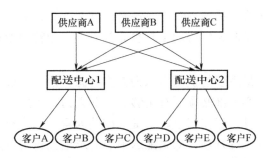

图 2-2 多个配送中心的物流配送系统

三、影响选址的主要因素

配送中心选址时应该综合考虑各种因素，包括客户分布、供应商分布、交通条件、土地条件、自然条件、人力资源条件、政策环境等。

1．客户分布

配送中心选址时首先要考虑的就是所服务客户的分布。对于零售商型配送中心，其主要客户是超市和零售店，这些客户大部分在人口密集的地方，为了提高服务水准及降低配送成本，配送中心多建在城市边缘接近客户分布的地区。

2．供应商分布

配送中心选址时要考虑供应商的分布地区。因为配送中心的货品全部是由供应商所供应的，配送中心越接近供应商，则其货品的安全库存可控制在越低的水平上。但是若配送中心的进货输送成本是由供应商负担的，可不重视此因素。

3．交通条件

交通条件是影响物流的配送成本及效率的重要因素之一，交通运输的不便将直接影响车辆配送运输的进行。因此必须考虑对外交通的运输通路，以及未来交通与邻近地区的发展状况等因素。地址宜紧邻重要的运输线路，以方便配送运输作业的进行。考核交通方便程度的条件有高速公路、国道、铁路、快速道路、港口、交通限制规定等因素。配送中心应尽量选择在交通方便的高速公路、国道及快速道路附近的地方，如果以铁路及轮船来承运，则要考虑靠近火车编组站、港口等。

4．土地条件

考虑土地与地形的限制。对于土地的使用，必须符合相关法规及城市规划的要求，尽量选在物流园区或经济开发区。建设用地的形状、长宽、面积与未来扩充的可能性，则与规划内容有密切的关系。因此在选择地址时，参考规划方案中仓库的设计内容，在无法完全配合情形下，必要时需修改规划方案的内容。另外，还要考虑土地大小与地价，在考虑现有地价及未来增值的状况下，配合未来可能扩充的需求程度，决定最合适的面积大小。

5．自然条件

在物流用地的评估中，自然条件也必须考虑，事先了解当地自然环境有助于降低风险。例如，在自然环境中，有湿度、盐分、降雨量、台风、地震、河川等几种自然现象，有的地方湿度比较高，有的地方湿度比较低，有的地方靠近海边盐分比较高，这些都会影响货品的储存品质，尤其是服饰产品或 3C 产品等对湿度及盐分都非常敏感。此外，强降雨、台风及地震等自然灾害对于配送中心的影响也非常大，必须特别留意并且避免被侵害。

6．人力资源条件

在仓储配送作业中，最主要的资源需求为人力资源。由于一般物流作业仍属于劳动密集型的作业形态，配送中心内部必须要有足够的作业人力，因此在决定配送中心位置时必须考虑劳工来源、技术水准、工作习惯、工资水准等因素。人力资源的评估条件有附近人口数、交通状况、薪资水平等几项。如果配送中心的选址位置附近人口不多且交通又不方便时，则基层的作业人员不容易招聘；如果附近地区的薪资水平太高，也会影响基层的作业人员的招聘。因此，必须进行该地区的人口数、交通状况及薪资水平调查。

7．政策环境

政策环境条件也是配送中心选址评估的重点之一，尤其是现在物流用地的取得变得更加困难，如果有政府政策的支持，则更有助于物流业的发展。政策环境条件包括企业优惠措施（土地提供、减税）、城市规划（土地开发、道路建设计划）、地区产业政策等。许多交通枢纽城市（如深圳、武汉等地）都在规划设置现代物流园区，其中除了提供物流用地外，也有关于税赋方面的减免，有助于降低物流企业的营运成本。

四、选址的步骤

配送中心选址决策通常包括几个层次的筛选，是一个逐步缩小范围、逐步具体化的选择过程。

1．选址约束条件分析

约束条件是指系统或系统环境中那些由于种种原因而不能改变的因素。从某种意义上来说，每增加一个约束条件都能简化决策过程，因为它减少了需要进行分析的可供选择方案的数目。

配送中心选址决策常见的约束条件有以下 6 种。

1）资金。资金约束将会影响区位因素，因为不同位置的土地价格差异非常大。

2）交通运输条件。由于只能选择能够到达客户的运输方式，所以选址决策必须在运输能力范围内进行。如对大多数客户而言，公路是唯一能到达的运输方式，则配送中心位置必须在公路交通枢纽或运输干线附近。

3）能源条件。供水、供电等能源系统是配送中心赖以生存的基础，选址时，能源条件将限制配送中心的选址范围。

4）政府对土地用途的规划。地方政府对使用不同区块的土地有着各种不同的限制，配送中心只允许建在政府指定的区域范围内。

5）经济政策。税收、关税等与配送中心选址直接相关，配送中心选址应寻求较宽松的环境。

6）竞争对手。竞争对手的分布将影响配送中心的选址，配送企业必须根据自身的产品或服务特征来决定配送中心是靠近竞争对手还是远离竞争对手。

2．定性分析

对上述各约束条件进行充分的分析后，就可以对初始候选地址进行筛选，初步确定选址范围。

3. 收集整理资料

确定配送中心的位置需要对相关的影响因素进行定量、定性分析。为此，在确定配送中心位置前需要收集大量的相关数据、资料作为选址的依据。收集内容主要包括：客户分布、客户生产经营状况、产品特征、物流量、交通状况、运输费率、运输批量、土地价格、配送中心的建设成本、客户对运输的时效性要求等。

4. 定量分析

随着应用数学和计算机的普及，数学方法被广泛地应用于解决设施选址问题。在具体的选址过程中，需要根据掌握的情况、选址要求等，针对不同情况选用一个或多个具体模型进行定量分析，如重心法模型、混合整数线性规划模型等。

5. 结果评价

结合市场适应性、购置土地的条件、服务质量等，对定量分析的选址结果进行评价，确定其是否具有现实意义及可行性。

6. 确定选址结果

以定量分析结果为基础，对所得到的模型最优解及可行解，根据实际情况及未来发展趋势，进行多方面的综合评价，最终确定一个合理的、满意的解，作为选址方案的最终结果。注意：模型最优解不一定是选址最终结果。

五、选址的方法

选址的方法分定性分析法和定量分析法两类。定性分析法主要是根据选址影响因素和选址原则，依靠专家或管理人员丰富的经验、知识及其综合分析能力，确定配送中心的具体选址，如优缺点比较法、德尔菲分析模型法等。定性方法的优点是注重历史经验，简单易行；其缺点是容易犯经验主义和主观主义的错误，并且当可选地点较多时，不易做出理想的决策，导致决策的可靠性不高。定量分析法主要有因素加权评价法、重心法、层次分析法、混合 0-1 整数规划法、遗传算法等。定量方法选址的优点是可以求出比较准确可信的解（选址点坐标），并通过对解的评价来辅助我们进行最终的选择。

（一）重心法

重心法是研究固定设施选址常用的方法，它是一种以微积分为基础的模型，用来找出起讫点之间使运输成本最小的中介设施的位置，分为单设施选址（Single Facility Location）和多设施选址（Multi-facility Location）两种情况。

1. 单个配送中心的选址问题

单个配送中心选址的重心法模型可用来为工厂、车站、零售/服务设施选址。因为选址因素只考虑运输费率和该点的货物运输量，所以这个方法很简单。

设有一系列点 i 分别代表生产地和需求地，各自有一定量货物需要以一定的运输费率运向位置待定的配送中心，或从配送中心运出，那么配送中心该位于何处呢？我们以该点的运量乘以到该点的运输费率,再乘以到该点的距离,求出上述乘积之和(即总运输成本)最小的点,就是配送中心的最佳位置坐标点。即

$$\min TC = \sum_{i=1}^{n} V_i R_i d_i$$

式中　TC——总运输成本;

　　　V_i——i 点的运输量;

　　　R_i——到 i 点的运输费率;

　　　d_i——从位置待定的配送中心到 i 点的距离。

距离 d_i 可以由下式估计得到

$$d_i = K[(X_i - x_0)^2 + (Y_i - y_0)^2]^{1/2}$$

式中 K 代表一个度量因子,将坐标轴上的一单位指标转换为更通用的距离度量单位,如千米。(x_0, y_0) 为位置待定的配送中心的坐标;(X_i, Y_i) 为供应商和需求客户的坐标。

用 TC 分别对 x_0,y_0 求导并令导数为零,解这两个方程,可以得到配送中心位置的坐标值 (x_0, y_0)。其精确重心的坐标值为

$$x_0 = \frac{\sum_{i=1}^{n} V_i R_i X_i / d_i}{\sum_{i=1}^{n} V_i R_i / d_i}$$

和

$$y_0 = \frac{\sum_{i=1}^{n} V_i R_i Y_i / d_i}{\sum_{i=1}^{n} V_i R_i / d_i}$$

例 2-1

某配送中心从两个供应商(P_1、P_2)处采购货品 A 和 B,向三个需求客户(M_1、M_2、M_3)配送该种货品。供应商和需求客户的空间分布如图 2-3 所示(将一张方格图叠放在公路地图上得到各点的相对位置,并用几何坐标表示各供应商和需求客户的位置)。供应商和需求客户的坐标、货物运输量和运输费率见表 2-1。试寻找使运输成本最小的配送中心的位置。

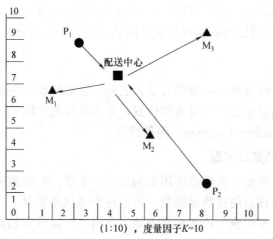

图 2-3　供应商、需求客户及待建配送中心的分布图

第二章 配送中心选址及内部规划

表 2-1 市场和供应地的坐标，货物运输量和运输费率

地点 i	货品	总运输量 V_i（t）	运输费率 R_i（元/t·km）	坐标值 X_i	坐标值 Y_i
1-P_1	A	2 000	0.050	3	8
2-P_2	B	3 000	0.050	8	2
3-M_1	A&B	2 500	0.075	2	5
4-M_2	A&B	1 000	0.075	6	4
5-M_3	A&B	1 500	0.075	8	8

重心法求解过程如下：

利用上述的公式，我们可以确定配送中心的初始位置，或大致位置（x_0, y_0），即

$$x_0 = \frac{\sum_{i=1}^{n} V_i R_i X_i}{\sum_{i=1}^{n} V_i R_i} \text{ 和 } y_0 = \frac{\sum_{i=1}^{n} V_i R_i Y_i}{\sum_{i=1}^{n} V_i R_i}$$

因为目前配送中心位置尚未确定，则先忽略配送中心至供应商、需求客户之间的距离 d_i。以表格形式来对方程求解，可以简化计算，见表 2-2。

表 2-2 配送中心的初始位置的计算

i	X_i	Y_i	V_i	R_i	V_iR_i	$V_iR_iX_i$	$V_iR_iY_i$
1	3	8	2 000	0.050	100.00	300.00	800.00
2	8	2	3 000	0.050	150.00	1200.00	300.00
3	2	5	2 500	0.075	187.50	375.00	937.50
4	6	4	1 000	0.075	75.00	450.00	300.00
5	8	8	1 500	0.075	112.50	900.00	900.00
				总计	625.00	3225.00	3237.50

现在，我们得到配送中心的初始位置坐标值，即

$$x_0 = 3225.00/625.00 = 5.16$$
$$y_0 = 3237.50/625.00 = 5.18$$

与该位置相关的总运输成本可以从表 2-3 得出。

表 2-3 配送中心选址的运输成本的计算

i	X_i	Y_i	V_i	R_i	d_i（km）[①]	成本 $V_iR_id_i$（元）
1	3	8	2 000	0.050	35.52[②]	3 552
2	8	2	3 000	0.050	42.63	6 395
3	2	5	2 500	0.075	31.65	5 934
4	6	4	1 000	0.075	14.48	1 086
5	8	8	1 500	0.075	40.02	4 502
					总运输成本	21 469

① 从初始位置的配送中心到 i 点的距离。
② 由距离公式得到 $d_1 = 10[(3-5.16)^2 + (8-5.18)^2]^{1/2}$ km = 35.52 km。

上述我们求出的只是一个近似解。要找出一个更精确的重心解还需要完成求解过程的其他步骤。我们无法直接找到该解，还须求助于一个反复迭代的过程。一种相当简单而直接的方法就是连续逼近。利用上述得出的结果，解下表中的方程可以得出第一次迭代的位置坐标，见表 2-4。

表 2-4 配送中心的精确位置的计算

i	V_iR_i	$V_iR_iX_i$	$V_iR_iY_i$	d_i	V_iR_i/d_i	$V_iR_iX_i/d_i$	$V_iR_iY_i/d_i$
1	100.00	300.00	800.00	35.52	2.815	8.446	22.523
2	150.00	1 200.00	300.00	42.63	3.519	28.149	7.037
3	187.50	375.00	937.50	31.65	5.924	11.848	29.621
4	75.00	450.00	300.00	14.48	5.180	31.077	20.718
5	112.50	900.00	900.00	40.02	2.811	22.489	22.489
				合计	20.249	102.009	102.388

修正后的配送中心位置坐标值计算如下

$x_0=102.009/20.249=5.038$

$y_0=102.388/20.249=5.056$

根据修正后的配送中心位置坐标值,再重新计算 d_i,利用成本计算公式($V_iR_id_i$)得到各个路线的运输成本,最终对应的总运输成本为 21 431 元,总成本降低了,说明修正后的位置坐标是更好的选址点。

重复上述计算过程,直至 x_0、y_0 的坐标值在连续迭代的过程中变化很小,继续计算没有意义。我们可以利用重心法模型软件完成 100 次这样的迭代过程。计算过程见表 2-5。

表 2-5 位置坐标和总运输成本的循环计算

迭代轮次	X坐标	Y坐标	总成本(元)
0	5.160	5.180	21 471.00(重心解)
1	5.038	5.057	21 431.22
2	4.990	5.031	21 427.11
3	4.966	5.032	21 426.14
4	4.951	5.037	21 425.69
…	…	…	…
100	4.910	5.058	21 425.14(精确解)

2. 多个配送中心的选址问题

对于大型的物流配送企业,其面临的问题往往是必须同时决定两个或多个配送中心的选址问题。由于不能将这些配送中心看成经济上相互独立的个体,而且可能的选址布局相当多,因而问题十分复杂。

此时我们可以用多重心法模型(软件)来求解。

如果要确定的点不止一个,就有必要将起讫点预先分配给位置待定的配送中心。这就形成了个数等于待选址配送中心数量的许多起讫点群落。随后,找出每个起讫点群落的精确重心点。针对配送中心进行起讫点分配的方法很多,尤其是在考虑多个配送中心及问题涉及众多起讫点时。方法之一是把相互间距离最近的点组合起来形成群落,找出群落的重心位置,然后将各点重新分配到这些位置已知的配送中心,找出修正后的各群落新的重心位置,继续上述过程直到不再有任何变化。这样便完成了特定数量仓库选址的计算。该方法也可以针对不同数量的配送中心重复计算过程。其计算公式为

$$TC = \sum_{j=1}^{M}\sum_{i=1}^{N} V_{ij} R_{ij} K \sqrt{(X_i - \bar{X}_j)^2 + (Y_i - \bar{Y}_j)^2}$$

最后评估时需注意，随着配送中心数量的增加，运输成本通常会下降。与运输成本下降相平衡的是物流网络中总固定成本和库存持有成本的上升。另外，还有模型没有区分在不同地点建设配送中心所需要的资本成本，以及与在不同地点经营有关的其他成本（如人力成本、仓库租金等）的差别。所以，最优解是使所有这些成本之和最小的解。

（二）因素加权评价法

重心法重视的是成本因素，适合于在一个较大的范围内将配送中心定位在一个"点"附近，例如，在地图上将配送中心定位在某一城市，用"点"表示，如沈阳市。接下来，我们需要评估该配送中心的具体位置，即在沈阳市内的具体位置。此时，配送中心的选址通常会对收入、可达性等因素高度敏感，会考虑是否接近竞争对手、人口构成、客户交通模式、是否靠近互补性配送中心、是否方便停车、是否接近好的运输线路、社区对服务的接受程度等因素。因此，前文介绍的方法无法直接应用到具体位置的选择问题上。为了能够找到最合适的位置建配送中心，通常会在多个候选地址点进行优选，常使用"因素加权评价法"或"层次分析法"进行评估决策。

因素加权评价法是系统综合评价的常用方法之一，它是通过因素加权矩阵表（见表2-6）中的价值评定量来显示各备选址地点的差异而对系统进行评价的。下面通过实例来说明此种方法的评价选优过程。

表 2-6 选址因素加权矩阵评价表

评价因素 得分 权重 选址点	因素1 W_1	因素2 W_2	因素3 W_3	…	因素n W_n	总评价指标值
候选地址1						
候选地址2						
…						
候选地址n						

例 2-2

某大型油漆生产厂的各类油漆涂料产品，都是经由经销商渠道销售的。目前油漆生产厂管理层决定要自建一批油漆店网点，用以扩大本厂油漆产品的销售量。油漆店网点的选址布局要考虑物流成本节约问题。现在要对某地区的油漆店选址点进行决策，有两个备选地址方案，那么油漆生产厂该如何选择呢？

（1）确定选址问题的评价因素并确定各评价因素的相对权重

生产厂管理者先咨询外部专家并共同讨论确定该选址问题的评价因素清单为接近竞争性商店、场地租金、停车场地、店面现代化程度、顾客可达性、地方税、社区服务、接近交通干线等八个因素。

对于油漆店选址问题来说，这八个因素的重要性（地位和作用）是不一样的。重要程度用权重值来表示，相对重要的因素，我们赋予它的权重值相对就高一些，相对不重要的，我们赋予它的权重值就低一些。设定权重值（W）为1到10，10表示最重要，1表示最不重要。在咨询专家的帮助下，生产厂最终确定这八个因素的权重值分别为8、5、8、6、9、3、3、8。

（2）结合备选方案，建立因素加权矩阵评价表

因素加权矩阵评价表的结构见表2-7，表中间的数字为第 i 个备选方案 A_i 关于评价因素 X_j 的评价值。这样加权矩阵评价表的元素就由备选方案、评价因素、评价因素的权重、各备选方案在各评价因素下的评价值组成。

表2-7 油漆店选址问题的因素加权矩阵评价表

评价因素 X_j 权重 备选点	接近竞争性商店 W=8	场地租金 W=5	停车场地 W=8	店面现代化程度 W=6	顾客可达性 W=9	地方税 W=3	社区服务 W=3	接近交通干线 W=8
选址点 A_1	5	3	10	9	8	2	4	7
选址点 A_2	7	4	8	5	4	4	6	2

（3）对各备选方案在各评价因素下逐一评价，将评价值（得分）填入表中

在咨询专家的帮助下，对各备选方案在各因素下逐一进行1~10的打分，将得分结果填入表中，10代表某一方案在某一评价因素下的最理想的状态，数字越小说明此方案越不理想（见表2-7），如在接近竞争性商店因素的影响下，选址点1得5分，选址点2得7分，说明地点2比地点1要理想；而在接近交通干线因素的影响下，地点1得7分，地点2得2分，地点1要比地点2理想得多。

（4）计算各备选方案的综合评价值（总得分）

各评价因素下的评价值的加权和，即为综合评价值。据此计算各备选方案的综合评价值。其中，综合评价值最大的备选方案即为最优方案。各因素的权重乘以各因素下选址点的得分后加总就得到该选址点的总得分。选址时将优先考虑得分值高的地点，再考虑得分值低的点。

选址点1的总得分：8×5+5×3+8×10+6×9+9×8+3×2+3×4+8×7=335（分）。

选址点2的总得分：8×7+5×4+8×8+6×5+9×4+3×4+3×6+8×2=252（分）。

335>252，所以，结论是该油漆生产厂应优先考虑在选址点1建油漆店，其次考虑选址点2。

需要特别注意的是，对不同地点打分时态度要保持一致，这样才可以对总得分进行合理比较。

（三）层次分析法

层次分析法也是系统综合评价的常用方法之一。层次分析法不同于因素加权评价法的地方是，其构成评价系统的因素是多级的，而这些评价因素又总是多属性的，层次分析法通过一种既合理又方便的途径来解决这一矛盾，从而排列出它们间的优劣顺序。

例2-3

某物流公司利用重心法求得待建配送中心的最佳位置坐标，此坐标在地图上对应的实际地址点在W市内。该物流公司对W市周边可用土地资源进行了详细调查，最终确定了5个备选地点。5个备选地点的调研资料统计整理后的情况见表2-8。试根据调研

数据对该选址问题进行评价,确定各备选地点的优劣顺序。

表 2-8 备选地点的调研数据统计表

评价因素		地点 1	地点 2	地点 3	地点 4	地点 5
土地因素 G_1	备选地地价(万元)G_{11}	16	18	21	15	20
	备选地面积(万 m^2)G_{12}	240	280	350	500	400
	备选地形状 G_{13}	矩形	矩形	矩形	矩形	三角形
	基础设施 G_{14}	水电气设施齐备、建完垃圾处理系统				未开发
自然环境 G_2	气象条件 G_{21}	好	好	好	好	好
	地质条件 G_{22}	好	较好	一般	好	一般
	水文条件 G_{23}	较好	好	好	一般	较好
经营环境 G_3		好	较好	较好	一般	一般
与交通干线距离(km)G_4		3	12	5	8	7
优惠政策 G_5		有	无	无	有	有

评价过程如下:

(1)确定评价因素层级

评价因素分为两级:

第一级:G_1、G_2、G_3、G_4、G_5。

第二级:(G_{11}、G_{12}、G_{13}、G_{14})(G_{21}、G_{22}、G_{23})。

(2)确定判断尺度

为了计算各级因素的相对权重值,需要事先确定判断尺度(可通过专家组讨论决定)。通过对这 5 个备选地点的调查分析,得到每个备选地点所对应的各项因素的相应评价尺度,见表 2-9。

表 2-9 判断尺度表

评价因素		地点 1	地点 2	地点 3	地点 4	地点 5
土地因素 G_1	备选地地价(万元)G_{11}	以价格低为优,最高 6 分,最低 1 分				
	备选地面积(万 m^2)G_{12}	以面积大为优,最高 6 分,最低 1 分				
	备选地形状 G_{13}	矩形最优,易于布局,最高 6 分,最低 1 分				
	基础设施 G_{14}	通三供为 6 分,未通 2 分,建有废物处理系统 6 分,未建 2 分				
自然环境 G_2	气象条件 G_{21}	按"好""较好""一般"三级打分,为 6 分、4 分、2 分				
	地质条件 G_{22}	按"好""较好""一般"三级打分,为 6 分、4 分、2 分				
	水文条件 G_{23}	按"好""较好""一般"三级打分,为 6 分、4 分、2 分				
经营环境 G_3		按"好""较好""一般"三级打分,为 6 分、4 分、2 分				
与交通干线距离(km)G_4		按至高速公路出口距离远近打分,近者优,最高 6 分,最低 1 分				
优惠政策 G_5		按有无相应的税收或其他的优惠政策打分,分"有""无"两级,最高 6 分,最低 1 分				

(3)计算各评价因素下的评价值

根据调研数据和判断尺度,计算各备选地点在各评价因素下的评价值(得分),见表 2-10。

表 2-10 备选地点在各评价因素下的评价值（得分）

评价因素	备选地点	地点1	地点2	地点3	地点4	地点5
土地因素 G_1	备选地地价（万元）G_{11}	5	4	1	6	2
	备选地面积（万 m^2）G_{12}	1	2	3	6	5
	备选地形状 G_{13}	6	6	6	6	4
	基础设施 G_{14}	6	6	6	6	2
自然环境 G_2	气象条件 G_{21}	6	6	6	6	6
	地质条件 G_{22}	6	4	2	6	2
	水文条件 G_{23}	4	6	6	2	4
经营环境 G_3		6	4	4	2	2
与交通干线距离（km）G_4		6	1	5	3	4
优惠政策 G_5		6	1	1	6	6

（4）确定评价因素的相对重要程度

同一层级的评价因素对其共同上一级的评价因素来讲，它们的重要程度是不同的，因此，各评价因素在综合评价中占有不同的比重（权重值），本例中经评价专家小组讨论，各级相对权重最终确定结果如下。

第一级：G_1、G_2、G_3、G_4、G_5 ={0.4，0.05，0.1，0.3，0.15}

第二级：（G_{11}、G_{12}、G_{13}、G_{14}）={0.3，0.2，0.1，0.4}

（G_{21}、G_{22}、G_{23}）={1/3，1/3，1/3}

（5）逐层计算相对综合评价值

依据各级相对权重数值计算各备选址地点的综合重要程度，即综合评价值，依此对各备选址地点的优劣排序，逐层计算相对综合评价值。

1）计算第二级相对第一级的综合评价值（见表 2-11、表 2-12）。

表 2-11 （G_{11}、G_{12}、G_{13}、G_{14}）层相对 G_1 的相对综合评价值计算

评价因素及权重	备选地点	地点1	地点2	地点3	地点4	地点5
土地因素 G_1	备选地地价（万元）G_{11}（0.3）	5	4	1	6	2
	备选地面积（万 m^2）G_{12}（0.2）	1	2	3	6	5
	备选地形状 G_{13}（0.1）	6	6	6	6	4
	基础设施 G_{14}（0.4）	6	6	6	6	2
备选地点在 G_1 下的综合评价值		4.7	4.6	3.9	6	2.8

表 2-12 （G_{21}、G_{22}、G_{23}）层相对 G_2 的相对综合评价值计算

评价因素及权重	备选地点	地点1	地点2	地点3	地点4	地点5
自然环境 G_2	气象条件 G_{21}（1/3）	6	6	6	6	6
	地质条件 G_{22}（1/3）	6	4	2	6	2
	水文条件 G_{23}（1/3）	4	6	6	2	4
备选地点在 G_2 下的综合评价值		5.3	5.3	4.7	4.7	4

2）计算第一层相对评价总目标的综合评价值（见表2-13），依此即可对各备选地点优劣排序。

表2-13 （G_1、G_2、G_3、G_4、G_5）对总目标的综合评价值计算

评价因素及权重	备选地点 地点1	地点2	地点3	地点4	地点5
土地因素 G_1（0.4）	4.7	4.6	3.9	6	2.8
自然环境 G_2（0.05）	5.3	5.3	4.7	4.7	4
经营环境 G_3（0.1）	6	4	4	2	2
与交通干线距离（km）G_4（0.3）	6	1	5	3	4
优惠政策 G_5（0.15）	6	1	1	6	6
总目标下的综合评价值	6.445	2.955	3.845	4.635	3.620

由此可知，5个备选地点的综合评价结果的优劣排序为地点1、地点4、地点3、地点5、地点2，即综合考虑各评价因素，备选地点1是相对最合理的配送中心位置。

第二节 配送中心内部规划

知识点 规划基础资料、规划要素、储运单位、订单EIQ分析、配送中心一般的作业流程、物流作业区、功能区域布置形式、储存设备、装卸搬运设备。

能力点 分析储运单位、进行订单EIQ分析、布置功能区域布局、使用常用的存储和搬运设备。

一、规划基础资料

（一）规划基础资料的内容

配送中心规划开始前，首先需要进行规划基础资料的收集与需求调查。收集的方法包括现场访谈记录以及企业数据资料的收集。规划资料分为两大类，包括现行作业资料及未来规划需求资料（见表2-14）。

表2-14 配送中心规划基础资料

现行运营资料	未来规划需求资料
基本运营资料	运营策略与中长期发展计划
商品资料	商品未来需求预测资料
订单资料	品项数量的变动趋势
物品特征资料	可能的预定厂址与面积
销售资料	作业实施限制与范围
作业流程	附属功能的需求
业务流程和使用单据	预算范围与经营模式
厂房设施资料	时程限制
人力与作业工时资料	预期工作时数和人力
物料搬运资料	未来扩充的需要
供货厂商资料	
配送据点与分布资料	

（二）规划要素

配送中心规划要素主要包括 E、I、Q、R、S、T、C 七个方面，它们是影响配送中心系统规划的基础数据和背景资料，是配送中心规划的依据（见表 2-15）。

表 2-15 配送中心的规划要素

规划要素	含义	要点
E-Entry	配送的对象或客户	配送中心的服务对象或客户不同，配送中心的订单形态和出货形态就有很大不同
I-Item	配送货品的种类	在配送中心所处理的货品品项数差异性非常大，多则上万种以上，如书籍、医药及汽车零件等配送中心，少则数百种，如制造商型的配送中心；由于品项数不同，配送中心作业的复杂性与困难性也有所不同；配送货品的种类不同，其特性也不同，因此配送中心的厂房硬件及物流设备的选择也不尽相同
Q-Quantity	配送货品的数量或库存量	货品配送数量的多少随时间的变化趋势会直接影响配送中心的作业能力和设备的配置；配送中心的库存量和库存周期将影响配送中心对面积和空间的需求
R-Route	配送的通路	了解物流通路的类型，根据配送中心在物流通路中的位置和上下游客户的特点进行规划、常见的通路模式如下： 工厂→配送中心→经销商→零售商→消费者 工厂→经销商→配送中心→零售商→消费者 工厂→配送中心→零售商→消费者 工厂→配送中心→消费者
S-Service	配送服务水平	较好的物流服务水平意味着更高的物流成本，要注意物流服务水平与物流成本的平衡
T-Time	配送的交货时间	物流的交货时间是指从客户下订单开始，订单处理、库存检查、理货、流通加工、装车及载货汽车配送到达客户手上的这一段时间。具体体现在对交货时间的长短与准时性的要求。交货时间越短，配送成本越高，最好的交货时间应控制在 12~24h
C-Cost	配送货品的价值或建造的预算	一般来说，配送货品的价值高，客户容易负担较高的配送成本。此外，配送中心的建造预算直接影响配送中心的规模和自动化水平

（三）规划资料分析

规划资料分析是后期配送中心规划设计的重要基础。这些从多种途径获取的数据，必须进行科学的整理分析，并结合配送中心的实际情况加以修正，才能作为规划设计的参考依据。基本规划数据分析的重点为物品特性分析、储运单位分析、订单 EIQ 分析。

1. 物品特性分析

在配送中心内，不同特性的物品是需要分开储存的，因此物品特性分析是对货物进行分区分类储存的主要依据，如按储存保管特性可分为干货区、冷藏区及冷冻区，按货物重量可分为重物区、轻物区，按货物价值可分为贵重物品区及一般物品区；此外，为了防止对食品的污染、串味，需分别设置食品区、生活用品区等。因此，配送中心规划时首先需要对货物进行物品特性分析，以划分不同的储存和作业区域。一般货品基本特性分析表见表 2-16。

表 2-16 一般货品基本特性分析表

资料项目	资料内容
1. 物态	□气体　□液体　□半液体　□固体
2. 气味特性	□中性　□散发气味　□吸收气体　□其他
3. 储存保管特性	□干货　□冷冻　□冷藏
4. 温湿度需求特性	＿＿＿℃　　　＿＿＿％
5. 内容物特性	□坚硬　□易碎　□松软
6. 装填特性	□规则　□不规则
7. 可压缩性	□可　□否
8. 有无磁性	□有　□无
9. 单品外观	□方形　□长条形　□圆筒　□不规则形　□其他

2. 储运单位分析

配送中心储存物品的大小和形状是各式各样的，往往利用各种集装单元把需要储运的物料装成一个单元，便于搬运。常见的集装单元有托盘、货箱、料箱以及容器等。配送中心的各个主要作业（进货、拣货、出货）环节均是以各种包装单位（P—托盘、C—箱子、B—单品）为作业的基础。每个作业环节都需要人员、设备的参与，即每移动或转换一种包装单位都需使用到设备、人力资源。而且不同的包装单位可能有不同的设备、人力需求。因此，掌握物流过程中的单位转换相当重要，必须先确定货品的入库单位。所有单位的确定都取决于客户的订单，即由客户订单决定拣货单位，拣货单位决定储存单位，再由储存单位要求供应商的入库单位。配送中心常见的储运单位组合形式见表 2-17。

表 2-17 储运单位组合形式

入库单位	储存单位	拣货单位
P	P	P
P	P, C	P, C
P	P, C, B	P, C, B
P, C	P, C	C
P, C	P, C, B	C, B
C, B	C, B	B

注：P=托盘（Pallet）；C=箱（Case）；B=单品（Bulk）。

3. 订单 EIQ 分析

EIQ（Entry，Item，Quantity）分析是利用"E""I""Q"这三个物流关键要素来研究配送中心的物流需求特性，为配送中心规划提供依据。日本的铃木震先生积极倡导以订单品项数量（EIQ）分析方法来进行配送中心的系统规划，即是从客户订单的品项、数量和订购次数出发，进行出货特性的分析。

EIQ 分析的内容和目的如下：

1）订单数量（EQ）分析。单张订单出货数量的分析，目的是研究订单对搬运作业能力的要求。

2）订单品项数（EN）分析。单张订单出货品项数的分析，目的是研究订单对拣选设备及作业能力的要求。

3）品项数量（IQ）分析。每个品项出货总量的分析，目的是研究出货的拆零比例。

4）品项受订次数（IK）分析。每个品项出货次数的分析，目的是对拣选作业频率进行统计，主要决定拣选作业方式和拣选作业区的规划。

二、作业流程分析

在经过基础资料的分析与基本规划参数的确定后，即可针对配送中心的主要活动做进一步的分析及探讨，制订合理的作业程序，并作为后续设备选用及空间规划的参考。配送中心的主要活动是订货、进货、发货、仓储、订单拣货和送货作业，有的配送中心还要进行配送加工作业、退货作业。

通过对各项作业流程的基本分析，便可进行作业流程合理化分析，从而找出流程中不合理和不必要的作业,力求简化配送中心内可能出现的不必要的计算和处理单位。这样规划出的配送中心可减少重复堆放的搬运、翻垛和暂存等工作,提高整个配送中心的效率。如果储运单位过多时,可将各作业单位予以分类合并,避免内部作业过程中储运单位过多。尽量简化储运单位,以托盘或储运箱为容器,把体积、外形差别大的物品归类成相同标准的储运单位。

配送中心一般的商品实体流程,如图2-4所示。

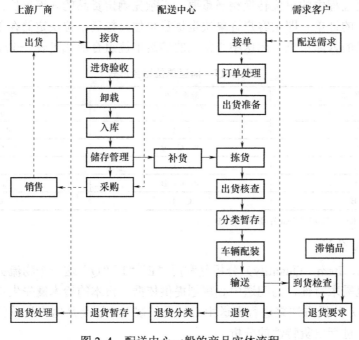

图2-4 配送中心一般的商品实体流程

三、功能区域规划设置

在作业流程规划后,可根据配送中心运营特性进行库区的功能区域规划与设计,包括物流作业区的规划、辅助作业区的规划和行政办公区的规划,如图2-5所示。

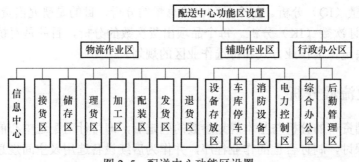

图2-5 配送中心功能区设置

(一)物流作业区

物流作业区一般由信息中心与仓库构成。信息中心起着汇集信息并对配送中心进行管理的作用。仓库根据各部分不同的功能又可分为不同的作业区。

1. 信息中心

信息中心指挥和管理着整个配送中心，它是配送中心的中枢神经。它的功能是对外负责收集和汇总各种信息，包括用户订货和要货信息，以及与部分直接供应商联网的信息，并根据这些信息做出相应的决策；对内负责协调、组织各种活动，指挥调度各部门的人员，共同完成配送任务。信息中心一般是和办公室结合在一起的。

2. 接货区

在这个作业区内，工作人员完成接收货物的任务和货物入库之前的准备工作，如卸货、验收、搬运及货物暂存等。因货物在接货区停留的时间不太长，并处于流动状态，因此接货区的面积相对来说都不算太大，应与储存区设置在一起，方便入库作业，其主要设施有进货铁路或道路、靠卸货站台、验货用的计算机、验货场区和装卸货工具。

3. 储存区

在这个作业区分类储存着验收后的货物。这些货物是暂时不必配送或作为安全库存的货物。由于这些货物需要在这个区域内停留一段时间，并要占据一定的位置，因此相对而言，储存区所占的面积比较大。在储存区一般配有高层货架、用于集装单元的托盘、叉车、起重堆垛机等设备，它常与加工区、拣货区设置在一起以便配送加工、拣货作业。

4. 理货区

理货区是配送中心人员进行拣货和配货作业的场所，其面积大小因拣货和配货工作量大小而定。该区域配置许多专用设备和设施，如手推车、货架、重力式货架、皮带机、传送装置、自动分拣装置、升降机等。

5. 加工区

根据客户需要，对配送货物进行包装、分割、计量、刷标志、拴标签、组装等简单作业的场所。

6. 配装区

分拣出来并配备好的货物需要集中在某一场所等待统一发货，这种放置和处理待发货物的场所就是配装区。在配装区内，工作人员要根据每个客户的位置、货物数量进行分放、配车和选择单独装运还是混载同运。因在配装区内货物停留时间不长，所以货位所占的面积不大，比储存区小得多。这个作业区配有计算工具和小型装卸机械、运输工具等。

7. 发货区

发货区是工作人员将组配好的货物装车外运的作业区域。发货区的结构和接货区类似，有站台、外运线路等设施。有时候，发货区和配装区是一体的，将配组好的货物直接通过传送装置进入装货场地。

8. 退货区

存放进货时残损或不合格、配送客户退回的残次品、过期产品以及需要重新确认等待处理货物的场所。

（二）辅助作业区

辅助作业区主要包括设备存放区、车库停车区、消防设备区、电力控制区。

1. 设备存放区

设备存放区主要用于托盘、周转箱、地牛（手动液压托盘搬运车）等设备存放的区域。

2. 车库停车区

车库停车区主要用于存放叉车、送货车辆、进货临时停放车辆以及办公用车辆、员工车辆等。

3. 消防设备区

消防设备区用于存放、安装消防设备的地方，目的是防火与灭火，消防设备区应分布均匀合理，充分利用空间。

4. 电力控制区

电力控制区是为了保障电力供应及安全用电而设置的场所。

（三）行政办公区

行政办公区主要包括综合办公区和后勤管理区域。

1. 综合办公区

综合办公区用于配送中心内部的日常事务管理、信息处理、商务洽谈、订单处理以及信息指令发布的场所，综合办公区一般设置在配送中心的出入口。

2. 后勤管理区

后勤管理区是为了做好配送中心的后勤保障工作，有助于配送中心 6S 管理而设置的场所，后勤管理区可设置在配送中心任何一处没有被利用的地方。

确定配送中心的基本功能区后，需建立完整的功能区汇总表，并依据各项基础需求分析资料，考虑各区域的规划要点，来确定各区域的功能及作业能力，完成功能区的基本需求规划。

四、功能区域系统布置

（一）系统布置的一般程序

在功能区域设置明确后才能利用系统布置设计（System Layout Planning，SLP）等规划方法进行空间区域的总体布置规划，产生功能区的区块布置图，标出各功能区的面积与界限范围。

一般情况下，应以物流作业区为主，再延伸至相关外围区域。而就物流作业区的规划而言，要依作业流程入出顺序逐区规划。另外若相关的信息不够完备，而无法逐区进行分析规划时，可针对仓储及拣货区进行较详细的需求分析，再依仓储及拣货区规划的运转衔接向前后作业进行规划。

配送中心系统布置的一般程序如图 2-6 所示。

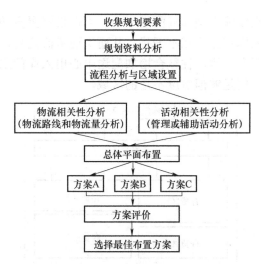

图 2-6　配送中心系统布置的一般程序

（二）功能区域布置目标

配送中心功能区域布置是指，在物流成本费用最低和物流空间利用最大化的目标约束下，如何对各个功能分区进行空间位置的设计。

配送中心功能区布置直接影响配送中心的物流运作效率和组织管理，其布置规划目标一般包括以下几个方面。

1）满足配送中心作业工艺流程的要求，使物资流动顺畅。

2）优化功能区布局，使运输路线最短，降低物流成本，尽量避免往返运输。

3）合理有效利用土地，降低投资成本，衔接周边交通设施。

4）方便各功能单元的业务联系，便于中心组织管理。

5）满足柔性要求，使之适应服务需求的变化。

6）重视人的因素，为员工提供方便、舒适、安全和卫生的工作环境，使之合乎员工生理、心理的要求，为提高生产效率和保证员工身心健康创造条件。

7）减少环境污染，营造和谐发展环境。

（三）功能区域布置形式

根据配送中心物流作业量和物流路线，确定各功能区域的面积和各功能区域的相对位置，最后得到配送中心的平面布置图。

1. 功能区域面积的确定

对于配送中心功能区域面积的计算，一般是根据作业量的大小和经验性的数据来决定的，用现有的配送中心单位面积作业量作为主要依据来设计。单位面积作业量的经验数据为：保管区域为 $1t/m^2$，处理货物的其他作业区域为 $0.2t/m^2$。

2. 功能区域的布局形式

配送中心的功能区域布局可以分为直线流出型布局、U 型布局和多层布局等。

（1）直线流出型布局

如图 2-7 所示，在直线流出型布局配送中心，可以设置更多的入库门和出库门，且货物是单方向流动的，出入库作业互相不干扰，从而实现货流通畅，提升出入库作业效率。但由于入库门和出库门不在一侧，往往会增加配送中心出入库门卫的设置及出入库作业管理工作。这种布局适合深度足够但宽度不足的区域。

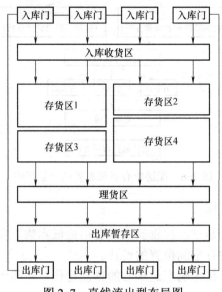

图 2-7　直线流出型布局图

（2）U 型布局

如图 2-8 所示，U 型布局的配送中心具有布局紧凑，可以共用出入库作业空间和设备的特点，有利于实现配送中心越库（Cross docking）作业。但由于出库门与入库门在同一侧，如果组织不当，使得出入库作业相互干扰、相互影响。这种布局适合深度不够但宽度足够的区域。

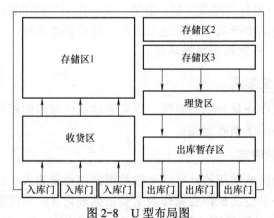

图 2-8　U 型布局图

（3）多层布局

多层布局配送中心的设计主要为了节约空间，降低土地资源占用面积。进入 21 世纪以来，我国城市化速度明显加快，土地资源日益紧缺，土地价格大幅上涨。尽管自动化立体仓库可以尽量地利用仓储空间，但与多层配送中心相比，还是存在土地利用率不高的问题。多层配送中心因其楼层的叠加性可以增加仓储存储空间，大大增加土地利用率。目前，中国香港、新加坡、英国等地多层配送中心已相当普遍。随着物流的发展以及专业物流配送中心的需求，我国势必将建立多层配送中心。

多层布局配送中心的底层一般用于出库频率高、体积大、重量大的货品的储存与分拣，其他层则适用于出库频率低、体积小、重量轻的货品的储存与分拣。

企业案例 2-1

九州通物流配送中心的内部布局设置

九州通物流配送中心（以下简称九州通）的内部布局如下。

（1）营销部开票大厅

客户订单的受理、下达就在开票大厅完成。

公司根据客户类型和区域实行分类营销，开票大厅是针对诊所、单体药店等小型客户，办公室面向的是大中型商业客户，所有客户都可以通过电话、传真、邮件等方式订货，同时还可以登录九州通医药电子商务平台进行网上订货。

公司还有器械和中药两个展厅，客户在展厅内能对产品有更加深入和直观的了解，方便其选购。

（2）主物流分拣作业中心

整个作业中心由三部分组成，分别为暂存区、作业区和存储区。

（3）收货区

收货月台面积为 $130m^2$，可满足 5 辆车同时卸货，日均入库能力为 1 万件。

（4）质管部

九州通对药品质量管控是非常规范的，特别设立质管部，对公司药品的进、销、存、退、换等过程中的质量进行严格把关。

质管部还设置了化学检验室、仪器分析室、微生物检验室等药品化验室，对第一次经营的商品都会对其质量进行检验，合格后，才会采购销售。另外，在日常商品的检验维护中，也会对有异常的商品进行检验分析，确保供应给客户的商品是安全放心的。

（5）自动化立体仓库

自动化立体仓库占地 $3\,000m^2$，库高 22m，共 12 层，由 10 排、96 列货架和 5 台自动堆垛机组成。拥有 11 260 个托盘货位，可存储货物 18 万～22 万件，占到整个中心库存量的 60%。

整个仓库采用 U 型布局设计，一边为入库输送线，另一边是出库输送线，这样堆垛机在出入库并行作业的同时能有效避免作业交叉，提升效率。目前，立体仓库每小时出入库能力为 200 个托盘量，占到整个物流中心作业量的 50%。

（6）冷库

冷库面积 $100m^2$，可存储货物 16 000 件，采用 NEC 自动温控系统，设货架和堆垛，按 GSP 标准分类存储。

（7）调度中心

调度中心是整个物流中心分拣作业的控制枢纽。营销开票大厅的订单通过财务审核后，自动下传到仓储作业系统——LMIS系统。

（8）零货拣货区

零货拣货区占地500m²，零货区共有32组货架，13 000多个货位，存有10 000多种药品，每个货位只存放一个品规的一个批号商品，因此，同一品规如有多个批号则需要多个货位存放。这样才能确保商品先进先出。

（9）整件发货区

整件发货区的商品既要满足整件商品的出库需要，又要满足拆零区的补货需求。

整件商品的储存主要采用货架、堆垛两种储存方式，货架上每个品种1~2件，少量出库，占地550m²，存7 000件货物；堆垛区占地800m²，存12 000件货物，根据剂型的不同分货位存放。

（10）出库月台暂存区

出库月台暂存区是整个仓库内作业的最后环节，所有在分拣中心拣选出的商品就存放在这里，通过最后一道月台复核后，就可以装车出库了。

整个月台面积近970m²，可同时供17台车进行装车，可存放10 000件货物，周转2次，满足每日20 000件的出库量。

月台和库内所有其他存储区域一样，采用精确化货位管理，首先根据配送类型将月台分为四个大区，同时系统根据货物配送区域和件数将连续的月台货位分配给同一家客户，提高装车配送效率。

九州通内部区域是U型布局设计，其内部区域规划示意图如图2-9所示。

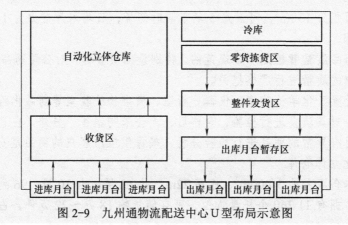

图2-9 九州通物流配送中心U型布局示意图

五、物流设备配备

配送中心物流系统主要由管理控制系统、建筑设施和物流设备三大部分构成。典型的配送中心物流系统构成如图2-10所示。

管理控制系统是保障配送中心正常运转所必备的基本条件，包括配送中心的业务性管理系统和信息管理系统等。业务性管理系统包括各项规章制度、操作标准及作业流程等。信息管理系统包括订货系统、出入库管理系统、分拣系统、订单处理系统、信息反馈系统等。

建筑设施主体包括仓库建筑物、构筑物以及库外道路、停车场、站台和铁路专用线等辅助设施。

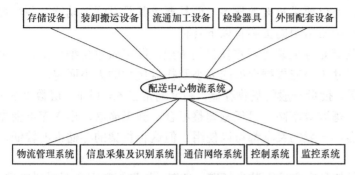

中通快递自动化分拣设备

图2-10 典型的配送中心物流系统构成

物流设备是配送中心物流系统的核心，一个完整的配送中心规划中所包含的设备需求相当广泛，这些设备主要包括以下五个方面。

(一) 存储设备

1. 容器

容器包括搬运用容器、存储用容器、拣取用容器及配送用容器，如纸箱、托盘、铁箱、塑料箱等。部分以单品出货为主的出货类型，如果品项多而体积、长度、外形等物性差异很大，应考虑利用周转箱等容器将储运单位统一化，达到单元负载的原则，以简化储运作业。

2. 托盘

托盘（也称栈板）是配送中心最常用的集装工具。许多单件物品通过一定的技术措施组合成尺寸规格相同、重量相近的大型标准化的组合体，这种大型的组合状态称为集装。通过采用集装化单元能够减少装卸搬运次数，大幅度提高物流效率，降低物流费用。

托盘是指用于集装、堆放、搬运和运输的放置作为单元负荷的货物和制物的水平平台装置，其既有搬运器具的作用，又有集装容器的功能。

托盘有以下几种类型。

1）平托盘。平托盘按载物台面分为单面型、单面使用型、双面使用型和翼型四种；按叉车插入方式分为单向插入型、双向插入型、四向插入型三种；按制造材料分为木制、钢制、塑料制和纸质四种。

2）柱式托盘。在托盘的四个角上有固定的或可卸式的柱子，又可在柱子上端用横梁连接成门框架，提高货物码放的规则性和稳定性。

3）箱式托盘。沿托盘四个边用板式、栅式、网式等各种平面组成箱体，有些箱体有顶板、有些没有。在不使用的时候可以折叠起来，减少空间的占用，适合进行散件或散状物料的堆放。

4）轮式托盘。在柱式、箱式托盘的基础上，下部装有小型轮子，可以在没有搬运机的条件下进行小距离的搬运。

3. 货架

货架是指用支架、隔板或托架组成的立体的存储物品的设施。货架在存储中占有非常重要的地位，为改善存储功能，不仅要求货架数量多，而且要求其具有诸多功能，并能很好地实现机械化和自动化。配送中心常用的货架有以下几种。

（1）托盘式货架　托盘式货架是存放装有货物托盘的货架，既可做单排型连接，也可做双排型连接。托盘式货架的尺寸大小应根据仓库的大小及托盘尺寸的大小而定。

托盘式货架适用于品种中量、批量一般的货物存储，高度通常在 6m 以下，层数以 3～5 层为宜。其优点是存取方便，拣取效率高，可任意调整组合，施工简易，出入库不受先后顺序的影响，可做到先进先出，一般的叉车都可以使用。但这种货架的存储密度较低，需要较多的通道。

（2）悬臂式货架　悬臂式货架是在立柱上装设杆臂，悬臂（托臂）常用金属材料制造，其尺寸一般根据所存放物品尺寸的大小确定。此货架适用于存放超长物品、环型物品、板材、管材和不规则物品；适合于空间小、高度低的库房，管理方便，视野宽阔，存取物品方便、快速，对物品的存放一目了然；不太利于机械化作业，大都采用人力存取。

（3）阁楼式货架　阁楼式货架是多层堆叠制成阁楼布置的货架，其底层货架不但是保管物品的场所，而且是上层建筑承重梁的支撑，配有楼梯、扶手和电梯。

阁楼式货架能够很好地提高仓库的空间利用率，适用于库房较高、物品较轻、人工存取、储货量较大的仓库，同时也适用于仓库场地有限而存放物品品种很多的仓库。其缺点是由于主要依靠人工存取，存取作业效率低，因此主要用于存放储存期较长的中小件货物。

（4）移动式货架　移动式货架又叫动力式货架，地面上设有轨道，货架底部装有滚轮，通过电机驱动装置，它可以沿水平方向移动。移动式货架平时密集相接排列，因此大幅度减少了通道数量，提高了仓库利用率，使得地面使用率高达 80%；可直接存取每一项货品，不受先进先出的限制。移动式货架主要适用于仓库面积有限，但数量多且重的货物的存储，其缺点是电工装置较多，建造成本较高，维护也较困难。

（5）重力式货架　重力式货架又称流动式货架，其基本结构与普通层架类似，但是其深度比一般层架大得多。每一层隔板成前端（出货端）低、后端（进货端）高的一定坡度，货物在重力的作用下自动向前端滑移。可以在滑道上安装辊子或滚轮，以提高货体的运动性能，尽量将坡度做得小一点。

重力式货架使得单位库房面积存储量大；固定了出入库位置，减少了出入库工具的运行距离；由于入库作业和出库作业完全分离，两种作业可各自向专业化、高效率的方向发展，而且在出入库时，工具互不交叉，互不干扰，事故率降低，安全度增加；能够保证货物先进先出，主要用于大批量少品种货物的存放或配送中心的补货作业。

（6）驶入/驶出式货架　驶入/驶出式货架又称进车式货架、通廊型货架。这是一种不以通道分割的、连续性的整栋式货架，在支撑导轨上，托盘按深度方向存放，一个紧接着一个，这使得高密度存储成为可能。通常采用钢结构，立柱上有水平突出的构件，叉车将托盘货物送入，由货架两边的构件托住托盘。驶入式货架只有一端可供叉车进出，而驶出式货架可供叉车从中间通过，非常便于作业。

驶入/驶出式货架节省了通道的设置，使得仓容利用率可达 90%；搬运车辆可以驶入货架内部选取物品；每一个开口对应一个品种；对于托盘的质量和规格要求较高；不便于保证货物的先进先出。适合大批量少品种，且对先进先出要求不高或批量存取的货物存储。

（7）流利式货架　流利式货架又称滑移式货架，采用辊轮铝合金、钣金等流利条，利用货物台架的自重，从一边通道存货，另一边通道取货，可以实现先进先出以及一次补货多次取货，存放方便。流利式货架存储效率高，适合大量货物的短期存放和拣选。可配电子标签，实现货物的轻松管理，常用的滑动容器有周转箱、零件盒及纸箱等。

（8）旋转式货架　旋转式货架设有电力驱动装置（驱动部分可设于货架上部，也可设于货架底座内）。货架沿着由两个直线段和两个曲线段组成的环形轨道运行。由开关或小型电子计算机操纵。存取货物时，把货物所在货格编号由控制盘按钮输入，该货格则以最近的距离自动旋转至拣货点停止。

其特点是货架可转动，拣货线路简捷，拣货效率高，拣货时不容易出现差错。根据旋转方式不同，可分为垂直旋转式、水平旋转式、立体旋转式三种。

（二）装卸搬运设备

1. 叉车

叉车是配送中心中最常见的设备，具有装卸搬运双重功能，主要以货叉为取货工具，依靠液压升降机实现对货物的存取和升降，由轮胎行走机构实现货物水平搬运的机械车辆。叉车用来对各种货物进行装卸、堆垛和短距离运输、重物搬运。叉车种类非常多，在配送中心经常会使用的叉车有以下几种。

（1）平衡重式叉车　平衡重式叉车是车体前方装有升降货叉、车体尾部装有平衡重块的起升车辆。平衡重式叉车的叉卸货物作业要依靠叉车的前后移动才能完成。这类叉车适应性较强，应用较广。平衡重式叉车有坐式和立式两种。坐式叉车适用于长距离搬运，且由于其轴距较立式的大，因此负载能力也大。立式叉车轴距小，在窄道中作业比较方便。

（2）低提升托盘叉车　低提升托盘叉车主要用于仓库内的水平搬运及货物装卸，一般低提升托盘叉车分为手动与电动两种类型。货叉提升高度一般在 210mm 左右。

（3）前移式叉车　前移式叉车是门架或货叉可以前后移动的叉车。常用于仓库内中等高度的堆垛、取货作业。

（4）拣选式叉车　按照拣选货物的高度，拣选式叉车可分为低位拣选叉车（2.5m 内）和中高拣选叉车（最高可达 10m），是一种操作台上的操作者与装卸装置一起上下运动，并拣选储存在两侧货架内货品的叉车。

2. 搬运车

（1）手动搬运车　又称手动平板叉车或手动液压叉车，俗称"地牛"。能够对货物进行装卸以及短距离运输，具有升降平衡、转动灵活、操作方便等特点，在配送中心装卸搬运作业中应用最为广泛。在存储、拣选作业中，经常使用的手推车有两轮手推车、平板手推车、手推台车（分为立体多层式、升降式、登高式）。

（2）电动搬运车　又称电动托盘车，由电机驱动液压系统完成货物的升降和车辆行车，具有速度快、效率高、轻便灵活等特点。它适用于重载及长时间货物转运，可大大提高货物搬运效率。

（3）称重式搬运车　在小型手动液压升降搬运车基础上增加高精度称重传感器和智能化数字显示仪表而组成的称重系统，实现了货物的搬运和称重同步进行、每次称重的数据可自动显示和打印。

（4）杠杆式搬运车　俗称"老虎车"，利用杠杆原理完成货物的装卸，由人力完成货物的短距离运输，适用于单体大件货物的人工搬运作业，广泛应用于家电配送中心和批发零售企业。

3．输送设备

输送设备主要是为了在配送中心内部将物品运送到预先安排的目的地，具有操作连续性、占地面积小和辅助作业等特点。

（1）滚筒式输送设备　由驱动装置、传动系统、控制系统、滚筒、机架、支腿等部件组成，主要应用于平底物品的输送，如箱、包、平底件货、托盘等，对于非平底及柔性物品可放置在周转箱内输送。其具有输送量大、运转轻快、效率高等特点，能实现多品种共线分流输送。

（2）滚珠式输送设备　主要用于传送带的分流及合流处，用于支持和满足物品在输送过程中改变输送方向。

（3）滚轮式输送设备　滚轮式输送设备主要用在输送线的弯道位置，用于改变输送过程中货物的行进方向。

（4）皮带式输送机　具有输送量大、结构简单、维修方便、部件标准化等优点，广泛应用于矿山、冶金、煤炭等行业，用来输送松散物料或成件物品，如煤、碎石、水泥、化肥、粮食等，皮带由滚筒或金属滑板支撑。

4．堆垛起重机

堆垛起重机是整个自动化立体仓库的核心设备，通过手动操作、半自动操作或全自动操作，在立体仓库的通道内来回运行，将位于巷道口的货物存入货架的货格，或者取出货格内的货物运送到巷道口。它由机架（上横梁、下横梁、立柱）、水平行走机构、提升机构、载货台、货叉及电气控制系统构成，分为桥式堆垛起重机和巷道式堆垛起重机两种。

（三）配送加工设备

配送加工设备包括裹包、集包设备，外包装配合设备，印贴条码标签设备，拆箱设备，称重设备等。为配合目前配送中心服务项目的多元化及下游客户的需求，配送中心进行的二次包装、裹包或贴标签等加工作业也逐渐增多。未来配合国际物流的趋势，经由国际物流转运后再进行分装或简易加工的业务也会逐渐增多，以增加物流作业的附加价值。

（四）检验器具

（1）计数器　计数器是收货作业过程中为了方便对入库货物数量进行记录的辅助性工具。

（2）衡器　衡器是计量器具的一个重要组成部分。过去人们称计量为"度量衡"："度"

指用尺测量物体的长短,"量"指用容器测量物体的体积,"衡"指测量物体的重量。配送中心常用的衡器有电子台秤、吊秤和汽车衡。

（3）测湿仪　当收货检验的对象是木材制品、粮食、烟丝、棉花、动物毛发等货品时，入库前必须对其进行含水量的检验，符合标准方可入库。有针式木材水分测湿仪、针式烟丝测湿仪、粮食水分测温仪等。

（4）比重计　特种货物收货检验时需要对入库液体货物的质量进行检验，比重计是最常用的仪器之一。

（五）外围配套设备

外围配套设备包括楼层流通设施、装卸货平台、装卸载设施、容器暂存设施、废料处理设施等，应视配送中心经营者的需求特性而异。

第三节　配送中心信息管理

知识点｜配送中心管理信息系统的作用、配送中心管理信息系统的功能。

在配送中心的运营中，信息系统起着中枢神经的作用，其对外与生产商、批发商、连锁商场及其他客户等联网，对内向各子系统传递信息，把收货、存储、拣货、配送加工、配货、送货等物流活动整合起来，协调一致，指挥、控制各种物流设备和设施高效率运转。在配送中心的运营中包含着三种"流"，即物流、资金流和信息流，而系统处理信息流的平台则是配送中心管理信息系统。

> **企业案例2-2**
>
> **配送管理信息系统的组成**
>
> 美国通用电气公司的综合信息及销售管理系统是配送系统中的一个有名的例子。该公司利用计算机网络将分布于49个州的65个销售部门、分布于13个州的18个产品仓库及分布于21个州的53个制造厂联结起来，及时掌握和分析库存情况，一旦有订货，则由中央计算机集中处理信息，在15s内处理完毕，通过计算机系统将发货信息传递到距客户最近（或费用最低）的配送点，指令发货。
>
> 又如，沃尔玛的管理信息系统包括很多个组成部分，如自动补货系统（Automatic Replenishment，AR）、销售时点数据系统（Point of Sale，POS）、电子自动订货系统（Electronic Ordering System，EOS）、快速反应系统（Quick Response，QR）等。

配送中心管理信息系统的发展经历了人工阶段、计算机化阶段、自动化信息集成阶段、智能化信息集成阶段。

配送中心管理信息系统的具体功能包括以下几个方面。

1. 标准化管理

负责配送中心管理信息系统涉及的物品编码、代码、人员、货位等基础信息的维护，是信息系统应用的基础。通过标准化管理可以掌握企业现状。

2．订单管理

承担配送中心对外业务的处理，接受客户订货，出具单据的验证、复核、打印与传递。

3．合约管理

有关合同、客户档案的管理。

4．存储管理

入库管理：负责处理不同要求、不同形式的入库指令，生成入库单。

理货管理：物品外观质量检验与验收，条码录入与打印，存储区域、货位分配，堆垛、苫盖，在库保管与养护，盘点作业管理。

出库管理：负责处理各种出库方式的出库指令。

5．车辆调度

按照配送中心出货订单与自有车辆和外雇车辆状况合理安排车辆。

6．配载

按一定算法将轻重货物指派到指定车辆上以实现较高的车辆利用率。

7．货物跟踪

货物跟踪是指物品送货过程中，信息的反馈与发送。可链接 GPS，实现货物跟踪的功能。

8．到货交接

物品送达到客户进行交接时相关信息的处理。

9．费用结算

配送业务相关费用的结算、业务单据和报表的打印与传递。

配送中心运营会产生大量信息，反过来，信息对于配送中心的运营也极为重要。尤其是作为配送中心主要活动的物流以及主要目的或风险的资金流，在产生信息的同时，更需要信息流的引导、支持、约束和推动。

实训练习

实训目的

通过完成配送中心筹建规划方案的任务，让学生初步具备设计规划配送中心的能力，同时让学生能够对配送中心建设的规划工作有一个总体上的认识。

实训任务

编制一份配送中心筹建规划方案。

任务情景

调研你所在的城市的商品货流（流量、流向、流时、距离和类别）情况，找出商品配送的薄弱环节，据此提出拟建配送中心解决商品流通中的阻滞情况，试为该区域编制一份配送中心筹建规划方案。方案应包括选址考虑的因素、内部设施构成及作业分区、主要设备配置、信息系统功能结构与模块等内容。

任务帮助

配送中心筹建规划方案模板。

××集团配送中心筹建规划方案

一、项目背景

××集团所生产的电子产品在××省多个城市有稳定的销售市场，××集团原来均是通过公路运输将产品直送到需要地。为了适应市场激烈竞争的新形势，打造产品流通现代化，提高企业的综合竞争能力，实现物流配送集约化经营、规模化发展，现集团决定在××省设立一个区域性专业配送中心。

二、配送中心设立目的

集团计划通过设立配送中心达到以下 8 大目标

1) 降低企业库存水平。
2) 降低物流运作成本。
3) 缩短物流作业周期中的交货时间。
4) 提高物流作业效率。
5) 提升物流服务竞争力。
6) 简化手续，方便客户。
7) 提高物品供应或商品销售保证能力。
8) 通过专业化增值服务体现规模优势。

三、选址地点及评价与建议

(一) 选址

利用重心法和数值分析法计算得出 3 个配送中心选址地点，经综合考虑决定将配送中心选择在 B 市。

(二) 选址评价及建议

1. 市场需求评价

B 市地处××省中央地区，周边城市产品需求量巨大，并有很广阔的市场前景。

2. 产业环境评价

B 市经济发展提速增效。2010 年，全市生产总值为 449.51 亿元，增长 15.2%，比 2009 年提高 2.7 个百分点，连续 5 年保持两位数增长的态势。其中，第一产业增加值 87.69 亿元，增长 5.6%；第二产业增加值 217.14 亿元，增长 20.2%；第三产业增加值 144.68 亿元，增长 13.2%。按常住人口计算，人均 GDP 为 15 565 元，增长 14.2%。财政收入增长较快，据快报统计，全市财政总收入 32.75 亿元，增长 25.2%，其中地方财政收入 19.5 亿元，增长 24.3%。

3. 交通环境评价

(1) B 市紧邻××城市群，××铁路与××铁路相汇于此，××高速与××高速贯通城区，对外交通十分便利。

(2) B 市正在加大路网建设速度。未来 5 年，B 市铁路、公路、水运交通网络纵横、四通八达，将成为省内重要的交通枢纽。

4. 地方政策评价

B 市委、市政府对招商引资非常重视。在严格控制全市机构的前提下，新增市项目投资全程代理服务中心，为外来投资企业代办行政审批、工商注册、税务登记及其在生产经营过程中的各种手续，统一为服务对象代收代缴各项行政事业性收费，受理服务对象的各种投诉，协调全市职能部门的全程服务。

5. 地理环境评价

(略)。

6. 公共基础设施

(略)。

四、配送中心的总体功能定位及规模确定

(一) 配送中心的总体功能定位

根据××集团电子产品业务发展需求，规划建设集进、储、配、送为一体的多功能、高效益的经济实用的配送中心，满足年进出货 34 500t 以上的要求，实现最佳的社会效益。

(二) 配送中心规模确定

新建配送中心一栋，总建筑面积 10 000m²，包括仓储及配送、室内停车场、办公用房等。

五、配送中心内部设施构成、作业分区及面积规划

配送中心内部设施构成、作业分区及面积规划如图 2-11 所示。

办公场所 400m²	存放场地 2 200m²	流通加工 1 200m²	发货场所 2 400m²
停车场 400m²			
收货场地兼验货场 1 800m²	分类场 1 600m²		

图 2-11 配送中心内部设施构成、作业分区及面积规划

六、配送中心主要设备配置（见表2-18）

表2-18 配送中心主要设备配置表

序号	设备名称	数量	型号
1	高性能堆垛机	2台	
2	架空双轨天车	4台	
3	吊车	4辆	
4	管理及监控系统		
5	其他配件		

七、配送中心的物流系统运行模式
（略）。

八、配送中心作业流程与分拣配货方法
（一）作业流程
（略）。
（二）配货方式
配送中心主要采用直取式进行分拣配货。因配送中心的货物种类很少，而每次配送数量又很大，因此送货车车辆可以直接开抵储存场所、货位进行装车，随即送货。这种方式通过将配货与送货结为一体，减少了作业环节。

九、作业单证管理
（略）。

十、信息系统功能结构与模块
（一）配送信息系统功能结构模块
配送信息系统主要包括以下6大模块。
1）销售出库管理：包括订单处理、拣货规划、流通加工与包装规划、配送计划和出库管理。
2）采购入库管理：包括入库管理、采购管理。
3）库存管理：包括商品分类、盘点处理、库存跟踪管理。
4）运输调度管理：包括运输资源管理、配送作业过程控制、配载调度、货物跟踪。
5）财务管理：包括人员工资管理、财务处理系统。
6）经营绩效管理：包括经营管理、绩效管理、配送资源计划。
（二）系统各子功能分析与描述（见表2-19）

表2-19 系统各子功能分析表

序号	系统子功能	具体描述
1	销售出库管理子系统	其所涉及的作业主要包括自客户处取得订单、进行订单处理、出货准备到实际将商品运送至客户手中，一切均以对客户服务为主
2	采购入库管理子系统	处理与供货厂商的相关作业，包括商品实际入库、根据入库商品内容进行库存管理、根据需求商品向供货厂商下订单
3	库存管理子系统	主要完成库存数量控制与库存量规划
4	运输管理子系统	主要有货物配载调度、配送过程控制、配送货物的跟踪、配送途中有意外情况的处理、运输资源管理用户签收后的录入与配送数据库的维护等管理功能
5	财务管理子系统	财务部门对外主要使用采购部门传来的商品入库数据，检查供货厂家送来的催款数据，并据此给厂商付款；或由销售部门获取出货单来制作应收账款催款单并收取账款，制作各种财务报表，供经营绩效管理系统参考
6	经营绩效管理子系统	从各子系统取得数据,制订各种经营政策,然后将政策内容执行方针告知各部门,并向社会提供配送中心的有关数据

十一、部门、岗位、职责与人员配备
（略）。

十二、附件
1）选址计算过程。
2）初始选址坐标值计算表。
3）配送区域内两点距离计算表。
4）其他。

编制人员		审核人员		批准人员	
编制日期		审核日期		批准日期	

本章小结

配送中心建设规划是一个非常复杂的问题,它受多种因素的影响和制约。配送中心规划设计的基本过程是,首先必须考虑企业战略发展的需要,进行选址规划;然后通过业务分析与需求分析,对配送中心进行作业功能与布局规划,在此基础上,进行物流设施的规划;最后,对作业流程进行相关设计,并对信息系统进行规划等。

本章仅探讨了配送中心规划设计的关键点:配送中心选址问题和配送中心内部规划布局问题。配送中心选址时应该综合考虑各种因素,包括客户分布、供应商分布、交通条件、土地条件、自然条件、人力资源条件、政策环境等;我们可以应用重心法、因素加权法或层次分析法等分析工具辅助决策。配送中心规划需要进行规划基础资料的收集和作业流程分析,在此基础上,完成功能区的区块设置和布局并配备相应的设备。本章最后简单提及了配送中心管理信息系统的作用及功能,信息系统是配送中心的中枢神经,必须高度重视。

各项配送作业就是在配送中心这个场所完成的,所以对配送中心规划设计的认知将为后续章节配送作业操作的学习做好准备。

同步测试

一、单选题

1. 配送中心常见的储运单位组合形式中,若拣货单位是C、B,则存储单位是C、B、P,入库单位是(   )。(P=托盘;C=箱;B=单品)
   A. C、B   B. P、C   C. P   D. C
2. 多层布局配送中心的设计主要为了(   )。
   A. 提升出入库作业效率   B. 共用出入库作业空间和设备
   C. 实现配送中心越库作业   D. 降低土地资源占用面积
3. (   )是配送中心最常用的集装工具。
   A. 托盘   B. 容器   C. 货架   D. 叉车
4. (   )是整个自动化立体仓库的核心设备。
   A. 滚筒式输送设备   B. 电动搬运车
   C. 堆垛起重机   D. 旋转式货架
5. (   )的深度比一般层架大得多,每一层隔板成前端(出货端)低、后端(进货端)高的一定坡度,货物在重力的作用下自动向前端滑移。
   A. 驶入/驶出式货架   B. 重力式货架
   C. 货架   D. 流利式货架

二、多选题

1. 配送中心选址时应该综合考虑各种因素,包括客户分布、供应商分布、(   )等。
   A. 交通条件   B. 土地条件   C. 自然条件   D. 人力资源条件

E. 政策环境

2. 在进行配送中心选址时，我们可以应用（　　　）等分析工具来辅助我们进行最终的选择。
   A. 重心法　　　　　　　　　　　B. 因素加权法
   C. 比较分析法　　　　　　　　　D. 鱼骨图分析法
   E. 层次分析法

3. 配送中心内的集装单元常见的有（　　　）等。
   A. 托盘　　　B. 货架　　　C. 货箱　　　D. 料箱
   E. 容器

4. 配送中心的设备需求相当广泛，这些设备主要包括（　　　）方面。
   A. 存储设备　　　　　　　　　　B. 搬运装卸设备
   C. 配送加工设备　　　　　　　　D. 检验器具
   E. 外围配套设备

5. 流利式货架利用货物台架的自重，从一边通道存货，另一边通道取货，实现（　　　）。
   A. 后进先出　　　　　　　　　　B. 先进先出
   C. 存放方便　　　　　　　　　　D. 一次补货多次取货
   E. 多次补货一次取货

三、判断题

1. 配送中心位置的选择，将显著影响配送中心实际营运的效率与成本，以及日后仓储规模的扩充与发展。（　　）
2. 因为重心法选址因素只考虑运输费率和该点的货物运输量，所以这个方法很简单。（　　）
3. 由供应商的入库单位决定拣货单位，拣货单位决定存储单位，再由存储单位要求客户订单的订货单位。（　　）
4. 配送中心可能没有配送加工作业和退货作业。（　　）
5. 直线流出型布局配送中心适合深度不够而宽度足够的地皮。（　　）

四、简答题

1. 简述配送中心系统规划要素E、I、Q、R、S、T、C的含义及要点。
2. EIQ分析的内容和目的是什么？
3. 配送中心仓库根据各部分不同的功能分为哪些作业区？每个作业区的功能是什么？
4. 配送中心的基本区域布局有哪些形式？画出平面布置示意图。
5. 配送中心常用的货架有哪几种？各有什么特点？

五、计算分析题

1. 某物流公司位于M市，筹建配送中心，正在为其选址。该物流公司每年都从A市采购某系列品牌小型家用电器，从B市采购快餐食材原料，从C市采购各类食用油品。从D市采购家用五金装修等材料。M市中心到其他各市的距离和每年采购的商品运量见表

2-20。试确定该配送中心应选在什么位置？（各市到 M 市的运输费率相同）

表 2-20 距离、运量表

原材料供应地及其坐标	A		B		C		D	
	X_1	Y_1	X_2	Y_2	X_3	Y_3	X_4	Y_4
距 M 市中心的坐标距离（km）	30	80	70	70	30	30	60	30
年运输量（t）	2 000		1 200		1 000		2 500	

2．两个工厂 P_1、P_2 通过一个仓库供应三个市场 M_1、M_2、M_3，如图 2-12 所示。各点进出的货流量以及相关运输费率见表 2-21。

表 2-21 工厂和市场的坐标，货物运输量和运输费率

地点 i	V_i(t)	运输费率 R_i（元/t·km）	坐标值（km）	
			X_i	Y_i
P_1	5 000	0.040	3	8
P_2	7 000	0.040	8	2
M_1	3 500	0.095	2	5
M_2	3 000	0.095	6	4
M_3	5 500	0.095	8	8

请使用重心法，找出仓库的合适位置。对上述解的最优性和有用性进行评估。对模型中已考虑或未考虑的因素进行评估。如图 2-12 所示，谈谈管理人员将如何利用这些解。

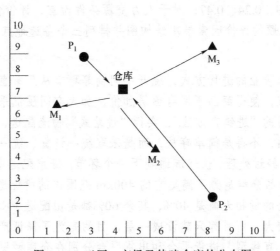

图 2-12 工厂、市场及待建仓库的分布图

3．某物流配送公司到 A 市拓展业务，需要在 A 市建一配送中心。目前有两个备选地点供选择。它们是沈北新区和浑南开发区。公司管理层讨论后，决定用如下 5 个评价项目对两个备选地点方案进行综合评价，它们是期望利润、货运安全率、市场占有率、土地购置费、客户满意度，它们的相对重要度分别是 0.4、0.3、0.1、0.2、0。根据有关人员的预测和估计，在这两个地点建配送中心后关于 5 个评价项目的效果见表 2-22。

表 2-22 备选地点效益表

评价项目 备选地点	期望利润（万元）	货物安全率（%）	市场占有率（%）	土地购置费（万元）	客户满意度
沈北新区	650	95	30	110	满意
浑南开发区	730	97	35	180	较满意

由公司管理层讨论后设定评价尺度并对两个备选地点在各评价项目下逐一打分，见表 2-23，如两个备选地点在期望利润评价项目下的得分分别为 3、4。

表 2-23 备选地点在各评价项目下的得分

评价项目 备选地点	期望利润（万元）	货物安全率（%）	市场占有率（%）	土地购置费（万元）	客户满意度
沈北新区	3	3	3	4	4
浑南开发区	4	4	4	1	3

试对这两个备选地点做出优先顺序评价。

4. 某物流公司准备在我国东北地区建区域配送中心，拓展自己的配送业务规模。经过市场排查，有甲、乙、丙三个地点被定为建配送中心的备选地点。该公司讨论决定评价因素为 5 个，分别是客户分布、供应商分布、交通条件、土地条件、人力资源条件。已知，经过因素两两比较并归一化处理，得到 5 个评价因素对于配送中心选址目标而言，它们的相对重要度分别为 0.25、0.19、0.38、0.13、0.05。对于评价因素客户分布而言，甲、乙、丙三个备选地点的评价值分别为 0.60、0.24、0.16；对于供应商分布而言，评价值分别为 0.50、0.33、0.17；对于交通条件而言，评价值分别为 0.42、0.35、0.23；对于土地条件而言，评价值分别为 0.29、0.24、0.47；对于人力资源条件而言，评价值分别为 0.30、0.38、0.32。试画出该选址问题的评价因素层次结构图并排列三个备选地点的优先顺序。

六、案例分析题

沃尔玛打破传统零售业的进货方式，绕开中间商等环节从厂家直接进货，这样就减少了中间许多复杂的环节，使得商品不用再逐层加价，加大空间压低采购价格。而且沃尔玛还改革传统零售业采用的"进销存方法"，实行"过站式"物流配送，配送中心对于货物的流通仅仅是其中的一站，不再是简单存放，而是采取统一订货、统一配货、统一送货的方法，让货物在配送中心经过处理，快速流通到下一个环节。每家配送中心平均配送 75~100 家门店，许多单独的商品分类是为了满足它的 400km 范围内的所配送门店的专门需求。沃尔玛经过配送中心转仓的货物大概是 40%，其余 60% 都是由配送中心直接送货。沃尔玛的配送中心一般面积都较大，而且都只建设成一层，目的是为了保证产品能够方便流动。沃尔玛将仓库动线规划为直线型，进货平台和出货平台分别在仓库两侧，这样商品就能够从一边平台进入，再从另一边平台离开，一家门店对应一个出货门。如果将仓库建成多层仓库，就要设立电梯或楼梯，这样货物在上下楼时就会非常不方便，而且还会阻碍商品流动的过程。因此，沃尔玛的配送中心都是采用一层仓库、大面积占用地面的设计。

问题：

1. 沃尔玛配送中心内部区域是如何设计的，并画出基本的布局示意图。
2. 这种设计的优点有哪些？

第三章 订单处理与备货作业管理

学习目标

1. 能够根据企业的设备条件，采取合理的接单方式，提高接单效率。
2. 能够准确确认客户信用和订单有效性，快速确认有效订单并建立客户档案。
3. 能够根据库存现状，合理分配货源，各种单据输出准确、快速。
4. 能够根据相关原则或综合考虑各种因素决定客户订购的优先性。
5. 能正确计算拣货的标准时间，保证有计划地出货。
6. 能够按照客户意愿、配送中心政策决定缺货订单的处理方式。
7. 能够做好备货入库前的各项准备工作。
8. 能够对备货按规定的程序和手续进行数量和质量的检验，并能正确办理收货手续和生成验收入库单。
9. 能够对验收过程中的异常情况进行正确处理。

引例

沃尔玛的订单处理流程

沃尔玛配送中心全部实现自动化作业，采用计算机系统处理量大、繁杂的订单信息，不但速度快，而且成本低，差错极少。

沃尔玛的供应商根据各分店的订单将货品送到沃尔玛的配送中心，配送中心则负责完成对商品的筛选、包装和分拣工作。

沃尔玛的订单处理的基本流程是：订单信息处理部门收到门店的订单后进行订货信息处理，确定所要订购的商品是什么商品，要多少数量，然后通过系统查询现有库存，如果库存量尚且足够，则生成拣货单，直接进入分拣作业；如果没有该商品库存，或者库存量不足以保证供货，则要向供应商及时发出采购订单要求。供应商收到采购订单后，就要在约定的时间内将所订购的商品送到指定的配送中心，经过核对、检验、收货等环节再将货物分别暂存仓库，按拣货单要求进行分拣，或作为安全库存存放仓库，等待急需时再做分拣。无论哪种操作，系统都会准确及时地记录在系统内，包括货物的收、分、出货时间、上架时间、存放货架的具体位置和数量。分拣后的货物，暂存在出货区，等待装车，而之前暂存在仓库的货物，当商店提出要求供货时，系统将很快将商品在配送中心的存储位置找出，打印带有所送商店代号的标签，粘贴到商品的外包装箱上。

那么，客户订单与配送中心运营是什么关系呢？配送中心对客户订单信息处理的过程是怎样的？订单信息处理作业操作流程是怎样的？对众多的各不相同的客户是如何管理的？订单处理的重点和难点作业环节是什么？配送中心是如何为配送商品提供货源保证的？本章将解决这些问题。

第一节 订单处理作业管理

知识点 | 订单处理作业的含义、订货周期时间构成、订单内容、订单交易形态、订单处理作业流程、订货方式、客户订单确认、客户档案、存货分配、拣货的标准时间、库存分配不足的处理、订单处理后的输出资料。

能力点 | 采取合理的接单方式、建立客户档案、合理分配存货、决定客户订购的优先性、计算拣货时间、处理缺货订单。

一、订单处理作业概述

（一）订单处理作业的含义

客户订单是配送中心开展配送业务的依据和所有业务活动的起点。配送中心接到客户订单以后需要对订单加以处理，据此安排备货、分拣、补货、配货、送货等作业。

订单处理作业是指订单管理部门对客户的需求信息进行及时的处理，从接到客户订单开始到着手准备拣货之间的作业阶段，包括有关客户、订单的资料确认，存货查询与分配，缺货处理直到打印输出"拣货单"和"送货单"等内容。

> **企业案例3-1**
>
> **联邦快递公司对订单处理过程中各项活动的管理**
>
> 联邦快递公司在订单处理方面的流程是，用条码给每份货运单据加编号，以便能够在运送过程中用条码扫描器方便、快速地读取信息，然后进行卸货、装货、转运发货作业活动。联邦快递公司采用电子订单处理系统后，能够事先对发货路线安排、交货日期计划以及客户提货等方面进行全面规划，这也是联邦快递公司的核心竞争力所在。

（二）订货周期时间构成

订货周期时间，即客户的订货提前期或订货前置时间，是指客户发出订单时间点至所订货品验收入库时间点之间的时间间隔期。它是客户评价配送中心作业效率和服务水平的重要指标之一。客户希望订货周期短且稳定，来降低自己的经营风险与成本。客户订货周期时间具体包括以下4段时间，如图3-1所示。

第三章 订单处理与备货作业管理

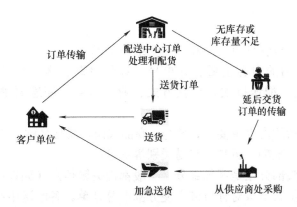

图 3-1 客户订货周期的组成部分

1）订单传输时间。即从客户发出订单到配送中心收到订单的时间间隔。如果采用纸质订单，则传输时间较长，且不稳定。现在多采用电子订单模式，传输可以瞬间完成，传输时间可以忽略不计。

2）订单处理时间。即订单的审核、更新库存记录、信用结算、核对订单、向客户和配送中心内有关方就订单处理情况互通信息等各项活动。订单处理时间长短取决于配送中心信息化建设的水平，信息化程度高则时间短，反之，则长。

配送中心在订单处理时，有可能遇到缺货情形，此时需要额外的时间进货补充存货，然后加急送货，这种情况下，虽然送货成本增加了，但保证了客户服务水平没有降低，从而留住了客户。

3）订单配货时间。即收到订单并通知分拣和运输部门有关订单信息后，根据订单需求进行的拣选理货、必要的包装或简单的加工过程、配装上车的时间。订单配货时间长短受配送中心整体布局、货位优化程度、现代拣选技术以及拣选作业组织等因素的影响。

4）订单送货时间。即配送车辆发车至客户收货人验收入库的时间间隔。其中包含在起点装货和在终点卸货的时间。送货运输时间的长短受配送中心选址、路线优化设计以及运输方式的选取等因素的影响。

改善订单处理过程，缩短订货处理周期，提高订单满足率和供货的准确性，提供订单处理全程信息跟踪，可以大大提高客户服务水平和客户满意度，使配送中心获得竞争优势。

企业案例 3-2

萨姆森-帕卡德公司订货周期时间的缩短

萨姆森-帕卡德公司是一家生产各种规格的工业用软管接头及阀门的企业，每天处理 50 份订单，每份订单的订货周期时间为 15～25 天。其中，订单处理时间为 4～8 天，留给生产的时间为 11～17 天。由于订货周期时间过长，客户经常抱怨。萨姆森-帕卡德公司通过改变订单处理流程，减少了订单处理时间，从而使订货周期时间缩短了 25%，因而使客户感到满意。萨姆森-帕卡德公司也因此使客户更加依赖公司的物流服务，牢固了自己在行业中的地位。

（三）订单内容

一份完整的订单应包含订单表头和订单明细两个部分。

订单表头部分包括的内容主要有订单号、订货日期、客户代号、客户名称、客户采购单号、送货时期、配送批次、付款方式、业务员号、配送要求、订单形态、备注等信息。

订单明细部分包括的内容主要有订单号、商品代码、商品名称、商品规格、商品单价、订购数量、订购单位、金额、折扣、交易类别等信息。

无论是订单的表头部分还是明细部分，一般都由关键信息（如订单号码）来连接，可帮助订单处理相关岗位人员核对订单或方便分割汇总订单。各配送中心可以根据订单处理系统的要求自行设计内容与格式。配送中心设计的订单格式举例见表3-1。

表3-1 某客户订单

订单号：20210807001

订货单位		××超市××店				日期：2021-8-7		
电话						传真：		
序号	产品名称	规格	数量	重量	体积（cm×cm×cm）	单价（元）	总价（元）	备注
1	汉高蜜桔片	258g×12瓶	20箱		30×18×15	48	960	
2	蒙牛酸牛奶	18袋百利包	10箱		25×15×25	36	360	
3	娃哈哈锌爽歪歪	200g×16瓶	15箱		30×25×30	48	720	
...	...							
	合计金额							
交货日期：2021年8月7日下午4点前								
交货地点：××超市收货处								
订单形态：☑一般交易 □现销式交易 □间接交易 □寄库交易 □其他								
加工包装：无特殊要求								
配送方式：☑送货 □自提 □其他								
用户信用：☑一级 □二级 □三级 □四级 □五级								
付款方式：月结								
特殊要求：允许缺货后补货								
制单：××				审核：××				

（四）订单交易形态

配送中心面对众多的交易对象时，由于客户的不同需要，其做法也有所不同，反映到接受订货业务上，则具有多种的订单交易形态。配送中心对不同的订单交易形态采取不同的交易及处理方式。具体的订单交易形态及相应的处理方式见表3-2。

表3-2 订单交易形态分类及处理方式

订单交易形态	特点	处理方式
一般交易订单	正常的订单。接单后按正常的作业程序拣货、出货、配送、发送、收款结账的订单	接单后，将资料输入订单处理系统，按正常的订单处理程序处理，资料处理完后进行拣货、出货、发送、收款结账等作业
现销式交易订单	与客户当场交易、直接给货的交易订单。如业务员到客户处巡货、推销所得的交易订单或客户直接到配送中心取货的交易订单	订单资料输入后，因其货品已交给了客户，故订单资料不再参与拣货、出货、配送等作业，只需记录交易资料，以便收取应收款项

(续)

订单交易形态	特点	处理方式
间接交易订单	客户向配送中心订货,但由供应商直接配送给客户的交易订单	接单后,将客户的出货资料传给供应商由其代配,此方式需注意客户的送货单是配送中心自行制作或委托供应商制作的,应对出货资料(送货单回联)加以核对确认
合约式交易订单	与客户签订配送契约的交易订单,如签订在某期间内定时配送某数量的商品	约定的送货日来临时,需将该配送的资料输入系统处理以便出货配送;或一开始便输入合约内容的订货资料并设定各批次送货时间,以便在约定日期内系统自动产生需要送货的订单资料
寄库式交易订单	客户因促销、降价等市场因素而先行订购某一数量的商品暂存在配送中心,以后视需要再要求出货的交易订单	当客户要求配送寄库商品时,系统应检核客户是否确实有此项寄库商品,若有,则出此项商品,并且扣除此项商品的寄库量
兑换券交易订单	客户通过兑换券兑换商品的配送出货的交易订单	将客户兑换券所兑换的商品配送给客户时,系统应查核客户是否确实有此兑换券回收资料,若有,依据兑换券兑换的商品及兑换条件予以出货,并应扣除客户的兑换券回收资料

二、订单处理作业流程

订单处理作业流程的目的是规范订单处理工作内容和程序,缩短订单处理时间,提高订单满足率和供货准确率。

订单处理可通过人工或计算机信息处理系统来完成,人工处理比较具有弹性,但只适合少量的订单,一旦订单数量稍大,处理将变得缓慢且易出错,而计算机不但速度快而且成本低,差错极少,适合大量的订单。订单处理过程包含了诸多活动,其作业流程如图3-2所示。

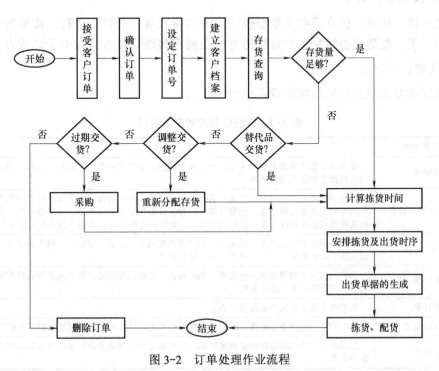

图 3-2 订单处理作业流程

企业案例 3-3

淘宝商城订单处理流程（如图 3-3 所示）

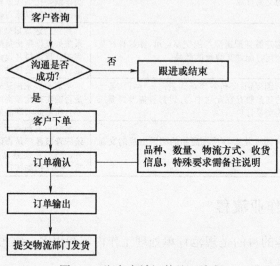

图 3-3 淘宝商城订单处理流程

三、订单处理作业控制程序

（一）接受客户订单

通过电话、短信、传真或电子数据传递等方式接收客户的订货资料。接单为订单处理作业的第一步，配送中心接受客户订货的方式主要有传统订货方式和电子订货方式两类。

1. 传统订货方式

传统订货方式及其对应的作业特点见表 3-3。

表 3-3 传统订货方式及其特点

传统订货方式	特点
直接铺货	配送中心直接将商品放在车上，一家家去送货，缺多少补多少。此种方式对于周转率较快的商品或新上市商品较常使用
派人巡货、隔日送货	配送中心派巡货人员前一天先至各客户处寻查需补充的货品，隔天再进行补货的方式。配送公司可利用巡货人员为客户整理货架、贴标签或提供经营管理意见、市场信息等，亦可促销新品或将自己的商品放在最占优势的货架上。此种方式的缺点是增加了巡货人员的人工成本
电话口头订货	客户将商品名称及数量，以电话口述方式向配送中心订货。但因客户每天需要订货的品种可能达数十项或更多，因此花费时间长、错误率高
传真订货	客户将订货资料整理成书面资料，利用传真机传给配送中心。但如果其传送资料品质不良则会增加事后确认作业的任务量
邮寄订单	客户将订货表单邮寄给配送中心
客户自行取货	客户自行到配送中心看货、取货，此种方式多为以往传统杂货店因地域较近所采用
跑单接单	配送中心业务员到各客户处推销产品，而后将订单带回或紧急时以电话先联络配送中心通知客户订单

2. 电子订货方式

电子订货由电子传递方式取代传统人工书写、输入、传送的订货方式,它将订货资料由书面资料转为电子资料,通过通信网络传送,此系统即电子订货系统(Electronic Order System,EOS)。电子订货系统的做法通常可分为三种,见表3-4。

表3-4 电子订货方式及其特点

电子订货方式	特点
订货簿或货架标签配合手持终端机及扫描器	客户订货人员携带订货簿及手持终端机巡视货架,若发现商品缺货则用扫描器扫描订货簿或货架上的商品标签,再输入订货数量,当所有订货资料皆输入完毕后,再利用数据机将订货资料传给配送中心
POS(Point of Sale,销售时点管理系统)	客户若有POS收款机则可在商品库存管理系统中设定安全存量,每当销售一笔商品时,计算机自动扣除该商品库存,当库存低于安全存量时,即自动产生订货资料,并将此订货资料确认后通过电信网络传给配送中心
订货应用系统	客户信息系统里若有订单处理系统,就可将应用系统产生的订货资料,经由特定软件转换功能转成与配送中心约定的共同格式,再在约定时间内将资料传送出去

一般而言,通过计算机直接连线的方式传递订单最快也最准确,而邮寄、电话或销售员带回的方式较慢且易出现误差。由于订单传递时间是订货提前期内的一个因素,关系存货水准的调整,从而影响客户服务及存货成本,因而传递速度快、可靠性强及正确性高的订单处理方式,不仅可大幅提升客户服务水准,对于存货相关的成本费用亦能有效地缩减。但另一方面,通过计算机直接传递往往较为昂贵,因而究竟要选择哪一种订单传递方式,应比较成本与效益的差异来决定。

(二)客户订单确认

订单内容是客户向配送中心下达的具体作业指令,订单内容的完整性和有效性是配送中心向客户提供货品和服务的具体依据。所以,当配送中心接收到客户订单后,应对订单的各项内容进行确认,以防发生错误或损失。订单确认的项目主要包括以下几个方面。

1. 确认订货信息

确认订货信息是对订货资料项目的基本检查,即检查货物品名、数量、送货日期等项目是否有遗漏、笔误或不符合公司要求的情况。尤其发现送货时间有问题或出货时间已延迟的时候,需要与客户重新确认送货内容或更正运送时间。若采用电子订单方式接单,需要对已接受的订货资料加以检验确认。

2. 确认客户信用

查询客户档案里的客户信用状况和财务状况,确定客户是否有能力支付该笔订单的货款。一般的查询方法是:通过查询客户的信用额度与现有应收账的差额,若为正,则客户信用度较高;若已然为负,则要再次确认客户是否能按期付款。例如,客户档案资料显示,A客户信用额度为12万元,应收账款为11.90万元,本次订单的订货金额为1.5万元,则A客户信用处理方法是:11.9万元+1.5万元=13.4万元>12万元,为确保配送中心的财务风险,此订单可视为无效订单;B客户信用额度为12万元,应收账款为5.0万元,本次订单的订货金额为4.5万元,则B客户信用处理方法是:5.0万元+4.5万元=9.5万元<12万元,则此订单有效。

3. 确认订单交易形态

确认订单交易形态，按确认后的交易形态对订单进行分类，针对各类的特点，以便采取相应的处理方法。

4. 确认订货价格

不同级别的客户可能对应不同的交易价格，不同的订购数量也可能导致价格的差异，因此将商品订货价格输入信息系统时应加以核对。若输入的价格不符（输入错误或业务员降价接受订单等），系统应加以锁定，以便主管审核。

5. 确认加工包装要求

针对客户订购的商品，要注意在订单上有没有特殊包装要求，是否有分装、贴价格标签等要求，如果有赠品的还需要确认记录有关赠品的包装资料等。

（三）设定订单号码并建立客户档案

1. 设定订单号码

客户的订单上一般都带有订单编号，不过这是客户企业内部对订单的编号。配送中心为了便于订单管理，一般还需要按照自己的习惯或编号原则对接到的订单进行重新设定订单号，并把该订单号与客户订单号对应起来。该订单号主要是为了系统内查询、核算方便，因此所有跟该订单有关的后续处理工作的单证上均应附此号码。

2. 建立客户档案

客户档案不但能让此次交易顺利进行，而且有益于今后合作机会的增加，因此，接到订单后一般都会为客户建立档案，或更新档案。客户档案应包含订单处理用到的及与物流作业相关的资料，具体包括以下几个方面。

1) 客户姓名、代号、等级形态（产业交易性质）。
2) 客户信用额度。
3) 客户销售付款及折扣率的条件。
4) 开发或负责此客户的业务员资料。
5) 客户配送区域。如地区、省、市、县及城市各区域等，基于地理位置或相关特性，将客户按不同区域分类将有助提升管理及配送的效率。
6) 客户收货地址。
7) 客户点配送路径顺序。按照区域、街道、客户位置，为客户分配适当的配送路径顺序。
8) 适合客户点的车辆形态。客户所在地点的街道往往对车辆大小有所限制，因而需将适合该客户的车辆形态存于资料档案中。
9) 客户点卸货特性。客户所在地点或客户卸货位置，由于建筑物本身或周围环境特性（如地下室或高楼层），可能造成卸货时有不同的需求及难易程度，在车辆及工具的调度上需加以考虑。
10) 客户配送要求。客户对于送货时间有特定要求或有协助上架、贴标签等要求的也应将其存于资料档案中。

11）延迟订单处理指示。若客户能统一决定每次延迟订单的处理方式，则可实现将其写入资料档案，以省去临时询问或需紧急处理时的不便。

客户档案有多种形式，配送中心可以根据订单处理系统的要求自行设计，见表3-5。

表3-5 客户档案管理

客户级别		客户编号		区域		建档日期		业务代码	
客户登记	注册名称					注册日期		年 月 日	
	注册地址					注册资金		人民币 元	
	税务编号							总门店数 家	
	法人代表					订货负责人			
	开户银行					账号			
送货地址									
送货车辆形态									
客户点卸货特性									
客户配送要求									
客户销售付款						折扣率条件			
延迟订单处理方式									
其他说明									
企业规模						注册类型			
单位类别						隶属关系			
上年固定资产值						上年总产值			
潜在购买力									
往年信用情况									
今年信用完成能力分析									
受信等级		□一级 □二级 □三级 □四级 □五级							
上年贷款回笼情况									
本年销售计划						本年回笼计划			
与我公司合作历史									
主要竞争对手									
本年销售采取的方案说明									
备注									

（四）存货查询与分配

订单处理的一个关键环节，查询存货和将存货分配给每位客户，这要求库存信息实现实时监控，同时对客户信用、客户要货时间密切关注。

1. 存货查询

存货查询的目的是确认库存是否能够满足客户需求，通常称为"事先拣货"。存货档案的资料（即货物库存清单）一般包括货品的种类、名称、储存单位（Stock Keeping Unit，SKU）号码、产品描述、库存量、已分配库存、有效库存及期望进货时间等。

存货查询的基本流程是：在订单处理系统中输入客户所订购商品的名称或编号，系统就会查询存货档案的相关资料，显示该商品是否缺货。如果缺货则提供商品资料以便采购，或是该缺货商品的已采购但未入库信息，方便订单处理人员通知客户，并与客户协调是否改订替代品或是允许延后出货。

2. 存货分配

订货资料输入系统确认无误后，接下来最主要的处理作业就是根据各个客户的大量订货资料，做出迅速有效的汇总分类和调拨库存，使后续的各项配送作业能有效地进行。存货的分配模式可分为单一订单分配和按批次分配两种。

（1）单一订单分配

此种情形多为线上即时分配，也就是在输入一张订单资料时，就将配送中心的现有存货分配给该订单的对应客户。单一订单分配存货的流程比较简单，主要适用于大批量的存货分配，但由于每次只分配一张订单，工作效率较低。

（2）按批次分配

按批次分配指累积汇总数笔订单资料后，再一次性地分配配送中心的现有存货。这种方式适合订单数量多、客户类型等级多且每天配送次数固定的配送中心。

采用按批次分配时，要注意订单的分批原则，即批次的划分方法。由于作业的不同，各配送中心的分批原则也可能不同，订单分批原则见表3-6。

表3-6 订单分批原则

订单分批原则	说明
按接单的时间顺序划分	将整个接单时段分成几个区段，若一天有多个配送时段，将订单按接单先后分为相应的几个批次处理
按配送区域或路径划分	将同一配送区域或同一路径的订单汇总一起处理
按配送加工需求划分	将有配送加工需求的订单汇总一起处理
按配送车辆要求划分	如果配送商品需要特殊的配送车辆（如低温车、冷冻车、冷藏车）或客户所在地的卸货特性要求由特殊车辆配送，这样的订单可以汇总合并处理

（3）确定客户优先权

若按批次分配选定参与分配的订单后，这些订单的某商品总出货量大于可分配的存货量时，应如何取舍分配有限库存，可依以下五项原则来确定客户订购的优先性，见表3-7。

表3-7 客户优先分配原则

客户订购优先权的确定	说明
具有特殊优先权的订单先分配	由于存在很多不确定因素，使一些订单的处理往往未能按正常步骤发货，如缺货补货订单、延迟交货订单、紧急订单、远期订单、本该在上次配送时就应处理并交货的订单、客户提前预约的订单等，应有优先取得存货的权利
根据客户等级确定分配顺序	优先分配客户重要性程度高的订单（如客户的A、B、C分类）
根据订单交易量或交易金额确定分配顺序	优先处理对配送中心的经济效益贡献大的客户订单
根据客户信用状况	优先处理信用较好的客户订单
根据客户忠诚度	忠诚度越高优先权越高

也可综合考虑订单交易金额、客户信用状况、客户等级、忠诚度、满意度等因素，利用打分法或加权算数平均法对客户优先权进行排序，按照客户优先权顺序逐次分配库存。

企业案例 3-4

客户优先权分析

某物流公司配送中心客户优先权分析评价模型中,主要通过五个方面的指标来进行评价:利润率、订单紧急程度、客户去年对该货物的需求量占总需求量的比例、客户合作年限以及客户合作信誉。这五个评价指标的权重分别为 0.2、0.4、0.2、0.1、0.1。客户对该货物的需求量以及客户合作年限具体信息见表3-8。

表3-8 客户信息表

评价指标及权重	客户	甲公司	乙公司	丙公司
单品利润(元)	0.2	4	5	6
订单响应时间(分)	0.4	10	14	20
客户去年对该货物的需求量占总需求量的比例(%)	0.2	12	10	30
客户合作年限	0.1	1	0	0
客户合作信誉	0.1	优	良	良

注:从表上可以看出"客户合作信誉"一栏分类指标用"优""良"标准来衡量,无法客观地反映该领域指标对整个客户优先权分析的影响,现根据数据模型对客户合作信誉栏目中的"优""良"进行量化赋值,"优"为5、"良"为4、"中"为3、"一般"为2、低为"0"。

利润率的计算过程见表3-9。

表3-9 利润率计算表

客户	甲公司	乙公司	丙公司
单品利润(元)	4	5	6
数量(箱)	12	9	10
总利润(元)	48	45	60
总销售收入(元)	335	279	167
利润率(总利润/总销售收入)	14.33%	16.13%	35.93%

现在我们可以进行客户优先权分析了,分析评价过程见表3-10。

表3-10 客户优先权分析表

客户	配送中心客户优先权评价指标及权重					综合评价值(综合得分)
	利润率	订单紧急程度	客户去年对该货物的需求量占总需求量的比例	客户合作年限	客户合作信誉	
	0.2	0.4	0.2	0.1	0.1	
甲公司	14.33%	1(10/10)	12%	1	5	1.65
乙公司	16.13%	0.714(10/14)	10%	0	4	1.16
丙公司	35.93%	0.5(10/20)	30%	0	4	0.73

注:综合评价值=利润率×0.2+订单紧急程度×0.4+客户去年对该货物的需求量占总需求量的比例×0.2+客户合作信誉×0.1。

所以,根据客户优先权分析表中的综合得分大小对客户优先等级进行排序,客户优先权顺序依次是:甲公司>乙公司>丙公司。

(五)计算拣取的标准时间

为了有计划地安排出货,订单处理人员要事先掌握每一个订单或每批订单可能花费的拣取时间，以便有计划地安排出货过程，因此，在订单处理时就要计算订单拣取的标准时间，计算订单拣取标准时间的方法如下。

步骤一，计算拣取每一储存单位（如一个托盘、一个纸箱、一件）货物的标准时间，并将该时间设定为计算机记录中标准时间档。

步骤二，在获得了不同储存单位货物的拣取标准时间后，即可根据每种商品的订购数量（储存单位数量），再配合每种商品的寻找时间，计算每种商品拣取的标准时间。

步骤三，根据每张或每批订单的订货商品种类及考虑辅助作业的时间，就可以计算整张或整批订单的拣取标准时间。

拣取标准时间计算过程见表3-11。

表3-11 拣取标准时间计算表

	品项	储存单位	拣取标准时间	寻找行走时间	合计标准时间
品项拣取作业标准时间	A	托盘			
		纸箱			
		件			
	B	托盘			
		纸箱			
		件			

	品项	储存单位	订购数量	品项拣取作业标准时间	品项拣取时间
订单拣取作业标准时间	A	托盘			
		纸箱			
		件			
	B	托盘			
		纸箱			
		件			
	订单拣取作业时间合计				

（六）依订单排定出货时间及拣货顺序

前面已由库存状况进行了存货的分配，但对于这些已经分配存货的订单，通常会再依客户需求、拣取标准时间及内部工作负荷来拟定出货时间及拣货先后顺序，生成订单汇总表，见表3-12。

表3-12 订单汇总表

编号：＿＿＿＿＿＿＿＿＿＿＿＿＿＿　日期：＿＿＿年＿＿＿月＿＿＿日至＿＿＿年＿＿＿月＿＿＿日

订单号	下单日	交货日	客户	订货量	出仓单日	出仓单号	出仓量	结存量
备注	以订单号排序							
制表人					审批			

拣货顺序直接影响拣货的效率，因它决定了拣货人员行走时间和距离的长短。拣货顺序可依据仓储货物的状况及货物存放的位置来确定。

（七）存货分配不足的处理

若现有库存数量无法满足客户需求，且客户又不愿以替代品替代时，则应按照客户意愿、配送中心政策来决定应对方式。对于缺货订单的处理方式归纳如下。

1. 重新调拨

若客户不允许过期交货，而配送中心也不愿失去此客户订单时，则有必要重新调拨分配订单。

2. 延期补送

若客户允许不足额的订货可以等待有货时再予以补送，且配送中心政策也允许，则采用延期补送方式。若客户允许不足额的订货或整张订单可以留待下一次订单一起配送，则亦采用延期补送处理。

3. 删除不足额订单

若客户允许不足额订单可以等待有货时再予以补送，但配送中心的政策并不希望分批出货，则删除订单中不足额的商品。若客户不允许过期交货，且配送中心也无法重新调拨，则可考虑删除不足额订单。

4. 延迟交货

一是有时限延迟交货，即客户允许一段时间的过期交货，且希望所有订单一起配送。二是无时限延迟交货，即不论需要等多久，客户都允许过期交货，且希望所有订货一起送达，应等待所有订货到达再出货。

5. 取消订单

若客户希望所有订单一起配送到达，且不允许过期交货，而配送中心也无法重新调拨时，则取消整张订单。

存货不足的处理方法有许多种，但最关键的是必须跟客户取得协调或交易时即与客户约定好，并将这些变动纳入系统，以减少客户的二次损失。

（八）订单资料处理输出

客户订单经过上述流程的处理后，接单人员将在系统中打印相关作业单据，以便开展后续的配送作业。

1. 拣货单（出库单）

拣货单是后续拣货作业的依据，主要作用是提供商品分拣出库的指示资料。拣货资料的形式应配合拣货策略及拣货作业方式来加以设计，以提供详细且有效率的拣货资讯，便于拣货的进行。拣货单的打印应考虑商品储位，依据储位前后相关顺序打印，以减少人员重复往返取货，同时拣货数量、单位也要详细确认标示。

拣货单格式见表3-13～表3-16。随着拣货、储存设备的自动化，利用计算机、手持终端等方式处理显示拣货单的方式已经逐渐取代传统的打印拣货单，在采用这些自动化设备进行拣货作业时，需要注意拣货单的格式与之配合以及系统与设备间的单据信息传送及处理。

表3-13 （普通）拣货单

NO.

作业单号						库房		
位置	货品编号	货品名称	包装单位			应拣数量	实拣数量	备注
			托盘	箱	单品			
制单人：			拣货人：			核查人：		

表3-14 （分户）拣货单

拣货单编号						用户订单编号			
用户名称：									
出货时间：	年		月		日			出货货位号：	
拣货时间：	年		月	日至	年	月	日	拣货人：	
核查时间：	年		月	日至	年	月	日	核查人：	
序号	储位号码	商品名称	规格型号	商品编码	包装单位			数量	备注
					托盘	箱	单件		

表3-15 （品种）拣货单

拣货单号			包装单位				储位号码	
商品名称			托盘		箱	单件		
规格型号		数量						
商品编码								
出货时间：	年	月	日				出货货位号	
拣货时间：	年	月	日至	年	月	日	拣货人：	
核查时间：	年	月	日至	年	月	日	核查人：	
商品名称	订单编号	客户名称	生产单位				数量	备注

表 3-16 分货单

分货单编号			数量（包装单位）：		
商品名称					
规格型号			托盘	箱	单件
商品编码					
生产厂家			储位编码：		
分货时间： 年 月 日至 年 月 日			分货人：		
核查时间： 年 月 日至 年 月 日			核查人：		

序号	订单编号	用户名称	数量（单位名称）			出货货位	备注
			托盘	箱	单件		

2. 送货单

送货单是给客户签收、确认的出货资料。商品在配送交货时，需要附上送货单给客户清点签收，其正确性及明确性很重要。要确保送货单上的资料与实际送货相符，除了出货前的清点外，对于出货单据的打印时间以及一些订单异常情形（如缺货品项或缺货数量等）也须打印注明，送货单格式见表3-17。

表 3-17 （配送中心）送货单

送货单编号：

收货单位			送货人员		
送达地点			送货时间		
发运物品详细内容					
货物名称	型号	规格	单位	数量	单价（元）	总额（元）	备注

货物名称	型号	规格	单位	数量	单价（元）	总额（元）	备注

有关说明：

收货方验收情况	验收人员		收货方负责人签字	负责人	（公章）
	日期			日期	

说明：此送货单一式三联，第三联送财务办理结算用，第二联送仓储部提货用，第一联为货到目的地后用做签收，并由送货人员带回交给部门主管。

若想保证送货单上的资料与实际出货资料一样，最可靠的办法是在出车前，一切清点动作皆完毕，而且不符合的资料也在计算机上修改完毕，再打印出货单。但此时再打印出货单，常因单据数量多，耗费许多时间，影响出车时间。但如果提前打印送货单，可能会出现拣货、分类作业中发现实际存货不足，或是客户临时更改订单等情况，造成原出货单上的资料与实际不符，须重新打印送货单。

3．缺货资料

存货分配后，对于缺货的商品或缺货的订单资料，系统应提供查询或单据打印功能，以便相关作业人员处理。

1）缺货单。应提供按商品名称或供应商名称查询的缺货商品资料，以提醒采购人员紧急采购，缺货单样式见表3-18。

表3-18 缺货单

物品名称	规格	单位	生产厂家	库存件数	需求件数	备注

2）缺货订单。应提供按客户名称或业务员名称查询的缺货订单资料，以便其他工作人员处理，缺货订单样式见表3-19。

表3-19 缺货订单

订单号	订单客户	物品名称	规格	单位	生产厂家	库存件数	需求件数	备注

企业案例 3-5

上海联华生鲜食品加工配送中心订单信息处理运作

上海联华生鲜食品加工配送中心总投资6 000万元，建筑面积35 000平方米，年生产能力20 000吨，其中肉制品15 000吨，生鲜盆菜、调理半成品3 000吨，西式熟食制品2 000吨，产品结构分为15大类约1 200种生鲜食品；在生产加工的同时，配送中心还从事水果、冷冻品以及南北货的配送任务。

该配送中心生鲜商品按物流类型分为储存型、中转型、加工型和直送型。配送中心的订单信息处理运作如下。

门店的要货订单通过联华数据通信平台，实时传输到生鲜配送中心，在订单上制订各商品的数量和相应的到货日期。生鲜配送中心收到门店的要货数据后，立即在系统中生成门店要货订单，按不同的商品物流类型进行不同的处理。

1）储存型商品：系统计算当前的有效库存，比对门店的要货需求以及日均配货量和相应的供应商送货周期自动生成各储存型商品的建议补货订单，采购人员根据此订单再根据实际的情况做一些修改即可形成正式的供应商订单。

2）中转型商品：此种商品没有库存，直进直出，系统根据门店的需求汇总，按到货日期直接生成供应商的订单。

3）直送型商品：根据到货日期，分配各门店直送经营的供应商，直接生成供应商直送订单，并通过 EDI 系统直接发送到供应商。

4）加工型商品：系统按日期汇总门店要货，根据各产成品/半成品的 BOM 表计算物料耗用，比对当前有效的库存，系统生成加工原料的建议订单，生产计划员根据实际需求做调整，发送采购部生成供应商原料订单。

各种不同的订单在生成完成/或手工创建后，通过系统中的供应商服务系统自动发送给各供应商，时间间隔在 10 分钟内。

第二节　备货作业管理

知识点　备货作业的含义、备货作业的内容、备货验收入库作业流程、卸货设施、货品分类及货品编码方法、货品验收方法、存储保管、验收入库单、备货验收入库常见问题。

技能点　做好备货入库前的准备工作、正确地卸货、对备货正确地进行分类及标示、检验备货的数量和质量、签单收货、生成验收入库单、处理备货验收入库常见问题。

一、备货作业概述

（一）备货作业的含义

备货（进货）是配送中心根据客户的要求或自身经营的需要从供应商处集中商品、储存商品的过程，是配送的前提和基础，目的是为配送商品提供货源保证，通常包括筹集货源、订货、收货、卸货及有关的质量检查、结算、交接等工作。

（二）备货作业的基本内容

作为配送活动的准备环节，备货作业主要包括货源组织和货物验收入库作业，其基本工作内容如下。

1. 制订货源需求计划

配送中心采购部门根据客户的配送需求，制订货源需求计划，包括货物的品种、数量、规格、进货时间等采购内容。

2. 选择供应商

采购部门对供应商的资格以及供应商的提供产品能力、合约控制能力等进行评价，选择合适的供应商。

3. 发出订货单（采购单）

供应商确定后，采购部门向供应商发出订货单，签订购货合同。在日常备货存储保管工作中，当某种货品在储存区的存量低于规定的库存水平时，便向上游供应商采购进货。

配送中心备货订购流程如图 3-4 所示。

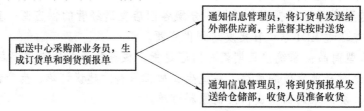

图 3-4　配送中心备货订购流程

订货单是订购产品和货物的单据,通常由供应商提供,样式如表 3-20 所示。订货单是进货接收作业中主要用来与供应商送货单及送货实物进行核对,判断进货货品是否正确的根据。供应商送货单样式与配送中心给客户送货的送货单类似,见表 3-17。

表 3-20　(供应商)订货单

订货单编号:　　　　　　　　　　　　　　　　　　　　　　　年　　月　　日

客户名称				联系人			
客户地址				联系电话			
客户代码				传真号			
序号	货品编码	货品名称	规格	单位	数量	单价(元)	合计
1							
2							
3							
4							
交货方式							
交货日期							
交货地点							
交易条款:货到付款,须附发票							
注意事项:货物如果在运输过程中有污损、受潮或与订货单不符等情况,拒收							

说明:本单一式两联　　　核准:　　　　审核:　　　　经办:

4. 货物验收入库

仓储部门收货人员对供应商运达的货物进行仔细验收检验,以确保购进货品的数量和质量。配送中心通常将验收单和入库单合为一张验收入库单,以简化手续和便捷流转。仓储部门验收入库单样式见表 3-21。

表 3-21　验收入库单

供应商		订货单编号		验收员			
送货单编号				验收日期			
运货日期		到货日期		仓管员(日期)			
序号	储位号码	商品名称	商品规格型号	商品编码	单位	应收数量	实收数量	备注

5. 评价货源组织工作

采购部门对供应商进行评价，对本部门整个货源组织工作进行评价。

（三）备货入库前的准备工作

在货物到达配送中心之前，必须根据采购计划，在掌握入库商品的品种、数量和到库日期等具体情况的基础上做好收货及入库前的准备，保证商品入库稳中有序地进行。

1．收货作业方式准备

配送中心一般有托盘、箱子、小包装三种存储作业方式，货车送货时也是这三种方式。相应地，当配送中心接到一批货物时，首先要做好接车准备，将货车送货形式与存储作业连接起来，可分为以下三种状况来说明，见表3-22。

表 3-22　货品单位转换说明

货品单位转换	作业方式
进货与存储都是同样形式的单位	收货以输送机或堆高机直接将货品运至存储区
存储以小包为单位，但进货以托盘、箱子为单位；或储存以箱子为单位，但进货是以托盘为单位	必须在收货区卸载或拆装，先是以自动托盘卸货机拆卸托盘上的货物，再拆箱将小包放在输送机上运至存储区
存储以托盘为单位，但进货以小包或箱子为单位；或存储以箱子为单位，但进货以小包为单位	小包装或箱子必须先堆叠于托盘上或将小包先装入箱子后再存储

2．储位准备

为了保证入库货物既有地可放又位置清楚，就需要在入库之前，根据即将入库商品的品名、数量、储存时间，结合商品堆码的要求，核算货位面积，确定存放的具体位置。除此之外，在货物到达之前，还要做好储位的清理和维护工作，保证相关设备正常运行。

3．人员准备

在货物接收入库之前，根据采购计划，安排相应的工作人员进行装卸、搬运、检验及堆码作业。完整的收货入库作业一般涉及供应商送货员（或司机）、收货检验员、信息员、仓管员、财务会计以及搬运工人等人员。

4．设备器材准备

为了提高收货入库的效率，减少等待时间，在货物到达之前，事先把收货入库作业所需的设施设备准备好。根据入库商品的种类、包装、数量等情况，确定检验、计量、装卸搬运的方法，合理地配置好商品检验和计量器具及装卸搬运、堆码设备及必要的防护用品。例如，安排好足够空间的收货场地和叉车等搬运机械，以及备好收货回单图章、存放单据盒（或夹子）、物流条码（或粉笔）、包装加固材料等。

5．相关文件单证准备

货物到达前，需要准备好各类相应的报表、单据、记录簿等，以备货物到达后方便取用。

商品入库前的准备工作必须认真、准确、及时地完成。不同仓库、不同行业的储存作业规范不太相同，所以准备工作的多少和内容也会有所差别。近年来，新建的现代化配送中心采用先进的 WMS 软件优化存储计划，系统自动安排库位，节约大量人力、物力，许多环节使用电子单证代替纸质单证，甚至实现无纸化办公。

二、备货验收入库作业流程

采购的商品到达配送中心后的第一项工作就是验收入库作业。验收入库是指对物品做实体上的接收，从货车上将物品卸下，并核对物品的数量及状态，然后将必要信息书面化。配送中心的备货验收入库作业基本流程如图 3-5 所示。

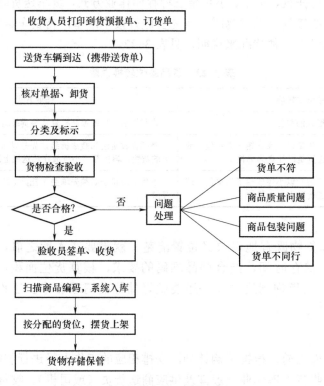

图 3-5 备货验收入库作业流程

三、备货验收入库作业控制程序

（一）据单卸货

配送中心订购商品后，供应商送货前会把送货单、送货时间通知配送中心。供应商送货车辆随货携带其送货单到达配送中心库场时，配送中心收货人员根据已经事先打印的到货预报单、订货单与供应商的送货单核对，并核对单货是否相符，确认无误后据单卸货。供应商送货单也可通过配送中心与供应商的联网系统提前打印出来，这样，可以在送货车辆到达前就完成单据的核对工作。

配送中心卸货一般在收货站台上进行，通常有人工卸货、输送机卸货和托盘叉车卸货等方式。

1. 卸货设施

卸货作业时，一般为作业安全与方便起见，常会使用到下列四种设施。

1）可移动式楔块。装卸货时，放置于货车车轮旁固定，以避免装卸货期间车轮意外滚动可能造成的危险。

2）升降平台。可提高或降低车子后轮使得车底板高度与站台一致，方便装卸货；或者升降平台的高度来配合车子车底板的高度。

3）车尾附升降台。装置于车辆尾部的特殊平台，可延伸至平台，亦可倾斜放至地面，适用于无站台设施的配送中心或零售点装卸货使用。

4）吊钩。当拖车倒退入码头碰到码头缓冲块时，码头吊钩设施即开动，吊钩可钩住拖车，以免装卸货时轮子打滑。

2. 卸货作业技术要领

1）卸货前检查外包装完整性。

2）按照操作规则进行卸货操作。按品名、规格分别堆放，以便验收；按包装上的指示进行取放，防止破损；对包装破损品单独放置，以便处理；正确使用装卸设备、工具和安全防护用具，保证货品和人员的安全。

3. 托盘作业时的注意事项

在卸货时如果是采用托盘，则货物在码托时有以下注意事项。

1）商品码放托盘时，商品标志必须朝上，商品摆放宽度不超过托盘宽度，每板高度不得超过规定标准。

2）商品重量不得超过托盘规定的载重量。

3）每盘商品必须标明件数，上端要捆扎牢固，防止跌落。

4）托盘上商品尽量堆放平稳，便于向高堆放。

（二）分类及标示

在卸货作业时，按商品储放区域、商品特性等信息对进货进行分类堆放并做好标示。

1. 进货商品的分类

货品分类是将多品种货物按其性质或其他条件，分别归入不同的货物类别，并进行有系统的排列，以提高作业效率。货品分类的方式主要有以下几个方面。

1）依区域范围分类，如商品储放区域、货品送往的目的地等。

2）为适应货品储存保管需要，而按照货品特性分类。

3）为配合货品使用而按照货品使用目的、方法及程序分类，如将需要配送加工者划分为一类，直接原料划分为一类，间接原料划分为一类。

4）为适应货品采购的便利，而按照交易行业分类。

5）为便利货品账务处理，按照会计科目分类，如价值相同者划分为一大类，价值低廉者划分为一大类。

6）依货品状态分类，如货物的内容、形状、尺寸、颜色、重量等。

2. 进货商品的编号标示

备货作业是配送作业的首要环节，为了让后续作业准确而快速地进行，对入库资料的掌握特别重要。例如，进货日期、进货单号码、供货商、送货车的名称及型号；货到时间，卸货时间，包装容器的型号、尺寸和数量；每个包装容器中的货物数量、总重量、目的地的进货检查和储存以及损坏数量和应补货数量等。这些信息应尽可能用统一、简单和易查询的方式进行归集和整理。货物编码就是一种较好的方式。

所谓货品编码，就是将货品按其分类内容加以有次序的编排，并用简明的文字、符号或数字代替货品的名称、类别及其他有关信息的一种方式。配送中心在进货后，商品本身大部分都已有商品号码及条码单，为了便于物流管理及存货控制，配合其自身的物流管理信息系统，通常需要给商品编制统一的货物代号及物流条码，以方便仓储管理系统的运作，并能掌握货物的动向。

货品经过编码，可以提高作业或管理的标准化水平及作业效率。例如，可增加货品资料的正确性、便于货品信息在不同部门间的传递及共享、便于核查及管理、可迅速按次序储存或拣取货品等。

编码结构应尽量简单，长度尽量短，一方面便于记忆，另一方面也可以节省存储空间，减少代码处理中的差错，提高信息处理效率。

货品编码大致可分为下列六种方法。

1）流水号编号法。由1开始按数字顺序一直往下编，是最简单的编号法。但需配合编号索引，否则无法直接理解编号意义，如图3-6所示。

编号	货品名称
1	洗发精
2	肥皂
3	牙膏
4	洗面乳

图3-6 流水编号法

2）数字分段法。把数字分段，让每一段数字代表共同特性的一类货品，如图3-7所示。

编号	货品名称	
1	4块肥皂	
2	6块肥皂	（从1~5预留给肥皂编号用）
3	12块肥皂	
4		
5		
6	黑人牙膏	
7	舒克牙膏	
8		（从6~10预留给牙膏编号用）
9		
10		
…		

图3-7 数字分段法

3）分组编号法。依货品的特性分成多个数字组，每一数字组代表此项货品的一种特性，例如，第一数字组代表货品的类别，第二数字组代表货品的形状，第三数字组代表货品的供应商，第四数字组代表货品的尺寸，至于每一个字组的位数要多少视实际需要而定。此方法现今使用尤为普遍，如图 3-8 所示。

	类别	形状	供应商	尺寸
编号：	07──	5──	006──	110

其编号意义如下

货品	类别	形状	供应商	大小	意义
编号	07				饮料
		5			圆筒
			006		统一
				110	4×9×15

图 3-8 分组编号法

4）实际意义编号法。依货品的名称、重量、尺寸及分区、储位、保存期或其他特性的实际情况来考虑编号。此方法的特点在于由编号即能很快了解货品的内容及相关资讯，如图 3-9 所示。

编号		意义
FO4915 B1	FO	表示 Food，食品类
	4915	表示 4×9×15，尺寸大小
	B	表示 B 区，货品所在储区
	1	表示第一排货架

图 3-9 实际意义编号法

5）后数位编号法。运用编号末尾的数字，来对同类货品做进一步的细分，也就是从数字的层级关系来看出货品的归属类别，如图 3-10 所示。

编号	货品类别
260	服饰
270	女装
271	上衣
271.1	衬衫
271.11	红色

图 3-10 后数位编号法

6）暗示编号法。用数字与字母组合来编号，编号本身虽不是直接指明货品的实际情况（与实际意义编号法不同），但却能暗示货品的内容，这种方法的优点是容易记忆，但又不易让外人理解，如图 3-11 所示。

编号

货品名称	尺寸	颜色与型号	供应商
BY	005	WB	10

BY 表示脚踏车（Bicycle）
005 表示大小型号 5 号
W 表示白色（White）
B 表示小孩型（Boy's）
10 表示供应商号码

图 3-11 暗示编号法

为识别货品而使用的编号标志可置于容器、零件、产品或储位上，让作业人员很容易地获得信息。一般来说，容器及储位的编号标志是以特定使用为目的的，其能被永久保留，而零件或产品上的标志则可弹性地增加物件号码，甚至制造日期、使用期限等，以方便出货的选择，如先进先出等。

（三）验收入库

验收入库是对即将入库的进货商品，按规定的程序和手续进行数量和质量的检验，也是保证库存质量的第一个重要的工作环节。验收一般在储存库入库口附近区域完成，需在供应商代表在场的情况下进行。

验收人员依据采购需求将货物的型号、规格、编码、名称、类别、包装、厂家标识、生产日期等按采购单据一一核准、校验，准确无误后签单收货，办理收货手续，填写收货单。并在计算机库存管理系统中输入或扫描商品编码，登记收货信息、建立收货档案，生成验收入库单（见表3-21），完成系统入库操作。

1．验收的标准

1）采购合同或订单所规定的具体要求和条件。
2）采购合同中的规格或图解。
3）议价时的合格样品。
4）各类产品的国家品质标准或国际标准。

2．验收的方式

1）全检。主要是数量的全检。
2）抽检。对于大批量到货商品、规格尺寸和包装整齐商品，多采用抽检的方法。

3．验收的内容

1）质量验收。配送中心对入库商品进行质量检验的目的是查明入库商品的质量情况，发现问题，分清责任，确保入库商品符合订货要求。在品质检验方面，包括物理试验、化学分析及外形检查等。

2）数量验收。入库商品必须按不同供应商或不同类型初步整理查点，之后必须依据订单和送货单的商品名称、规格、包装等细数商品数量，进行验收，以确保准确无误。数量的验收方面，除核对货品号码外，还可依据采购合同规定的单位，使用度量衡工具逐一衡量其长短、大小和轻重，即包括三种方式：计件、检斤、检尺求积。

3）包装验收。包装验收的目的是为了保证商品在配送运输中的安全，在验收时，应具体检查箱子封条是否破损，包装内商品是否外露等。

（四）摆货上架

验收完成后，收货人员把商品转移到暂存区，商品此时是待入库商品。

对暂存区的待入库商品，由仓管员根据货物种类、特性等因素，根据事先已经分配好的货品储位，指挥装卸搬运人员将货物放入指定货位储存。

（五）存储保管

备货验收入库上架后，接下来就是库存控制和管理。备货存储有储备及暂存两种形态。

1. 储备

配送储备是按一定时期的配送经营要求，形成的对配送的资源保证。这种类型的储备数量较大，储备结构也较完善，视货源及到货情况，可以有计划地确定周转储备和保险储备的结构及数量。配送的储备保证通常占用库区面积较大，其存储也可以通过在配送中心附近单独设库解决。

2. 暂存

另一种储存形态是暂存，是在具体执行配送时，按分拣配货要求在理货场地所做的少量储存准备。由于总体储存效益取决于储存总量，所以，这部分暂存数量只会对工作的方便与否造成影响，而不会影响储存的总效益，因而在数量控制方面并不严格。

还有另一种形式的暂存，即是在分拣、配货之后，形成的发送货载的暂存（发货区），这种形式的暂存主要是调节配货与送货的节奏，暂存时间不长。

（六）货物入库信息处理

到达配送中心的商品，经验收确认后，必须填写"验收入库单"，并将有关入库货物信息及时准确地录入库存商品信息管理系统，以便及时更新库存商品的有关数据。入库货物信息通常包括商品的一般特征（名称、规格、型号、包装单位、包装尺寸、包装容器及单位重量等），商品的原始条码、内部编号、备货入库单据号码以及商品的储位，商品的入库数量、入库时间、进货批次、生产日期、质量状况、商品单价，供应商信息（名称、编号、合同号等）。货物信息登录的目的在于为后续作业环节提供管理和控制的依据。

此外，对于作业辅助信息也要进行搜集与处理，如商品的一般特征和数量分布，商品的包装尺寸、容器、单重的分布状况，每一时段内进货批次的分类，卸货方法及所需时间，入库场所等，分析这些信息用来满足作业要求。

企业案例 3-6

商品的接收与发运——沃尔玛的越库操作

沃尔玛以"every day low price"闻名。为实现这个目标，沃尔玛有很多节约成本的措施，越库操作可以说是沃尔玛对供应链管理和成本控制的一个贡献。

越库操作的逻辑并不复杂。商品经过配送中心送到门店，一般需要经过以下步骤：商品接收→上架→拣货→装车→发运。商品入库上架与装车发运之间存在一个时间差，这个时间差就是库存。显然，库存要占用资金，库存要占用仓库，库存需要维护，库存可能随着时间而贬值，这些都是成本。有没有办法能够减少这些成本呢？

沃尔玛采取了这样的措施：商品接收→商品发运，中间无入库上架环节，这就是越库操作的由来。

这样做的好处是：仓库面积减少了，提高了配送中心运作效率，减少了一次上架和拣货的操作，库存周转率加快；如果商品每日进出量很大的话，越库操作对于库存的降低是很可观的。

越库操作并不是商品100%不经过仓库，而是能够直接装车发运的就直接装车发运，不能够直接发运的还是要入库。

要实现越库操作需要哪些条件呢？首先，需要在商品接收之前就有明确的发货计划；其次，要对供应商送货计划和配送中心发运计划的编制规则进行调整，供应商送货以及给各个门店配货要尽量在时间上匹配，还要保证装车的数量满载（送来的货物不是100%及时发运，发运的货物也不是100%来自于越库操作，只是比例尽量高）。这显然需要一套功能强大的信息系统，还需要有很大的商品流通量。

越库操作是一个降低成本的好思路，这个思路不仅可以应用在配送中心，也可以应用在渠道物流配送中。例如，直送二级批发商就是一个类似的供应链优化措施。

从业务关系上，生产商把产品卖给经销商，经销商把货物卖给二级批发商，二级批发商卖给终端。与此对应的物流操作也是如此，生产商把货运到经销商仓库，经销商再把货物运到二级批发商仓库。

直送二级批发商的操作是业务关系不变，但是在物流关系上，生产商直接根据经销商对二级批发商的销售数据，把货运到二级批发商手中。这样就减少一次装卸，减少库存时间，也可能减少运输里程。直送二级批发商也存在量的问题，如果每个二级批发商的订货量都很少，生产商直送二级批发商就需要通过配送方式实现。

四、备货验收入库中常见问题的处理

1. 货单不符问题

货单不符问题是指进货商品在数量、品种、规格等方面与订货单据所载内容不符。在商品入库验收中，一旦出现货单不符的问题，应在货运交接单（送货单）上据实批注，以分清仓库与送货运输方的交接责任。同时，仓库应立即与送货单位沟通，待对方核实确认后，再做处理。例如，属货主少送的要补充，多送的数量要补单或退货；属货主单位开错、漏开的，要办理正式更正手续等。总之，处理完后，才能签单收货。

2. 商品质量问题

商品质量问题是指进货商品质量出现异状的情况。分情况处理，如果异状轻微，不影响使用，而货主单位又要求入库的，仓库应将异状情况连同货主单位意见，一并在入库凭证上批注后，予以办理入库手续，但在库内，为防止异状扩大，要采取保养措施；如果异状严重，但数量较少，送货人同意及时到库调换、整理的，仓库可先暂时收货，待调换整理后，再签单收货。如果异状严重，数量又多，仓库应拒绝收货。若抽样检验时发现某一货品存在质量问题，应对该货品进行全检。

3. 商品包装问题

商品包装问题是指入库商品包装出现异状的情况，如变形、破损、受潮等现象。应会同送货人员开箱检查,并由送货人员开具包装异状记录,或在送货单上详细注明。同时,在仓库内另行存放,以便处理。

4. 货单不同行问题

货单不同行问题是指进货商品和送货单据出现不同时到达的情况。此情况不能办理入库手续。如果有单无货,将单据退回货主;如果有货无单,则将商品暂时代管,等送货单据到齐后,再办理入库手续。

企业案例3-7

某企业进货验收入库作业中验货员的岗位职责

直接上级:仓库主管

本职工作:商品的验收及退货管理

直接责任:

1)必须对公司忠诚负责,保障公司利益,公司货源价格、销量等商业机密,不得外泄。

2)在验货时要把商品质量关、数量关,一定要遵守验货流程验货,不能出现多验、少验、漏验、重验、混验等现象。

3)所有供应商的货品都必须经过验货口,对所有供应商一视同仁,都要正常检验,严禁破损变质等有质量问题的货品进入仓库。

4)接待供应商要热情主动,坚持原则,拒收供应商一切形式的行贿行为,不能因为蝇头小利丧失原则,损坏公司利益。

5)验收单、退货单、调拨单、报损单等各种单据必须做到手续齐全、填写清楚。

6)配合现场工作,坚持把验货工作做好才能下班,单据及时传递资讯室,不得无故压单,丢失单据责任自负。

7)坚守验货工作岗位,要做到货到人在,不能让供应商到处找验货员,影响正常供货。

实训练习

实训目的

通过实训,让学生经历配送中心某批订单处理工作的全过程,增加学生对订单处理工作的感性认识,深化对订单处理作业相关知识的理解,帮助学生获得合理接单、快速确定有效订单、合理分配存货、准确快速地输出相关单据等技能。

实训任务

完成九州通医药配送中心的订单处理工作。

任务情景

九州通医药配送中心于2018年9月5日接到6笔订货信息,见表3-23。

表 3-23 订货单位信息统计表

序号	订货单位	订货品种	数量	交货地点	办公电话	要求
A	老百姓大药房	银翘解毒丸	50 盒	重庆市江北区老百姓大药房	×××××××	不允许缺货
		逍遥丸	100 瓶			
		云南白药胶囊	150 瓶			
		三维鱼肝油乳（成）	20 瓶			
		阿莫西林胶囊	150 盒			
		保和丸	60 盒			
B	宁康大药房	加味逍遥丸	50 盒	重庆市渝北区宁康大药房	×××××××	允许缺货
		小儿消食片	60 盒			
		保和丸	80 盒			
		盐酸氨溴索口服溶液	30 盒			
		阿莫西林胶囊	180 盒			
C	金莎大药房	云南白药胶囊	100 瓶	重庆市江北区金莎大药房	×××××××	不允许缺货
		逍遥丸	100 瓶			
		小儿消热止咳口服液	120 盒			
		逍遥丸	100 瓶			
		葡萄糖注射液	60 瓶			
D	楚仁堂大药房	小儿消食片	200 瓶	重庆市沙坪坝区楚仁堂大药房	×××××××	不允许缺货
		银翘解毒丸	100 盒			
		消栓再造丸	100 盒			
		盐酸氨溴索口服溶液	40 盒			
		云南白药胶囊	200 盒			
		阿莫西林胶囊	200 盒			
		小儿消热止咳口服液	200 盒			
		三维鱼肝油乳（成）	60 瓶			
E	实惠大药房	银翘解毒丸	80 盒	重庆市九龙坡区实惠大药房	×××××××	允许缺货
		加味逍遥丸	70 盒			
		小儿消食片	100 瓶			
		消栓再造丸	40 盒			
		盐酸氨溴索口服溶液	20 盒			
		阿莫西林胶囊	100 盒			
		小儿消热止咳口服液	100 盒			

(续)

序号	订货单位	订货品种	数量	交货地点	办公电话	要求
F	养天和大药房	云南白药胶囊	100 瓶	重庆市曙光路养天和大药房	×××××××	允许缺货后补
		阿莫西林胶囊	50 盒			
		保和丸	50 盒			
		逍遥丸	200 瓶			
		葡萄糖注射液	60 瓶			

通过库存信息系统调查,已知商品库存一览表,见表3-24。

表 3-24 商品库存一览表

药品名称	药品规格	单位	生产厂家	每件包装数量	库存数量（件）
银翘解毒丸	9g×10s	盒	兰州佛慈制药股份公司	100 盒	100
逍遥丸	200s 浓缩丸	瓶	江苏康缘药业公司	200 瓶	80
加味逍遥丸	6g×10s 袋水丸	盒	河北万岁药业公司	100 盒	47
小儿消食片	0.3g×100s	瓶	济南宏济制药公司	200 瓶	110
消栓再造丸	9g×10s	盒	北京同仁堂股份公司	50 盒	2
保和丸	9g×10s 大蜜丸	盒	山西杨文水制药公司	100 盒	86
盐酸氨溴索口服溶液	10mL:30mg×60 袋	盒	香港澳美制药厂	20 盒	2
云南白药胶囊	0.25g×32s	瓶	云南白药集团股份公司	200 瓶	150
阿莫西林胶囊	0.25g×10s×5 板	盒	哈药集团制药总厂	200 盒	2
小儿清热止咳口服液	10mL×6 支	盒	烟台荣昌制药公司	100 盒	75
三维鱼肝油乳（成）	500g	瓶	青岛双鲸药业公司	30 瓶	4
逍遥丸	200s 浓缩丸	瓶	上海宝龙安庆药业公司	200 瓶	60
葡萄糖注射液（塑瓶）	10%250mL:25g	瓶	辽宁民康制药公司	40 瓶	40

请根据订单处理的相关知识,对上述6家订货企业的信息进行完善,完成如下各项任务:编制客户订单,建立客户档案,建立品种拣货单、分货单、送货单及缺货单据等资料。

任务帮助

第一步,扩充"商品库存一览表",增加客户名称、拣货数量、备注等三列,亦可根据需要再补充相应内容栏。同学们自主设计完成。

第二步,编制客户订单。在此,以编制A客户的订单为例(见表3-25),其余客户订单由同学们自主设计完成。

表 3-25 客户订单样表

A 客户订单

订单号：0001

订货单位：老百姓大药房						电话：×××××××			
地址：重庆市江北区						订货日期：2018年9月5号			
序号	药品名称	药品规格	数量	重量(kg)	体积(cm×cm×cm)	单价(元)	总价(元)	备注	
1	银翘解毒丸	9g×10s	50盒	6.75	8×4×5	5.5	275	有货	
2	逍遥丸	200s 浓缩丸	100瓶	1.6	2×3×4	5	500	有货	
3	云南白药胶囊	0.25g×32s	150瓶	0.4	3×5×6	17	2 550	有货	
4	三维鱼肝油乳(成)	500g	20瓶	10	5×4×5	15	300	有货	
5	阿莫西林胶囊	0.25g×10s×5g 板	150盒	0.75	4×3×5	3.6	540	有货	
6	保和丸	9g×10s 大蜜丸	60盒	1.5	5×4×2	10	600	有货	
	合计								

交货日期：2018年9月5号下午5点

交货地点：重庆市江北区老百姓大药房

订单形态：☑一般交易　□现销交易　□间接交易　□合约交易　□寄库交易　□其他

加工包装：无

配送方式：☑送货　□自提　□其他

用户信用：□一级　□二级　☑三级　□四级　□五级

付款方式：现金付款

特许要求：不允许缺货

制单：张×× 　　　　审核：王××

第三步，建立客户档案，仍以 A 客户为例（见表 3-26），余下的请同学们自主完成。

表 3-26 客户档案样表

A 客户档案

编制日期：2018年9月5号		片区：江北区	新客户标志：	业务员：张××
客户全称：老百姓大药房			客户编号：00001	
单位详细地址：重庆市江北区				
法人代表：李××			联系电话：130102××××	
订（供）货负责人：张××			联系电话：147102××××	
送货地址：重庆市江北区老百姓大药房				
送货车辆形态：小型货车				
客户点卸货特征：平坦				
客户配送要求：不允许缺货				
客户销售付款：现金付款			折扣率的条件：订货5 000元及以上	
过期订单的处理方式：客户资料输入计算机档案，以便下次合作				
其他说明：及时送货				
企业规模：大型医药连锁企业，除药品零售外，同时兼营药品批发与制造			注册类型：有限公司	

（续）

单位类型：中外合资	隶属关系：
上年固定资产值：10亿元	上年总产值：30亿元
潜在购买力：10万元	
往年信用情况说明：从未拖欠货款	
今年完成信用能力分析：不会拖欠货款	
授信等级：□一级　□二级　☑三级　□四级　□五级	
上年货款回笼情况：150万元	
本期销售计划：210万元	本年回笼计划：180万元
与我公司合作历史：一直长期合作	
主要竞争对手：养天和大药房	
本年销售采取的方案说明	

第四步，建立品种拣货单，以"银翘解毒丸"为例（见表3-27），余下的请同学们自主完成。

表3-27 品种拣货单

拣货单号	20001		包装单位	重庆市一成新型材料有限公司		储位号码	
商品名称	银翘解毒丸	数量	托盘	箱	单件		
规格型号	9g×10s			1	50	020613	
商品编码	Y020613						
出货时间	2018年9月5日16时30分			出货货位号		A20311	
拣货时间	2018年9月5日12时0分至12时30分			拣货人：王××			
核查时间	2018年9月5日15时0分至15时30分			核查人：王××			

药品名称	订单编号	客户名称	生产厂家	数量	备注
银翘解毒丸	0001	A	兰州佛慈制药股份公司	50盒	无
银翘解毒丸	0004	D	兰州佛慈制药股份公司	100盒	无
银翘解毒丸	0005	E	兰州佛慈制药股份公司	80盒	无

第五步，建立分货单，以"银翘解毒丸"为例（见表3-28），余下的请同学们自主完成。

表3-28 分货单

分货单编号		A01				数量（包装单位）230盒			
商品名称					银翘解毒丸				
规格型号				9g×10s			托盘	箱：1	单件：50
商品编码					Y020613				
生产厂家				兰州佛慈制药股份公司			储位编码：020613		
分货时间		2018年9月5日15时0分至16时0分					分货人：王××		
核查时间		2018年9月5日16时0分至16时20分					核查人：王××		

序号	订单编号	用户名称	数量（单位名称）			出货货位	备注
			托盘	箱	单件		
1	0001	A			50	A20311	无
2	0004	D			100	A20311	无
3	0005	E			80	A20311	无

第六步，依据分货单等单据，建立送货单，以 A 客户主例（见表 3-29），余下的请同学们自主完成。

表 3-29 送货单

收货单位	老百姓大药房	送货人员	张××
送达地点	老百姓大药房仓库	送货时间	2018 年 9 月 5 日 17 时前
发运物品详细内容			
货物名称	型号	规格	单位	数量	单价（元）	总额（元）	备注
银翘解毒丸	无	9g×10s	盒	50	5.5	275	无
逍遥丸	无	200s 浓缩丸	瓶	100	5	500	无
云南白药胶囊	无	0.25g×32s	瓶	150	17	2 550	无
三维鱼肝油乳（成）	无	500g	瓶	20	15	300	无
阿莫西林胶囊	无	0.25g×10s×5g 板	盒	150	3.6	540	无
保和丸	无	9g×10s 大蜜丸	盒	60	10	600	无
有关说明：不允许缺货							

收货方验收情况	验收人员	收货方负责人签字		负责人	（公章）
	日期			日期	

第七步，缮制缺货单据资料等，如缺货单（见表 3-30）、缺货订单（见表 3-31）。

表 3-30 缺货单

药品名称	规格	单位	生产厂家	库存件数	需求件数	备注
消栓再造丸	9g×10s	盒	北京同仁堂股份有限公司	100	140	放弃 E 订单
盐酸氨溴索口服溶液	10mL：30mg×60 袋	盒	香港澳美制药厂	40	70	放弃 E 订单，B 订单补货
阿莫西林胶囊	0.25g×10s×5g 板	盒	哈药集团制药总厂	400	580	放弃 E 订单，B 订单补货

表 3-31 缺货订单

订单号	订单客户	药品名称	药品规格	单位	生产厂家	库存件数	需求件数	备注
0002	B	盐酸氨溴索口服溶液	10mL：30mg×60 袋	盒	香港澳美制药厂	40	70	B 订单补货
0002	B	阿莫西林胶囊	0.25g×10s×5g 板	盒	哈药集团制药总厂	400	580	B 订单补货

本 章 小 结

整个配送作业是从订单处理开始的，订单处理"指挥"着配送作业有序运作，而备货作业是配送作业的前提和基础，目的是为配送商品提供货源保证。

订单是配送中心开展配送业务的依据，接单后经过处理，据以安排拣货、配货、补货、送货等作业。改善订单处理过程，缩短订单处理周期，提高订单满足率和供货的准确性，提供订单处理全程信息跟踪，可以大大提高客户服务水平和客户满意度，使配送中心获得竞争优势。

本章主要讨论了订单处理作业和备货验收入库作业的控制程序以及订货周期时间、订单交易形态、备货入库准备工作、入库验收常见问题处理等内容。

同 步 测 试

一、单选题

1. （   ）是配送中心开展配送业务的依据和所有业务活动的起点。
   A. 客户订单　　　B. 备货作业　　　C. 送货作业　　　D. 拣货单
2. 订单处理过程中，存货查询的目的是（   ），通常称为"事先拣货"。
   A. 提高人员的接单率　　　　　　　B. 确认库存是否能够满足客户需求
   C. 是否改订替代品　　　　　　　　D. 是否允许延后出货
3. 为了让备货的后续作业准确而快速地进行，在进货阶段对货品进行（   ）是一项十分重要的作业内容。
   A. 包装　　　　　B. 贴标签　　　　C. 分类　　　　　D. 编码
4. 备货验收入库作业中，抽样检验时若发现某一货品存在质量问题，应对该货品（   ）。
   A. 拒绝收货　　　　　　　　　　　B. 全部退回
   C. 先签单收货，后再处理　　　　　D. 进行全检
5. 订货周期时间，即客户的订货提前期或订货前置时间，是指（   ）的时间。
   A. 订单处理
   B. 送货运输
   C. 客户发出订单时间点至所订货品验收入库时间点之间
   D. 订单配货

二、多选题

1. 订单处理作业流程的目的是（   ）。
   A. 规范订单处理工作内容　　　　　B. 缩短订单处理周期
   C. 提高订单满足率　　　　　　　　D. 提高供货准确率
   E. 规范订单处理工作程序
2. 订单确认的项目主要包括（   ）。
   A. 订货价格　　　　　　　　　　　B 订货信息
   C. 加工包装要求　　　　　　　　　D. 客户信用
   E. 订单交易形态
3. 若批次分配选定参与分配的订单后，这些订单的某商品总出货量大于可分配的库存，可依（   ）原则来决定客户订购的优先性。
   A. 客户忠诚度　　　　　　　　　　B. 特殊优先权
   C. 客户等级　　　　　　　　　　　D. 客户信用状况
   E. 订单交易量、成交金额

4. 对于已经分配存货的订单，通常会再依（　　　）来拟定出货时间及拣货先后顺序，生成订单汇总表。

A. 订单交易形态　　B. 拣取标准时间　　C. 订单号码　　D. 内部工作负荷
E. 客户需求

5. 订单资料经过订单确认、存货确认、时间计算与安排后，接单人员将打印相关出货单据，包括（　　　）等。

A. 缺货单　　　B. 拣货单　　　C. 送货单　　　D. 缺货订单
E. 分货单

三、判断题

1. 一般查询客户信用的方法是通过查询客户的信用额度与现有应收账的差额，若为负，则客户信用度较低。（　　　）

2. 一般配送中心需要对接到的订单进行重新设定订单号，所有跟该订单有关的后续处理工作的单证上均应附此号码。（　　　）

3. 对于大批量到货商品、规格尺寸和包装整齐商品，多采用全检的方法进行验收。（　　　）

4. 配送的储备保证通常占用的库区面积较大，其储存也可以在配送中心附近单独设库解决。（　　　）

5. 备货验收入库中，对于货单不符问题，可以先签单收货，然后再处理。（　　　）

四、简答题

1. 简述客户档案的基本内容。
2. 简述拣货的标准时间计算步骤。
3. 简述存货的分配模式。
4. 简述验收入库的工作内容。
5. 备货验收入库中发现货品包装出现异状的情况，应如何处理？

五、计算分析题

1. 某配送中心接到客户订单，订购其经营的某种装饰涂料。涂料的产品种类包括三个独立品种，客户会按不同的品种组合进行订购。根据一段时间的订单采样统计来看，出现在订单上的七种不同产品组合及其概率见表3-32。同时，根据企业的历史记录，每种产品在库的概率是 $SL_A=0.95$，$SL_B=0.90$，$SL_C=0.80$。请评估该配送中心的客户服务水平（SL=订单满足率）。

表3-32　七种不同产品组合及其概率

订单上的产品组合	在订单上出现的频率
A	0.1
B	0.1
C	0.2
A、B	0.2
A、C	0.1
B、C	0.1
A、B、C	0.2

2. 某物流公司配送中心在按批次分配方式进行存货分配时，遇到一批订单的部分商品总出货量大于可分配的库存的情况。评价指标、权重及客户信息见表3-33。请你对这批客户订购的优先权进行分析，并对客户优先权由大到小排序。

表3-33 评价指标、权重及客户信息表

评价指标及权重	客户	家乐福	乐购	大润发
订单金额	15	11 760	11 520	7 900
订货量	5	40	43	39
订货品种	5	5	4	4
订单紧急程度	10	2	3	4
去年交易总额	15	256	526	56
客户级别	15	2	3	2
满意度	5	高	高	较高
忠诚度	5	较高	高	一般
客户类型	15	潜力	关键	一般
资金状况	5	充足	充足	充足
付款态度	5	尚可	爽快	爽快

注：非定量指标进行量化赋值，满意度：高=3，较高=2，一般=1；忠诚度：高=3，较高=2，一般=1；客户类型：一般=1，潜力=2，关键=3；资金状况：充足=4，紧张=3，短缺=2，危险=1；付款态度：爽快=4，尚可=3，拖延=2，欠款=1。

3. 现在客户订单上有A类货品180件，时间要求比较紧，经过存货查询，遇到以下情况，应该如何处理？

（1）仓库里没有足够的该类货物，与客户沟通后，客户不允许过期交货。

（2）客户同意过期交货，但是目前仓库里只有100件存货。

4. 某日，某配送中心接到三个不同客户的货物需求信息，这三个客户均为某超市的连锁经营门店。要求该配送中心为其提供货物配送服务，货物需求的具体情况见表3-34、表3-35及表3-36。

假设将这三个客户的订货资料作为一批采用批次分配方式分配存货，经存货查询，不缺货。请完成该批订单的汇总分类处理（生成各类商品的订单合并表），并生成拣货单。

表3-34 客户A的货物需求信息

商品名称	外包种类	订货数量	细数（个/箱）	外包装尺寸（cm×cm×cm）	批次	箱毛重
达能闲趣饼干	箱	6	50	45×25×20	07061722334533	
奥利奥牛奶味饼干	箱	6	50	45×25×20	07061179844154	
60mL高夫经典古龙香水	箱	2	18	30×25×20	07041115487844	
80g美加净护手霜	箱	2	32	30×25×20	07041198885488	

表3-35 客户B的货物需求信息

商品名称	外包种类	订货数量	细数（个/箱）	外包装尺寸（cm×cm×cm）	批次	箱毛重
康师傅红烧牛肉面	箱	5	36	50×30×20	07060530311614	
康师傅西红柿牛肉面	箱	5	36	50×30×20	07060530311614	
五谷道场庖丁鲜蔬面	箱	5	36	50×30×20	07060454878484	
达能闲趣饼干	箱	6	50	45×25×20	07061722334533	
奥利奥牛奶味饼干	箱	6	50	45×25×20	07061179844154	
五谷道场香辣牛肉面	箱	10	36	50×30×20	07060454878477	

表3-36 客户C的货物需求信息

商品名称	外包种类	订货数量	细数（个/箱）	外包装尺寸（cm×cm×cm）	批次	箱毛重
100g大宝SOD蜜	箱	3	32	30×25×20	07041198565432	
80g美加净护手霜	箱	2	32	30×25×20	07041198885488	
白肤素倍润丝滑护手霜50g	箱	2	32	30×25×20	07041133689518	
60mL高夫经典古龙香水	箱	2	18	30×25×20	07041115487844	

第四章 拣货与配货作业管理

学习目标

1. 能熟练地完成按单拣选作业的操作工作。
2. 能熟练地完成批量拣选作业的操作工作。
3. 根据订单情况、货品特性、设施设备条件等实际情况确定合适的拣货方式（拣货方案）。
4. 能为单区仓库、手动拣货系统安排合适的拣货路径。
5. 能按照客户订单和配送中心设备情况，合理设计标签内容和选择分货方式。
6. 能选择合适的配货检查方法并正确地完成配货检查工作。
7. 能根据客户数量、货品种类及需求差异、时间要求等实际情况，正确选择配货作业方式。

引例

上海联华生鲜食品加工配送中心拣货配货运作

上海联华生鲜食品加工配送中心的生鲜商品按物流类型分为储存型、中转型、加工型和直送型。其中，配送中心对储存型货物的拣货配货运作如下。

拣货采用播种方式，根据汇总取货，汇总单标识从各个仓位取货的数量，取货数量为本批配货的总量，取货完成后系统预扣库存，被取商品从仓库仓间拉到待发区。在待发区，配货分配人员根据各路线、各门店配货数量对各门店进行播种配货，并检查总量是否正确，若不正确则应向上校核。如果商品的数量不足或其他原因造成门店的实配量小于应配量，配货人员通过手持终端调整实发数量，配货检验无误后使用手持终端确认配货数据。在配货时，冷藏和常温商品被分置在不同的待发区。

某配送中心理货员的一天工作任务

拣货员A、B、C、D等完成了上午订单处理员分配的拣货任务，即采用批量拣取方式，对市内的10家门店约12个品项的箱、单品的拣货，接下来要做的就是对拣出的货物在不同门店间进行分类和配货，再经过复核后，将货物包装好，送到发货区，等待配装、配载、送货。

针对上面两个实践情境，配送中心的拣货方式是什么呢？这种方式是如何操作的呢？还有其他的拣货方式吗？又是如何运作的呢？配送中心是如何完成客户配货作业的呢？其中包括哪些具体的工作环节呢？本章我们将解决这些问题。

第一节 拣货作业管理

知识点 ｜ 拣货作业的含义、拣货单位、按单拣选、批量拣选、分区策略、订单分割策略、订单分批策略、分类策略、拣货作业流程、拣货路径、拣货信息传递。

能力点 ｜ 确定拣货单位、完成按单拣选作业、完成批量拣选作业、确定拣货方式、安排拣货路径、使用拣货信息。

一、拣货作业的含义

拣货作业或分拣作业是依据客户的订货要求或配送中心的送货计划，采用适当的方式和手段，尽可能迅速、准确地将货品从其储位或其他区域拣取出来的作业过程。

拣货、配货和送货是配送中心的主要职能，而送货是在配送中心之外进行的，所以拣货、配货就成为配送中心内部作业系统的核心工序，其动力的产生来自于客户的订单。

从成本角度年看，物流成本约占货品最终售价的30%，其中包括运输、搬运、仓储等成本项目。下面以某连锁零售业的配送中心拣货作业在物流总成本中所占的比例来说明拣货作业的重要性，如图4-1所示。

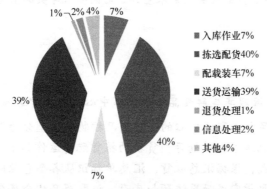

图4-1 物流成本比例分析图

由图4-1所示的物流成本比例分析图可以看出，拣货与送货两大项目几乎占整个物流成本的80%，而送货费用的发生大多在库区外部，影响因素大都难以控制。拣货成本约是其他库内作业成本总和的4倍，占库内物流搬运成本的绝大部分。因此，要降低物流成本及搬运成本，从拣货作业着手改进，可以获得事半功倍的效果。

从人力需求的角度看，目前绝大多数配送中心仍属于劳动力密集型产业，其中与拣选作业直接相关的人力，占配送中心人力的50%以上，且拣选作业时间占整个配送中心作业时间的30%~40%，拣货作业成本占配送中心总成本的15%~20%。由此可见，合理的拣货作业方法对提高配送中心运作效率具有决定性的影响。

二、拣货单位

拣货单位是指拣货作业中拣取货物的包装单位，可分为托盘、箱、单品三种。拣货单位由大到小依次为托盘、箱、单品。

不同的拣货单位决定了拣选作业的方式不同：

1）单品。一般指货物的内包装，可由箱中取出，一般由人工进行拣取。

2）箱。由单品所组成，可由托盘上取出，通常需要双手拣取。

3）托盘。由箱叠放而成，必须借助堆垛机、叉车或其他搬运设备完成拣取。

除此之外，还有些体积大、形状特殊或必须在特殊情况下作业的货品，无法按托盘、箱归类，如桶装液体、家具、冷冻货品、散货等，我们将其称为特殊品。

拣货单位的大小会直接影响拣货作业的效率，例如，拣取24瓶啤酒比拣取1箱（内装24瓶）啤酒所需要的时间明显要长得多，人工拣取10箱啤酒比叉车叉取1托盘（10箱）啤酒的时间也要长得多。因此，在实际中，应尽量以较大的拣货单位拣货。

那么如何确定拣货单位呢？

拣货单位主要取决于客户订单。根据客户订单分析出来的结果，决定拣货单位的大小，拣货单位大于或等于订货单位。如订货的最小单位是箱，则不要以单品为拣货单位。对库存的每一品种都必须做以上分析，以判断拣货的单位，但一些品种可能因为需要而有两种以上的拣货单位，则在设计上要针对每一种情况做分区考虑。

储存单位必须大于或等于拣货单位。如果储存以箱为单位，拣货单位可以是箱或单品。与之相对应，这些储存单位也有许多不同的拣货形态，储存单位与拣货单位组合的七种模式，见表4-1。

表4-1 基本拣货模式

拣货模式编号	储存单位	拣货单位	拣货形态（记号）
1	托盘	托盘	P→P
2	托盘	托盘+箱	P→P+C
3	托盘	箱	P→C
4	箱	箱	C→C
5	箱	箱+单品	C→C+B
6	箱	单品	C→B
7	单品	单品	B→B

注：P=托盘（Pallet）；C=箱（Case）；B=单品（Bulk）。

配送中心规划时必须先决定拣货单位、储存单位，同时协调外部供应商以确定货品的入库单位，所有单位的决定都来自客户的订单。也就是说，客户的订单决定拣货单位，拣货单位决定储存单位，再由储存单位要求供应商的入库单位。例如，已知某商品A每天平均订货量为8箱，平均在库时间为4天，该商品每托盘可放40箱，则该商品的存货量为32箱，小于40箱，所以该商品的拣货单位和储存单位均以箱为宜。若以托盘为单位，则可能不满一整托盘。

三、拣货作业方法

按照订单组合的不同方式或机械化程度不同，拣货作业方法有按单拣选、批量拣选、整合按单拣选、复合拣选和自动拣选五种。

(一) 按单拣选

按单拣选即按订单进行拣选。拣选完一个订单后，再拣选下一个订单。

1. 作业原理

拣选人员或拣选工具巡回于各个储存点，按订单所列商品及数量，将商品逐一由拣货区或其他作业区中取出，然后集中在一起，完成货物的配货，如图4-2所示。又称为"摘果式""人到货前式"或"摘取式"。

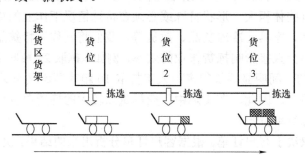

图4-2 按单拣选作业原理

2. 作业特点

优点：由于一单一车，作业方法单纯，准确度高，不易出错；接到订单后可立即拣货，作业前置时间短；作业人员责任明确，便于安排人力；拣货后不用进行分类作业；可根据用户的要求调整配货的次序；拣货处理弹性比较大，对于紧急要求可以集中力量快速拣选，有利于即时配送。

缺点：货物品类多时，拣货行走路线加长，拣取效率较低；货物必须于拣货前全数到齐才不至于在拣货过程中发生缺货情形。

3. 适用条件

按单拣货适合订单大小差异较大、订单数量变化频繁、季节性强的货物以及外形、体积变化较大的货物的拣取。

(二) 批量拣选

批量拣选是把多张订单加以合并，一次进行拣选，最后根据各个订单的要求再进行分货。

1. 作业原理

批量拣选作业是将多个订单汇总，由拣选人员或拣选工具从拣选区集中取出各订单共同需要的某一种货物，然后巡回于各客户的货位之间，按每个客户的需要量进行分货，再集中取出共同需要的第二种货物，如此反复进行，直至客户需要的所有货物都分放完毕，即完成各个客户的配货工作，如图4-3所示。这种作业方式又称"播种式"或"分货式"。

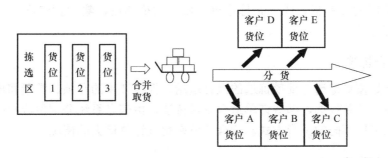

图 4-3 批量拣选作业原理

2. 作业特点

优点:当订单差异较小时,批量拣货比按单拣货的效率要高许多;可以缩短拣货时的行走时间,增加单位时间的拣货量。

缺点:对于客户订单并非同时集结至配送中心时,必须累计一定数量的订单后,才可进行批量汇总拣货,所以,会造成等待时间的浪费,使得作业的前置时间加长。此种方式对紧急订单无法及时处理。

3. 适用条件

批量拣货适合货物品项较少、订单数量稳定的配送中心,外形较规则、固定的货物,需要进行配送加工的货物。

> **企业案例 4-1**
>
> **深圳某公司医药连锁配送中心的分拣系统**
>
> 深圳某公司的分拣配送系统,成为限制门店扩张的"瓶颈",调研后存在以下问题。
>
> 1)配送中心每日配送出货的品种超过 3 500 个,这么多的品种如果使用摘果式拣货方式,拣货货架的长度需要几百米,配套的输送线则更长。
>
> 2)配送中心使用的是一栋 9 层小楼,单层面积仅有 $700m^2$,根本无法按常规技术设置拣货设备和作业区。
>
> 3)配送中心使用的小楼不允许建造穿通楼层的输送机械。
>
> 几经研讨后,公司大胆提出了和摘果式相比"倒过来"的方案,即采用播种式拣选方式:把客户固定在货架上,让各品种的货物在流水线上流动分播。这样就不必使用很长的货架和输送线,可以在单层几百平方米场地内,使用电子标签显示系统分拣数千个品种的货物。按照这个方案,其分拣工作场地面积为 18m×16m,为了降低操作难度,减少差错率,采用超常规的"大字显示标签"。新系统使用后大幅度提高了分拣效率,每天两班可分拣 120 个药店(近 3 000 箱拆零)所需的货物,差错率降到万分之一以下,订单响应时间也相应缩短,而且造价仅为摘果式的 1%。

(三)整合按单拣选

整合按单拣选的方式主要应用在每个订单只有一种品项的场合,为了提高拣选的效率，将某一地区的订单整合成一张拣选单，做一次拣选后，集中捆包出库，属于按单拣选的一种变形方式。

（四）复合拣选

复合拣选是按单拣选与批量拣选的组合运用，根据订单的品项、数量和出库频率，确定哪些订单适合按单拣选，哪些订单适合批量拣选，由信息系统分别生成相应的拣选作业单据，再分别采用不同的拣货方式。适合订单密集且订单量大的情况。

（五）自动拣选

自动拣选是指拣货动作由自动机械手负责完成，信息输入后自动完成拣选作业，无须人工介入。

1．作业原理

自动拣货建立在信息化的基础上，在配送中心接到用户的订单后，随即发出拣货指令，自动拣货系统在最短的时间内，从庞大的货架储存系统中找到货物的货位；按照订单的要求从不同的货位取出不同数量的货物，搬运到理货区或发货区进行配货，并准备配装送货。

2．自动拣选系统的组成

1）控制装置。识别、接收和处理分拣信号。根据分拣信号指示分类装置，按一定的规则（如货品品种、送达地点或按货主的类别）对货品进行自动分类，从而决定货品的流向。

2）分类装置。执行控制系统发来的分拣指令，使货品进入相应的分拣道口。

3）输送装置。将已分拣好的货品输送到相应的分拣道口，以便进行后续作业。

4）分拣道口。将货品脱离输送装置并进入相应集货区域的通道。一般由钢带、皮带、滚筒等组成滑道，使货品从输送装置滑向缓冲工作站，然后进行入库上架作业或配货作业。

3．自动拣选系统的类型

1）A 型自动拣选系统。它有一长排的 A 型货架，货架的两侧有多个货位，每个货位储存一种货品，每个货位下方有一拣选机械，货架中间有一输送带，输送带末端连接装货的容器。当联机计算机将拣选信息传入时，欲拣货品的货位拣选机械被启动，推出所需数量的货品至输送带，输送带的货品被送至末端，掉落至装货容器。

2）旋转仓储系统。系统内有多个货位，每个货位放置一种货品。当联机计算机将拣选信息传入时，欲拣货品的货位被旋转至前端的窗口，方便拣货员拣取。旋转仓储系统可省去货品的寻找与搬运工作，但仍需拣取动作；加上旋转整个货架，动力消耗大，故障率高，只适合于轻巧的零组件仓库。

3）立体式自动仓储系统。有多排并列的高层储存货架。货品的存取端设多台自动存取机。当联机计算机将拣选信息传入时，自动存取机移至指定货位，拿取或存放货品。立体式自动仓储系统通常采用单位负载的存取方式，比较适合以托盘或容器为拣取单位的拣取方式。

4．作业特点

1）无人操作。在配送中心只有少数管理人员和自动控制室内的操作人员，大部分作业基本实行无人操作。

2）误差小。若采用键盘输入或语言识别方式输入，会有 3%左右的误差，而采用条码扫描输入，一般不会出现差错。

3）连续作业。自动拣货系统不受气候、时间、体力等因素的制约，能连续运行，在单位时间内拣货的数量大，是人工作业的数倍。

4）由于是无人拣货，因此设备成本非常高。

5. 适用条件

此种拣货方式常被利用在高价值、出货量大且频繁的 A 类货品上。

6. 采用自动拣选系统要具备的条件

1）巨大的投资。自动拣货系统需要专门的机械传送机；自动控制装置、网络及通信系统；20 000m³ 以上的自动化立体仓库；自动化搬运设备。这些一次性巨额投资要 10～20 年才能收回。不适于小型企业。

2）严格的外包装要求。自动拣货机只适用于外部平坦并具有刚性的包装货物。而那些超长、超薄、超重、易变形、易破损的货物则不能使用自动拣货机。

3）作业量大。自动拣货系统开机运行成本较高，如果没有足够的业务量来支撑，单位成本就会很高。只有足够大的业务量，才能保证系统的作业效率。

四、拣货策略

拣货策略是影响拣货作业效率的重要因素，对不同的订单需求应采取不同的拣货策略。决定拣货策略的 4 个主要因素是分区、订单分割、订单分批及分类，这 4 个主要因素交互运用可产生多个拣货策略。

（一）分区策略

分区策略就是将拣货作业场地做区域划分，每一个作业人员负责拣取固定区域内的货品。按分区原则的不同，有以下 4 种分区方法。

1. 按货品特性分区

货品特性分区就是根据货品原有的性质，将需要特别储存、搬运或分离的货品进行区隔，以保证货品的品质在储存期间保持稳定，如图 4-4 所示。

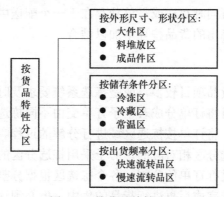

图 4-4　按货品特性分区

2. 按拣货单位分区

将拣货作业区按拣货单位划分，如箱装拣选区、单品拣选区或者具有特殊货品特性的冷冻品拣选区等。其目的是使储存单位与拣货单位分类统一，以方便拣选与搬运单元化，使拣货作业单纯化。一般来说，拣货单位分区所形成的区域范围是最大的。

3. 按拣货方式分区

除批量拣选和按单拣选外，拣货方式还包括搬运、拣选机器设备等差异。如想在同一拣货单位分区之内采取不同的拣货方式或设备，就必须考虑拣货方式的分区，如电子标签货架拣选区、RF 拣选区、自动化立体库拣选区、叉车作业拣选区、台车拣选区等。通常需要根据货物出库频率和出库量的高低，确定商品销售的 A 类、B 类、C 类群组划分。再根据群组划分的结果，确定合适的拣货设备和拣货方式，如对于销售占 70% 的 A 类货品，可考虑选择利用自动化立体库完成拣选，从而提高 A 类货品拣选的效率。通过这种方式可将作业区单纯化、一致化，以减少不必要的重复行走所耗费的时间。

4. 按工作分区

在相同的拣货方式下，将拣货作业场地再做划分，由一个或一组固定的拣货人员负责拣取某区域内的货品，如图 4-5 所示。该策略的优点在于能减少拣货人员需记忆的存货位置和移动距离，缩短拣选时间。

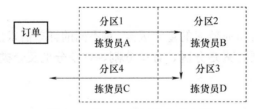

图 4-5 按工作分区拣取示意图

接力式拣货就是工作分区的一种形式，拣货人员以接力的方式来完成所有的拣选动作。如将一张拣货单交由拣货员 A，拣货员 A 拣完货再交给拣货员 B，依次由拣货员 B 交给拣货员 C，拣货员 C 交给拣货员 D，这样经过四个区域后，拣选完该订单所需要的所有货品，拣选时间为所有人员拣选时间之和。这种方式比由一位拣货员把一张订单所需要的货品拣选出来要有效率，但相对投入的人力较多。

以上所述的拣选分区可同时存在或是单独存在于一个配送中心内。除接力式拣选外，在分区拣选完后仍需要将拣出的货品按订单加以结合。

(二) 订单分割策略

当一张订单所订购的货品项目较多，或是拣选系统要求及时快速处理时，为使其能在短时间内完成拣选处理，可将订单分成若干子订单交由不同拣选区域的拣货人员同时进行拣货作业以加快拣选速度。将订单按拣选区域进行分解的过程叫订单分割。

订单分割一般是与拣选分区相对应的，对于采用拣选分区的配送中心，其订单处理过程的第一步就是要按区域进行订单的分割，各个拣选区根据分割后的子订单同时进行拣货作业，各拣选区子订单拣选完成后再进行货品的集中。但必须注意不同拣选区拣货人员的工作平衡问题，订单分割的方法有如下几种。

1．拣货单位分区的订单分割如图 4-6 所示

图 4-6　拣货单位分区订单分割策略示意图

2．拣货方式分区的订单分割如图 4-7 所示

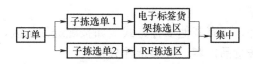

图 4-7　拣货方式分区订单分割策略示意图

3．工作分区的订单分割如图 4-8 所示

图 4-8　工作分区订单分割策略示意图

（三）订单分批策略

订单分批是为了提高拣货作业效率而把多张订单集合成一批，进行批量拣货作业，以缩短拣取时平均行走搬运的距离及时间。订单分批的原则和批量的大小是影响拣选效率的主要因素。订单分批策略必须与分类策略结合起来使用，也就形成了批量拣选。订单分批的方式有以下四种。

1．总量分批

合计拣货作业前所有累积的订单中每一货品项目的总量，按这一总量进行拣取，再进行分类作业。此种方式适合周期性配送，例如，可将所有的订单在中午前收集，在下午做合计处理，隔日一早再进行拣取、分类工作。总量分批可使拣选路径减至最短，储存区域也较单纯化，但是它的缺点是需要功能强大的分类系统来支持。

2．时窗分批

将某一时窗（固定时间，如 5min、10min）内收到的订单作为一批，进行批量拣取。该方式的重点在于时窗大小的决定，决定的主要因素是客户的预期等候时间及单批订单的预期处理时间。为了适应客户的紧急需要，时窗的大小不应过长。且为了进一步提高拣选效率，通常还会将此策略与订单分割及与分区策略联合运用，特别适用于到达间隔时间短而平均的订单形态，同时订购量及种类不宜太多。

3．固定订单量分批

采用先到先处理的基本原则，按订单到达的先后顺序做批量安排，当累计订单数达到设定的固定量（如 10 张订单）时，再进行拣取。该方式注重维持较稳定的作业效率，但在处理速度上比时窗分批方式慢。适用于客户订单对时间没有明确限制的情况。

4. 智慧型分批

将订单输入计算机系统后，直接由计算机系统将拣货路径相近的订单分成一批。采用这种分批方式的配送中心通常将前一天的订单汇总后，经过计算机处理在当天产生拣选单据，速度较快。

要做到智慧型分批，最重要的就是货品储存位置和货位编码的相互配合，使得订单输入货品编号后就可凭借货品货位编号了解货品储存位置的情况，再根据拣货作业路径的特性，找到订单分批的法则。

除以上的分批方式外，还有其他多种方式，如按配送的地区、路线分批，按配送的数量、车次、金额分批或按货品内容、种类特性分批等。

（四）分类策略

1. 拣选时分类

在拣选的同时将货品按订单分类，适用于拣货任务量不大的情况。常与固定订单量分批或智慧型分批方式共同使用。在分货的同时需要使用计算机辅助台车作为拣货设备，才能加快拣选速度，同时避免错误发生。

2. 拣选后集中分类

将所有货品拣取完成后集中分类。适用于分货任务量较大的情况。一般有两种分类方法：一是以人工作业为主，将货品总量搬运到空地上进行分发，而每批次的订单量及货品数量不宜过大，以免超出人员负荷；二是利用分类输送机进行集中分类，是较自动化的作业方式，适合于订单分批、批量品种较多时的集中分类工作。

通常情况下，四种策略相互配合会起到较好的效果，见表 4-2。

表 4-2 拣选策略的配合

策略组合	拣货方式	效果
分区	接力式拣取	降低了单个拣货人员的劳动强度，拣货人员负责区域较少，对货品货位更熟悉，提高了拣选效率。但需注意不同拣选区的工作平衡问题
分区+订单分割	多人分区同时拣取	拣选时间为拣货人员中作业时间最长的时间，大大缩短了拣选的时间。但需注意不同拣选区的工作平衡问题
订单分批+分类	批量拣取	对差异较小的订单累积后集中拣取、分类，减少了来回行走的时间
分区+订单分割+订单分批+分类	多人分区同时批量拣取	将多张订单累积后分给不同的拣货员批量拣取后分类。既实现了多人同时拣取，又减少了来回行走的时间

企业案例 4-2

某配送中心的拣货策略

某配送中心以配送生活消费用品为主，该配送中心采取的拣货策略见表 4-3。该配送中心有箱及单品两种拣货单位分区，其中单品拣货区有数位显示储架与计算机拣货台车两种拣货方式的分区。而数位显示储架拣货区内又使用工作分区的策略，采用接力式拣货方式。托盘储架拣货区和计算机拣货台车拣货区采用了订单分批策略。

表 4-3　某配送中心的拣货策略

资料项目	托盘储架拣货区	数位显示储架拣货区	计算机拣货台车拣货区
保管单位	托盘	箱	箱
拣货单位	箱	单品	单品
商品特性	体积大、量大、频度较低	体积小、量中、频度高	体积小、量小、频度低
拣货方式	订单总量分批，批量拣选后分类	按订单拣选	固定订单量分批，批量拣选时分类
拣货信息传递	贴标签	电子资讯	电子资讯

五、拣货作业流程

每份客户订单中都包含至少一项以上的货品，拣货作业的目的就是运用合适的方式和手段，正确、迅速地集合客户所订购的货品。拣货作业的基本流程如图 4-9 所示。

接收拣货指令 → 确定拣货方式 → 安排拣货路径 → 行走及搬运 → 拣取并确认

图 4-9　拣货作业流程

六、拣货作业控制程序

（一）接收拣货指令

拣货人员在拣货之前，必须要获取拣货的作业指令，即拣货信息。拣货信息来源于客户的订单或配送中心的送货单。传统的配送中心，拣货人员直接以客户订单或配送中心的送货单（见表 3-17）作为人工拣选指示，拣取货物。这种信息传递方式无法准确标示所拣选物的储位，增加了拣货人员作业的难度，导致拣选时间长、拣选中来回行走的情况，订单格式见表 4-4。

表 4-4　订单

客户名称				联系人		
客户地址				联系电话		
客户代码				传真号		
序号	货品代码	货品名称	规格	单位	数量	单价	合计
交货方式							
交货日期							
交货地点							
交易条款：							
注意事项：							

因此，为了提高拣选的效率，配送中心一般先将客户订单等原始传票信息进行"订单处理作业"，转换成"拣货单"或电子拣选信号，指导拣货人员或利用自动拣取设备进行拣货作业，以提高拣货作业效率和作业准确性。

通过以上方式接收拣选指令后，拣货人员就开始着手拣货准备工作，包括拣货时所需的各类器具（如托盘、地牛或叉车、拣货台车、RF终端、周转箱等）、单证（如拣货单、拣货标签等），同时熟悉拣货区域和拣选商品，对拣货工作做到心中有数。

（二）确定拣货方式

在确定拣货方式时，要从多方面进行明确。随着科学技术的发展，配送中心的拣货作业方式也在不断地演变，其种类也越来越多。拣选方式可以从不同的角度进行分类。

1．按订单的组合不同可分为按单拣选和批量拣选

近些年来，借助自动识别控制技术、计算机信息技术，批量拣选技术获得了很大的改观。在大规模拆零拣选作业中，使用按单拣选和批量拣选的优缺点比较如下。

1）当拆零拣选的品种较多时（如大于1000），对应相同的分拣能力，按单拣选的货架和输送线长度、占地面积将远大于按批量拣选方式，其造价和操作人员数量也多。

2）在订单品种重合度较高的情况下，按单拣选和批量拣选在分货工序、人均工效方面相差不多。而实际工作中订单品种差异变化较大，此时，批量拣选方式因行走距离较短等因素，效率优于按单拣选方式。

3）批量拣选方式在拣货过程中可以方便地兼顾到复核，而按单拣选方式则很难做到。因此在同等条件下，批量拣选方式的差错率低于按单拣选方式。

4）订单响应时间较短是按单拣选方式的优点。早期批量拣选系统订单响应时间较长，现在的多线并行播种技术已经可以按照订单响应时间的要求配置设备，随需调整订单响应时间，可以较好地满足市场需求。

5）按单拣选作业中，对数千个拆零货位的补货往往需要中断拣选作业，这就影响了作业的连续性，降低了效率。批量拣选方式则完全没有这个问题。

6）对于连锁药店、便利店业态而言，批量拣选系统容易实现规模的逐步发展，便于实现从低到高、从手工作业到自动机械化的升级，更能适应企业从小到大逐步发展的要求。

7）批量拣选方式可以很好地支持"通过型"物流，如生鲜食品等，便于实现经营品种的快速更替。按单拣选则无法做到这一点。

2．按人员的组合不同可分为单独拣选和接力拣选

单独拣选方式即一人持一张取货单进入拣货区拣选货物，直至将取货单中的内容完成为止；接力拣选方式是将拣选区分为若干区，由若干名作业者分别操作，每名作业者只负责本区货物的拣选，携带一张拣货单的拣选小车依次在各区巡回，各区作业者按订单的要求拣选本区段存放的货物，一个区段拣选完移至下一区段，直至将订单中所列货物全部拣选完。

3．按运动的方式不同可分为人至货前拣选和货至人前拣选

人至货前拣选即人（或人乘拣选车）到储存区寻找并取出所需要的货物；货至人前拣选是将货物移动到人或拣选机旁，由人或拣选机拣选出所需的货物。

4．按拣选主体的不同可分为人工拣选、机械辅助拣选和自动化拣选

对小体积、小批量、搬运重量在人力范围内且出货频率不是特别高的货品，配送中心通常采取人工拣选的方式；对于体积大、重量大的货物，利用叉车辅助人工完成拣选；对于出货频率高的货品则可以采用自动拣选系统、自动化立体库进行拣选。

5．按拣选信息的不同可分为拣货单拣选、标签拣选、电子标签拣选、RF 拣选等

（三）安排拣货路径

近年来，随着电子商务的发展、生产准时制的要求，订单的规模越来越小，甚至是拆箱拣货。拆箱拣货也称为单品拣货、小件订单拣货或拆零拣货。单品拣货相对应于其他拣货单元，如托盘拣货、箱拣货。虽然当前有很多成功的自动分拣系统已经应用到仓库运作中，不涉及安排拣货路径问题，但由于拣货系统是一个非静态、非一次性的活动，并且自动拣货系统不仅成本高而且灵活性低，手动拣货系统仍然有一定的实际意义。

安排拣货路径就是确定拣货单上货品的拣货顺序。有研究表明拣货人员的行走时间会占到总拣货时间的 50%。可见，减少拣货人员的行走时间对于提高拣货效率和降低仓库运作成本是有意义的。拣货人员的行走时间与很多要素有关，其中，合理安排拣货路径是减少行走时间的一项有效措施。

我们可以通过启发式方法（运用有助于减少求解时间的任何原理或经验来得到满意方案的方法）或定量计算分析来优化路径，以减少拣货人员的行走距离。但实践中，人们通常应用启发式方法确定拣货路径。这主要是由于定量计算优化产生的路径可能不符合拣货人员通常工作的逻辑，不容易操作，而且，优化路径没有考虑路线拥挤问题。

以下是针对单区仓库，手动小件订单拣货的几种启发式拣货路径安排方法。

1．穿越式路径

穿越式路径方法简单易执行，很多仓库都在应用，尤其适合拣货密度高的情况。当采用穿越式路径时，从通道一端进入，拣货人员同时拣取通道两侧货架上的货品，最后从通道另一端离开。在返回出入口之前，拣货人员会走遍所有包含拣货位置的通道。由于行走路径近似"s"形，所以又称"s"形路径，如图 4-10 所示。

穿越式路径中拣货巷道内的行走距离完全取决于被拣货品分布的巷道数。

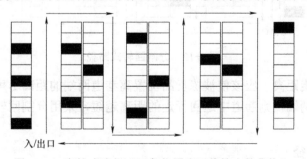

图 4-10　穿越式路径（黑色位置表示待拣出的货物）

2．回转式路径

在回转式路径方法中，拣货人员从通道的一端进入，先沿路拣取一侧货架上所需货品，当一侧货架上的货品拣取完，就返回开始拣取另一侧货架上的货品，最后从进入通道的一端离开。拣货员只需要进入包含拣取位置的通道，不包含拣取位置的通道可以跳过，如图4-11 所示。

若采用回转式路径，要缩短拣货行走距离，应该使被拣货品距离进入巷道的位置尽可能短。也就是说，如果被拣货品的分布呈现向货架一端分布的趋势，其返回过程中的行走距离就越短，这样采用回转式路径就能使总的行走距离越短。

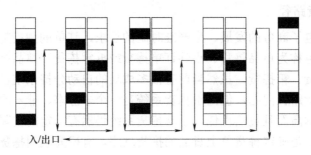

图 4-11　回转式路径

3. 分割回转式路径

分割回转式路径是从拣货通道的中间点处（称中点策略）或拣货通道的其他位置点处，将拣货区域分割成前后两部分，如图4-12 所示。拣货人员从通道的一端进入，拣取完货物后回转折返，最远处就是该通道的分割点处，当拣货人员离开拣货区域的前半部时，拣货员要从最右边的通道穿越进入通道后半部分，以同样的方法开始后半部分的拣货。当后半部分的拣货完成后，穿越最左边的通道回到出入口。这里不但采用回转式路径而且在进入和退出后半部分通道时采取了穿越式路径。

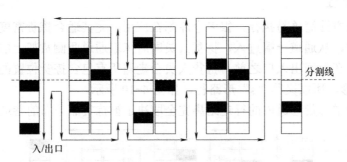

图 4-12　分割回转式路径

要缩短拣货行走距离，应该使被拣货品位置离巷道两端的距离尽可能短。如果被拣品分布集中于货架的两端，则巷道中返回行走的距离越短，采用分割回转式路径就能使总的行走距离越短。

4. 最大间隙路径

最大间隙路径是指位于在同一个通道内待取的货品和巷道出入两侧底端通道的距离做比较，选择较短距离的路径。若货品和巷道出入两侧底端的通道距离小于货品之间的最小距离，则直接回转，如图4-13 所示。最大间隙路径与中点策略相似，二者的区别在于：在最大间隙路径下,分拣人员最远可到达最大间隙而非中点。

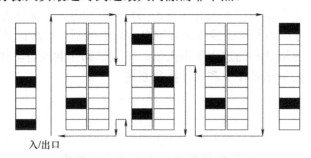

图4-13 最大间隙策略路径

5. 通道接通道路径

通道接通道路径是针对具有多个横向通道仓库的启发式方法。一般来讲,每个纵向通道只访问一次。拣货员从入口处开始,然后进入最左边的有待取货品的通道,当一个纵向通道内的所有品项拣选完,接着选择一个横向通道进入下一个纵向通道。该方法需要确定从一个纵向通道向下一个纵向通道过渡的横向通道,如图4-14所示。

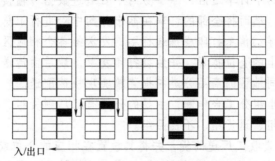

图4-14 通道接通道路径

(四)行走及搬运

拣货时,拣货作业人员或机器必须直接接触并拿取货物,因此,造成拣货过程中的行走与货物的搬运,缩短行走和货物搬运距离是提高配送中心作业效率的关键。这一过程有三种完成方式,见表4-5。

表4-5 行走或搬运的三种方式

完成方式	方法	特点
人至物方式	拣货人员以步行或搭乘拣货车辆的方式到达货物储存位置	货品静止,如托盘货架、轻型货架等,移动方为拣取者(拣取人员或拣取机器人)
物至人方式	拣货人员在固定位置作业,货物自动移到拣货人员面前	货品移动,如轻负载自动仓储系统、水平式旋转料架等,拣货人员静止
无人拣取方式	拣取的动作由自动机械负责	电子信息输入自动机械系统后,由其自动完成拣选作业,无须人工介入

(五)拣取并确认

当货品出现在拣取者面前时,接下来的动作便是拣取与确认。拣取者首先是拣取货品,然后确认拣取的货品品名、规格、数量等内容是否与指示拣选的信息相同。

拣取确认的方式各有不同，可以是通过人工对照纸质拣货单或拣选标签确认货品的相关信息，比较先进的方法是利用无线传输终端机读取条码后，再由计算机进行对比、确认。

在实际作业中，拣取货品的过程可由人工、机械辅助作业或自动化设备来完成，主要包括手工方式拣取、机械辅助作业和自动拣货系统。

企业案例 4-3

苏宁电器配送中心分拣作业操作

苏宁电器1990年创立于江苏南京，是中国3C（家电、计算机、通信）家电连锁零售企业的领先者。物流是苏宁电器的核心竞争力之一。苏宁电器建立了区域配送中心、城市配送中心、转配点三级物流网络，依托WMS、TMS等先进的信息系统，实现了长途配送、短途调拨与零售配送到户一体化运作。

苏宁配送中心的分拣作业操作过程如下：

当客户在苏宁易购下订单之后，苏宁易购中心通过数据传输接收订单，并对订单数据进行初步确认整理，继而将全部的订单在苏宁易购中心进行汇总，通过网络将汇总之后的订单数据及客户详细信息打印成拣选标签，发送给各个相应区域的负责人，并由工作人员按照拣选标签上的仓位拣货，并装袋打印发票，最后由传送带汇集到道口，然后再次进行分拣，将不同地区的商品分类扫描装箱实现快速配送。

仓库的工作实行小组分工合作制，主要的分组有工厂到货组、拣配组、发票组、道口组、快递组、寄售组、退货组、不良品组。

① 工厂到货组负责收工厂送的货，并将其放置在相应的仓位或储存在原地。

② 拣配组的工作实行分区域负责制，按照商品的特性分为百货组、精品组、文化组、3C类组、配件组等，各区域的工作人员按照拣选标签在相应仓位上拣选商品并签上自己的代号，贴签后放在传送带上，商品随着传送带的流动进入发票组。除此之外，拣配组还负责每天的盘点工作。

③ 发票组的工作是将拣选出来的货物进行扫码确认和打印发票，将发票装袋放在另一条循环的传送带上，进入道口组。

④ 道口组负责拣货的工作人员按照拣选标签上的地点代号将货物分拣，不同地点的货物放在不同的货架上，根据不同地点扫码装箱，打印装箱清单，等待配送。

⑤ 快递组负责分拣配送中心本地的商品，然后分在不同的快递点，等待配送。

⑥ 寄售组负责每天接待外地区域配送中心送来的货品，并将其按照快递点扫描分类，等待配送。

⑦ 退货组主要负责收退货，按照严格的原则收退货并进行异地和本地的初步分类并收货过账，然后将本地退货进行详细的区域分类并打印交接单等待和拣配组交接并进行二次销售，影响二次销售的不良品交接给小件不良品组。

⑧ 不良品组的工作是对影响二次销售的不良品进行分类并收货过账，做返回厂商处理等工作。

七、拣货信息传递

拣货信息是拣货作业的原动力,主要目的是指示拣货的进行。拣货信息资料的源头是客户的订单或其他送货指令。为了使拣货人员在既定的拣货方式下正确而迅速地进行拣货,拣货信息传递成为拣货作业规划设计中重要的一环。拣货信息既可以通过手工单据来传递,也可以通过其他电子设备和自动拣货系统传输。

(一)订单传票

直接利用客户的订单或配送中心的送货单作为拣选指示凭据。传单拣货是最原始的拣选方式。由于订单上没有标明货品的储位信息,拣选人员在拣取时一边读取订单上商品的名称,一边寻找货物。同时,直接利用订单拣选无法利用拣选策略,也无法对拣货路径进行优化。所以,拣选效率会比较低。

这种方法仅仅适用于订单订购品种较少或少量的情况,适合按单拣选、订单不分割的拣货作业方式。

(二)拣货单

拣货单拣选是目前较常用的拣货方式,它是将原始的客户订单输入计算机后进行拣货信息处理,然后打印拣货单(见表3-13～表3-16)。

拣货单的货品名称按照货位编号重新排序,让拣货员来回一趟就能拣完所有货品;拣货单上增加了货品的储位等信息,拣货员按照拣货单的顺序依次拣取货物,先找储位,再核对货品的品名、规格、型号等信息,然后将货物拣选至搬运器具内,确定拣选无误后就在拣货单上逐项做记录。

一般而言,拣货单是根据拣货的作业区和拣货单位分别打印的。例如,整盘拣货、整箱拣货、拆箱拣货或单品拣货等的拣货单分别打印,交给不同的拣货员同时拣取,然后送往出货暂存区集货等待出货。

这种方式的优点是,经过处理后形成的拣货单上所标明的信息能更直接、更具体地指示拣货作业,提高拣货作业效率和准确性。但处理订单和打印拣货单需要一定的成本,而且必须尽可能防止拣货单出现误差。

(三)拣货标签

标签拣货(也称贴标签)方式中,拣货标签取代了拣货单,拣货标签的数量与拣货量相等,在拣货的同时将标签贴在货品上以便确认数量。其原理为当接单之后经过计算机处理,依据货位的拣货顺序排列打印拣货标签,订购几箱(件)货品就打印几张标签,标签张数与订购数一样,拣货人员根据拣货标签上的顺序拣选。拣货时将货品贴标签之后放入拣货容器内,标签贴完即代表该项货品已经拣选完成。

拣货标签的成本相对较高,主要被应用在高单价的货品拣选上。它也可以应用在商店别拣货(摘果式)或货品别拣货(播种式)上,但目前主要应用在货品别拣货上,因为可以利用标签上的条码来自动分类,效率非常高。

标签拣货大部分应用在整箱拣取及单品拣取上。整箱拣取的标签与单品拣取的标签内容不一样，如图 4-15 和图 4-16 所示。整箱拣取的标签除了单品拣货标签上的内容外，还包括客户地址及送货路线等，因此可以直接当作出货单使用，必要时也可以增加条码的打印，以提高作业效率；而单品拣取后需装入纸箱或塑料箱内，因此必须增加出货标签（见图 4-17），将客户地址及送货路线的资料打印在出货标签上，而在单品拣取的标签上就可以省略这部分内容。

```
品号：00011125              品号：00011125
品名：×××××××           品名：×××××××
订单号码：5401              订单号码：5401
客户地址：×××××××       客户地址：×××××××
配送路线：                  配送路线：
订单箱数：2                 订单箱数：2
箱号：5/1                   箱号：5/1
```

图 4-15　整箱拣货标签

```
品号：00022213              品号：00022213
品名：×××××××           品名：×××××××
订单号码：543               订单号码：543
客户名称：×××××××       客户名称：×××××××
订单箱数：2                 订单箱数：2
箱号：3/1                   箱号：3/1
```

图 4-16　单品拣货标签

```
订单号码：123456
客户名称：×××××××
客户地址：×××××××
配送路线：12
订单箱数：2
箱号：6/1
```

图 4-17　（单品）出货标签

标签拣选是一种防错的拣选方式，标签贴在货品的同时，货品与信息立即建立了一种对应关系，所以拣取的数量不会出错。同时，拣货人员贴好标签后，货品上有详细的送货信息，方便装车及货物交接。但操作环节比较复杂，拣货费用高。

（四）电子标签辅助拣货系统

电子标签辅助拣货是一种计算机辅助的无纸化拣货系统（Digital Picking System，DPS），是由美国于 1977 年研发的，其原理是在每一个货位安装数字显示器，利用计算机的控制将订单信息传输到数字显示器内，拣货人员根据数字显示器所显示的数字拣货，拣完货之后按确认钮即完成拣货工作，也称电子标签拣货。它是一种即时的处理系统。

在这种拣货方式中，在货架上安装灯光显示器来显示拣货信息，以减少"寻找货品"的时间。拣选的动作仍由人力完成。计算机负责烦琐的拣选顺序的规划和记忆，拣货员只需依照计算机的指示执行拣货作业。灯亮表示该货位的货品是待拣选品并显示拣货数量。如此，拣货员在货架通道行走，看到灯亮的货架就停下来，并按显示数字来拣取该货品所需的数量。电子标签拣选每小时约为 500 件，前置时间约为 1 小时，拣货错误率小于 0.01%。

（五）RF 辅助拣货系统

RF（Radio Frequency）辅助拣货也是一种计算机辅助的无纸化拣货系统，其拣货原理是利用掌上计算机终端、条码扫描器及 RF 无线电控制装置的组合，将订单资料由计算机主机传输到手持终端上，拣货人员根据手持终端所指示的货位，扫描货位上的货品条码，如果条码与计算机的拣货资料一致，就会显示待拣选货品的数量（如果不一致，手持终端就会发出警告声，直到找到正确的货物为止），拣货人员再根据拣货数量拣取，拣取完成后在手持终端中点击确认，然后再进行下一个货物的拣取。直到所有货物拣取完毕，将 RF 对接到计算机主机上，信息则利用 RF 传回计算机主机，同时在库存数据库中扣除。

它也是一种即时的处理系统。RF 拣货由计算机负责繁杂的拣货顺序规划与记忆，以减少寻找货品的时间，成本低且作业弹性大，但 RF 对拣货信息的显示不如电子标签直观。此种拣货方式大多应用于按单拣选和批量拣选方式中，尤其适用于货品品项很多的情况，故常被应用在多品种少批量订单的拣取上，与拣选台车搭配最为常见。RF 辅助拣货每小时约为 300 件，拣货错误率在 0.01% 左右。

（六）无线通信

无线通信传递是在叉车上安装无线通信设备，通过这套设备把应从哪个储位拣取何种货品及拣取数量等信息指示给叉车上的司机以拣取货物。这种传递方式通常适用于大批量出货时的拣货作业。

（七）计算机随行指示

计算机随行指示是在叉车或台车上设置辅助拣货的计算机终端机，拣取前先将拣货信息输入计算机或软件，拣货人员依据叉车或台车上计算机屏幕的指示，到正确位置拣取货物。

（八）自动分拣系统

自动分拣即由机械设备根据计算机指示自动完成分拣作业，如大型自动分类机、自动化立体库、旋转式货架。此种分拣方式下通常将订单录入计算机系统中，由控制系统根据订单控制巷道堆垛机或分类机构等设备完成拣货作业。拣货信息的传递和处理基本是自动完成的。自动分拣系统的设备成本非常高，此种拣货方式常被利用在高价值、出货量大且频繁的 A 类货品上。自动拣货生产效率非常高，拣货错误率非常低，是拣货设备发展的方向。

目前拣货信息传递的发展方向是，通过信息来支持整个拣货系统的准确、快速、高效，除使用纸质单据来传递显示信息外，计算机、条码及一些自动传输的无纸化系统的使用越来越普遍。

八、拣货设备

在拣货作业过程中涉及很多拣货设备，大体包括储存设备和搬运设备两大类，每一大类又由很多设备构成，见表 4-6。在实际的拣货作业中应根据所拣货的实际情况选择相应的拣货设备，以合理利用拣货设备，提高拣选效率。

表 4-6 主要拣货设备一览表

行走或搬运方式		主要拣货设备
人至物	储存设备	栈板储架（Pallet Rack）、轻型储架（Shelves）、橱柜（Cabinet）、流动储架（Flow Rack）、高层储架（High Bay Rack）
	搬运设备	无动力拣货台车（Picking Cart）、动力拣货台车（Pick Vehicle）、动力牵引车（Tractor Vehicle）、堆高机（Forklift）、拣货堆高机（Picking Truck）、搭乘式存取机（Man Aboard AS/RS）、无动力输送机（Free Conveyor）、动力输送机（Power Conveyor）、计算机辅助拣货台车（Computer Aided Picking Cart）
物至人	储存设备	单元负载自动仓储（Unit-load AS/RS）、轻负载自动仓储（Mini-load AS/RS）、水平旋转自动仓储（Horizontal Carousel）、垂直旋转自动仓储（Vertical Carousel）、梭车式自动仓储（Shuttle and System）
	搬运设备	堆高机、动力输送带、无人搬运车（Automatic Guided Vehicle）
自动拣货系统		
多样少量拣货系统		附加显示装置的流动储架、计算机辅助拣货台车、旋转料架、自动货品分类输送带、拣取机器人（Picking Robot）、自动拣货机（Picking Machine）

第二节 配货作业管理

知识点 配货作业的含义、配货作业流程、分货作业、配货检查方法、配货包装要求、拣选式配货、分货式配货。

能力点 设计标签内容、选择分货方式、正确地完成配货检查工作、选择合适的配货作业管理方式。

一、配货作业的含义及作业流程

配货作业是指在拣货作业完成之后，对拣出的货品，在理货暂存区，按客户或送货路线进行分类集中，再进行严格的出货检查，装入合适的容器或进行捆包，做好相应的标示，配组齐全后运至指定的发货暂存区，准备装货上车的作业过程。简单说，配货作业就是对拣出的货品进行多客户、多品种、少批量的"整合"。

由于每个客户对商品的品种、规格、型号、数量、质量、送达时间和地点等的要求不同，配送中心必须按客户企业的要求对商品进行分拣和配组。所以，配货作业与拣货作业不可分割，二者一起构成了一项完整的拣选配货作业。通过拣货配货作业，可达到按客户要求进行高水平送货的目的。配货作业的基本流程如图 4-18 所示。

印贴标签 → 分货作业 → 配货检查 → 包装、捆包 → 运至发货区

图 4-18 配货作业流程

二、配货作业控制程序

（一）印贴标签

标签一般都是附着在物品的外部或附着在物品包装容器的外部，用来说明物品的材料构成、产地、重量、生产日期、质量保质期、厂家联系方式、产品标准号、条码、相关许可证、使用方法等重要信息。

拣选的货物在分类之前是否印贴标签，要看分货方式，有些方式不印贴标签，而是包

装好再贴标签。配货印贴标签的作用是保证分货的准确、快速或识别货物的流向,因此标签信息主要体现在这件货物要发送给哪一位客户、哪一条线路、哪个区域等,以便分别识别。所以标签上要有客户名称或代码、目的地等内容,有些配送中心的印贴标签内容还包括客户的订单号。

(二) 分货作业

分货作业是在拣货作业完成之后,将拣出的货品根据不同的客户或送货路线进行分类集中,对其中需要经过配送加工的货品拣选集中后,先按配送加工方式分类,分别进行加工处理,再按送货要求分类出货的过程。分货作业方式见表4-7。

表4-7 分货方式

分货方式	分货步骤简介	效率分析
人工分货	所有分货作业过程全部由人根据订单、拣货单来进行,作业由人、货架、集货设备(货箱、托盘等)配合完成,不借助任何计算机或自动化的辅助设备	效率较低,适用于品种单一、规模较小的配送中心
自动分类机分货	利用自动分类机及分辨系统完成分货,其步骤是:①将有关货物及分类信息通过信息输入装置输入自动控制系统。②自动识别装置对输入的货物信息进行识别。③自动分类机根据识别结果将货物分类后送至不同的分类系统	准确、快速、效率高,适用于多品种、业务繁忙的配送中心
旋转架分货	利用旋转货架完成分货工作,其步骤是:①将旋转货架的每一格位当成客户的出货框。②作业人员在计算机中输入各客户的代号。③旋转货架自动将货架转至作业人员面前,让其将批量拣取的货品放入进行分类	半自动化操作,有利于节省成本

(三) 配货检查

配货检查是进一步确认拣货作业是否有误的处理作业。分货作业后,根据出货单信息对配货进行检查,保证发货前货物品种正确、数量无误、质量及配货状态不存在问题,配货检查的内容如图4-19所示。

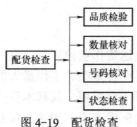

图 4-19 配货检查

目前,配货检查常用的方法见表4-8。

表4-8 配货检查的方法

检查方法	作业程序	作业效果
人工检查法	由人工将货品一个个点数,查对条码、货号、品名,并逐一核对出货单,进而查验货物的品质及状态情况	效率低,易出差错
条码扫描检查法	首先导入条码,让条码始终与货物同行。检查时用条码扫描器阅读条码,计算机便自动将拣货资料输出,与出货单对比,查对是否有数量和号码上的差异,然后在出货前再由人工进行整理和检查	相对人工检查,效率高、出错率低
声音输入检查法	当作业员发声读出货品名称、代码和数量后,计算机接收声音并自动辨识,转换成资料信息与出货单对比,从而判断是否有误	效率高,但要求作业人员发音准,且每次发音字节有限,否则会造成计算机识别困难,进而产生错误
重量计算检查法	把出货单上的货品重量自动相加求和之后,与货品的总重量相对比。两种重量相对比,可以检查出货是否正确	可省去事后检查工作,而且效率及正确性极高

（四）包装、捆包

包装方式分内包装和外包装，一般内包装称为商业包装或销售包装，外包装称为物流包装或工业包装。配货作业中的包装主要是指物流包装。物流包装指货物包装的外层，即把货物装入箱、袋、桶、罐等容器中，或在没有容器的条件下，将货物加以捆绑和做记号等。

1．配货包装的作用

配货作业中的包装主要是指运输包装，其主要作用是为了保护货物并将多个零散包装货品放入大小合适的箱子中，以实现整箱集中装卸、成组化搬运等，同时减少搬运次数，降低货损，提高送货效率。另外，包装也是货物信息的载体，通过外包装上印贴标签或书写货物名称、原料成分、重量、生产日期、生产厂家、产品条码、储运说明、客户名称、订单号等，可以便于客户和送货人员识别货物，进行货物的正确装运与交接。通过扫描包装上的条码还可以进行货物跟踪。

2．配货包装的要求

送货的包装要求结构坚固、标志清晰、价格低廉，重点在于有利于搬移管理、保护货品和信息传递。包装的设计不仅要考虑送货过程的要求，如方便送货人员识别、提高运输效率、方便装卸等，而且要考虑终端客户的要求，如方便客户接收时的清点，尽量做到简洁、单纯、轻薄、标准、节约等包装合理化的要求。

（五）送到发货区

对包装或捆包好的货物，按车辆趟次或行车路线等将货品运至发货区暂存，等待配装积载、装车发运。

三、配货作业管理要求及作业方式

（一）配货作业管理的要求

配货作业的好坏直接影响后续送货作业的质量，在一定程度上代表了一个配送中心的实力和声誉，但另一方面配货又是一件复杂、工作量大的工作，尤其是在多用户、多品种的情况下更是如此。配货作业管理十分重要，其基本任务就是保证配送业务中所需的货品品种、规格、数量在指定的时间内配组齐全，为送货作业做好准备。

配货作业管理的基本要求是准确程度要高、配货速度要快以及配货成本要低。

（二）配货作业方式

1．拣选式配货

拣选式配货是指采取按单拣选法（摘果式拣选法）拣货的同时完成配货作业。

1）形式。根据作业量的大小，拣选式配货一般有以下几种形式可供选择，见表4-9。

表4-9 拣选式配货的形式选择

拣选式配货的形式	作业内容
人工拣货配货	配货作业由人来进行，人、货架、集货设备（货箱、托盘等）配合完成配货作业，在实施时，由拣货员一次巡回或分段巡回于各货架之间，根据客户订单或拣货单进行拣货，直至配齐

(续)

拣选式配货的形式	作业内容
人工加手推作业车拣货配货	配货人员推着手推车一次巡回或分段巡回于各货架之间，根据客户订单或拣货单进行拣货，直至配齐。借助于半机械化的手推车作业，拣货作业量大、单品或单件较重、体积较大时，可以降低配货人员的劳动强度
机动作业车拣货配货	配货人员乘车辆或台车为一个客户或多个客户拣选配货，车辆上分放着各个客户的拣货容器，拣取的货物直接放入容器，每次拣选配货作业完成后，将容器内的货物放到指定的货位，或直接装卸到配送车辆上
传动输送带拣货配货	配货人员只在附近几个货位进行拣货配货，传动带不停地运转，拣货配货人员或按指令将货物取出放在传动输送带上，或者放到传动输送带上的容器内。传动输送带运转到末端时把货物卸下来，放在已规划好的货位上待装车发货
拣选机械拣货配货	自动分拣机或由人操作的叉车、分拣台车巡回于一般高层货架间进行拣货，或在高层重力式货架的一端进行拣货

2) 特点。采用拣选式配货法，能够保证配货的准确无误，对某个客户来讲可以不受其他因素的制约进行快速配货，可以按客户要求的时间，调整配货的先后顺序，利于配送中心开展即时配送，增强对客户的保险能力，而且配好的货可以不经分放直接装到送货车上，有利于简化工序、提高效率。

3) 适用范围。适用以下几种情况：①客户数量不多，但需要的种类较多，且每种货品需求数量差异较大。②不同客户间需求的产品种类有较大的差异。③客户临时的紧急需求。④客户需求的大件商品。

4) 优点。主要优点是机动灵活，既可以采取机械化水平较高的工具作业，也可以实施人工操作。拣选工具可以是专门配置设计的车辆、传送设备，也可以是一般车辆（汽车、手推车），甚至可以用人力进行拣货。因此这种方法易于实行，尤其是在配送中心，客户不多且技术装备较差的情况，使用这种方法既简单又快捷。

2. 分货式配货

分货式配货是指采用批量拣选法（播种式拣选法）拣货，先是集中取出众多客户共同需要的货品，再将货品分放到事先规划好的配货货位上，完成配货作业。

1) 形式。分货式配货有以下几种形式，见表4-10。

表4-10 分货式配货的形式选择

分货式配货的形式	作业内容
人工分货配货	在货物体积较小、重量较轻的情况下，人工从普通货架或重力式货架上一次取出若干客户共同需要的某种货品，然后巡回于各客户配货货位之间，将货品按客户订单上的数量进行分放配货，完成后，再取第二种货物，如此反复直至分货完成。适合人工分货的有药品、钟表、化妆品、小百货等
人工加手推作业车分货配货	配货人员利用手推车至一个存货点将各客户共同需要的某种货品取出，利用手推车的机动性可在较大范围内巡回分货配货
机动作业车分货配货	用台车、平板作业车一次取出数量较多、体积和重量较大的货品，有时可借助叉车、巷道起重机一次取出单元货载，然后由配货人员驾车巡回分放配货
传动输送带加人工分货配货	传动输送带一端和货物储存点相接，另一端分别同客户的配货货位相接。传动输送带运行过程中，一端集中取出各客户共同需要的货品，置于输送带上运到各客户货位，另一端配货人员取下该货位客户所需的货品。这种方式一般同重力式货架相配合，而且传动输送带不宜过长
分货机自动分货配货	分货机在一端取出多个客户共同需要的货物，随着分货机上的输送带运行，按计算机预先设定的指令，在与分支机构连接处自动打开出口，将货物送到分支机构，分支机构的终点是各客户集货货位。有时配送车辆直接停在分支机构的终端，所分货物直接分货装车，进行配送
回转货架分货配货	回转货架可以看成若干个分货机的组合，当货物不多又适于回转货架储存时，可在回转货架出货处，一边从货架取货，一边向几个客户货位分货，直至配货完毕

2）特点。采用分货式配货作业，可以提高配货速度，节省配货的劳动消耗，提高劳动效率。尤其是客户数量很多时，按单反复拣货会使工作异常重复和烦琐，而采用分货式作业就可避免上述问题。

3）适用范围。适用以下几种情况：①客户数量多，且需求的商品种类有限，每种商品的需求数量也不大。②各客户之间需求的商品种类差别不大。③客户配送时间的要求没有严格限制。④客户有比较稳定的需求计划。⑤需要搬运的货物体积不大。

4）优点。主要优点是计划性强，若干客户的需求集中后才开始分货，直到最后一种共同需要的货物分放完毕，各客户需求的配货才同时完成。之后可同时开始对各客户的送货作业，有利于考虑车辆的合理调配、合理使用和规划配送路线。和拣选式配货相比，可综合考虑、统筹安排、利用规模效应。专业性强的配送中心，易形成稳定的客户和需求，货物种类也有限，宜于用此种方式；另外，商业连锁、服务业连锁、巨型企业内部供应配送，也都宜于采用此种方式。

实训练习

实训目的

通过完成拣货方案设计并完成拣货作业操作任务，帮助学生获得根据实际情况设计拣货方案的技能，并亲自体验按单拣货作业和批量拣货作业的操作过程及岗位设置情况。

实训任务

1）根据客户订单信息，能选取成本低、效率高的拣货方案。

2）能按照确定的拣货方案熟练地完成拣货作业操作。

任务情景

某配送中心接到 A 客户、B 客户、C 客户下的订单，订单见表 4-11、表 4-12、表 4-13。

表 4-11　A 客户订单

订单号：DD001

订货单位	××超市××店	送货时间	隔日配送
联系电话	××××××	联系人	××
序号	商品名称	纸箱规格（mm×mm×mm）	数量（箱）
1	雀巢谷物早餐纤怡	350×320×245	6
2	雀巢培保因子麦片	450×250×260	3
3	康师傅绿茶	450×250×130	2
经办人		部门主管	

表 4-12　B 客户订单

订单号：DD002

订货单位	××超市××店	送货时间	隔日配送
联系电话	××××××	联系人	××
序号	商品名称	纸箱规格（mm×mm×mm）	数量（箱）
1	康师傅纯净水	350×240×240	6
2	雀巢培保因子麦片	450×250×260	4
3	康师傅茉莉花茶	385×285×255	4
经办人		部门主管	

表 4-13 C 客户订单

订单号：DD003

订货单位	××超市××店	送货时间	隔日配送
联系电话	××××××	联系人	××
序号	商品名称	纸箱规格（mm×mm×mm）	数量（箱）
1	康师傅纯净水	320×240×240	6
2	康师傅绿茶	450×250×260	4
3	雀巢燕麦片	570×380×220	4
经办人		部门主管	

现在你是该配送中心的拣货人员，面对这样的订单：①请你确定合适的拣货方式和拣货策略，并设计拣货单。②按照确定的拣货方案进行拣货作业模拟操作。

任务帮助

1. 拣货方案设计

1）制订每个客户订单的拣货方案，评价不同拣货方案的优劣（两个方案分别为按单拣货和批量拣货）。

2）选取成本低、效率高的拣货方案（以人工为主）。

2. 模拟操作要求

在模拟实训室分别按照按单拣货方式和批量拣货方式（主要以人工为主）进行拣货作业操作。模拟操作的角色有拣货组、信息录入操作员、客户。需要同学们以小组为单位，分别设立不同的岗位成员，由客户下订单，交由信息录入员录入信息，产生拣货单，然后分别按照按单拣货方式和批量拣货方式由拣货组内的拣货员完成拣货操作。

注意问题：小组成员之间的协作，掌握沟通技巧。

3. 任务实施步骤

1）接到订单后看货物品项是否完整、内容是否齐全。对订单的有效性进行分析，排除无效订单。

2）细看订单中所列货物品项种类多少、货物特性差异大小等，判断该选用何种拣货方式。

3）设计拣货单，根据实际情况增减栏目内容。

4）根据设计好的拣货单拣选货品，尽量减少重复行走的搬运距离。

4. 任务成果评价

各小组完成任务后，分别从拣货人员配合、拣货方式、拣货策略、拣货时间、拣货设备、拣货速度、拣货准确率、拣货量等方面设计评价表格，从自评和他评两个方面对本次实践活动进行评价分析并总结，以巩固所学知识。

本 章 小 结

拣货与配货作业是整个配送作业系统的核心，是影响配送中心运作效率和经营成本的最重要因素之一。

众所周知，社会需求呈现向小批量、多品种方向发展的趋势，配送商品的种类和数量急剧增加，每张客户订单的品种越来越多，差异化越来越明显，如何把这些不同种类、数量的商品准确、快速、低成本地拣选出来并按客户、路线分放？这就是拣货作业和配货作业所要解决的问题。

拣货成本约是其他库内作业成本总和的 4 倍左右，占库内搬运成本的绝大部分；在劳动密集型配送中心，与拣货配货作业直接相关的人力，占配送中心人力的 50%以上，且拣选作业时间占整个配送中心作业时间的 30%～40%，拣货作业成本占配送中心总成本的15%～20%。由此可见，合理的拣货作业操作对配送中心增效降本具有决定性的影响。

本章主要讨论了拣货作业和配货作业的控制程序，以及拣货作业方法、拣货策略、拣货信息传递、配货作业管理方式等内容。实际上，拣货作业与配货作业是不可分割的，二者一起构成了一项完整的拣选配货作业。通过拣货配货作业，可达到按客户要求进行高水平送货的目的。

同 步 测 试

一、单选题

1. 在配送中心，（   ）约是其他库内作业成本总和的 4 倍左右，占库内物流搬运成本的绝大部分。
   A. 送货作业成本　　　　　　　　B. 退货作业成本
   C. 拣货作业成本　　　　　　　　D. 入库作业成本
2. 桶装液体、大型设备、家具、冷冻货品、散货等货物的拣货单位是（   ）。
   A. 特殊品　　　B. 托盘　　　　C. 箱　　　　　D. 单品
3. 自动拣选是指拣货动作由（   ）负责完成，电子信息输入后自动完成拣选作业，无须人工介入。
   A. 计算机辅助拣货台车　　　　　B. 无人搬运车
   C. 自动机械手　　　　　　　　　D. 拣货堆高机
4. 无纸无人的拣货信息传递方式是（   ）。
   A. 拣选标签　　B. 电子标签　　C. 条码　　　　D. 自动分拣系统
5. 接力式拣货就是（   ）的一种形式，拣货人员以接力的方式来完成所有的拣选动作。
   A. 货品特性分区　　　　　　　　B. 工作分区
   C. 拣货方式分区　　　　　　　　D. 拣货单位分区

二、多选题

1. 拣货作业方法有（   ）。
   A. 按单拣选　　B. 自动拣选　　C. 整合按单拣选　　D. 复合拣选
   E. 批量拣选
2. 按单拣货适合（   ）的货物的拣取。
   A. 大小差异不大　B. 大小差异较大　C. 数量变化频繁　D. 季节性强
   E. 外形、体积变化较大

3. 批量拣货适合于（　　　）的货物。
   A. 货物品项较少　　　　　　　　B. 订单数量稳定
   C. 订单数量不稳定　　　　　　　D. 外形较规则、固定
   E. 货物品项较多
4. 拣货信息可以通过（　　　）来传递。
   A. 手工单据　　B. 电子设备　　C. 存储设备　　D. 搬运设备
   E. 自动拣货系统
5. 配送中心的印贴标签内容包括（　　　）等内容。
   A. 货物数量　　B. 客户名称或代码　C. 目的地　　D. 客户的订单号
   E. 货物单价

三、判断题

1. 拣货单位的大小不会直接影响拣选作业的效率。　　　　　　　　（　　）
2. 同一品种的货物可能因为需要而有两种以上的拣货单位。　　　　（　　）
3. 对于采用拣选分区的配送中心，其订单处理过程的第一步就是要按区域进行订单的分割。　　　　　　　　　　　　　　　　　　　　　　　　　　　（　　）
4. 拣出的货物在分类之前是否印贴标签，要看分货方式，有些货物不印贴标签，而是包装好再贴标签。　　　　　　　　　　　　　　　　　　　　　　　（　　）
5. 分货式配货是指采用按单拣选法拣货，先是集中取出众多客户共同需要的货品，再将货品分放到事先规划好的配货货位上，完成配货作业。　　　　　（　　）

四、简答题

1. 什么是拣货单位？对拣货系统有什么影响？如何确定拣货单位？
2. 试比较拣货中的摘取式拣货方式和播种式拣货方式的各自适用范围和优缺点。
3. 拣货作业中可运用哪些拣货策略来提高拣货效率？
4. 简述配货作业管理方式及各自的特点和适用范围。
5. 简述可以从哪几个方面对拣货作业时间进行优化？

五、案例分析题

××便利店有限公司的播种式电子标签拣货系统

每一个成功的零售企业背后都有一个高效、完善的配送系统。对于便利店来说，更是如此。便利店最大的特点是便利，这是便利店区别于其他零售业态的主要业态特征，也是便利店行业生存发展的关键。上海××便利店有限公司的店铺规模如今已拓展到各大中城市，形成集直营、委托和特许加盟三种经营模式为一体的专业便利店。

因为门店要求配送低温的货物，所以××便利店有限公司物流就需要重新考虑低温货物从供应商到门店的配送方案。由于低温货物的特殊性（存储温度低、保质期短等），所以无法采用常温商品的配送方案。因此，对于这种低温货物倾向于以门店为单位进行配送，同时考虑到配送效率问题，所以决定采用播种式电子标签拣货系统。其配送操作流程分别为播箱、收货、补货、拣货、换箱、集货、周转箱复核、装车。在××便利店有限公司冷链物流的 DAS 中，使用扫描枪、三码显示标签、五码显示标签。

在播箱时，拣货人员先按一个对应门店的三码标签，然后再扫描相应的周转箱，这样就把门店和周转箱对应起来了。然后收货人员通过 RF 来收货，收货的时候，要检查供应商送货时车厢里的温度是否超过该货物的存储温度。一个货物收完后，接着就进行补货，从效率上考虑，DAS 使用电子标签进行补货，一个补货人员扫描了货物条码后，在五码标签上就会显示该货物需要拣货的数量，然后补货人员以这个数量为准进行补货即可。

紧接着就是拣货了，负责第一组货架拣货的人在开始一种货物的拣货前，需要通过扫描枪来确认该货物拣货开始。在拣货过程中，如果某个周转箱已经放满货物，无法再容纳其他货物的时候，需要进行换箱。拣货人员这时就需要先扫描一个货位条码，然后再扫描新的周转箱条码来达到货位代表的门店与周转箱对应关系的建立。在实际拣货作业中，收货、补货和拣货的动作是可以同时进行的，也就是说，一个货物在拣货的时候，另外一个货物已经在补货，其他的货物已经在收货了。

在所有货物拣货完成后，每组货架后面的集货指示灯就会蜂鸣，这时集货人员就会进行集货，复核人员进行复核，然后就是最后的装车出货了。

问题：

1. 该便利店有限公司配送中心的拣货主要采用什么拣货策略？有什么特色？是如何操作的？

2. 该便利店有限公司主要运用了什么拣货信息进行拣货？还有其他信息吗？

3. 该便利店有限公司在拣货方面存在什么利弊？结合实际情况，从长期来看是否可行，为什么？

第五章 补货与加工作业管理

▶▶▶ 学 习 目 标 ◀◀◀

1. 能够根据拣货作业量、拣货作业方式及订单需求情况合理地选择补货时机。
2. 能够熟练地完成整箱补货、整托盘补货和货架上下层补货的作业工作。
3. 能够根据现有的人力、设备等资源的效率或费用情况,合理进行资源与加工任务的配置,以最佳的方式完成加工任务。

引例

沃尔玛的供应链自动补货系统

沃尔玛的自动补货系统是连续库存补充计划(Continuous Replenishment Program, CRP)的延伸,即供应商预测未来商品需求,负起零售商补货的责任,在供应链中,各成员互享信息,维持长久稳定的战略合作伙伴关系。

自动补货系统能使供应商对其所供应的所有分门别类的货物及在其销售点的库存情况了如指掌,从而自动跟踪补充各个销售点的货源,使供应商提高了供货的灵活性和预见性,即由供应商管理零售库存,并承担零售店里的全部产品的定位责任,使零售商大大降低零售成本。

一种商品一旦被大量采购,就会促使该商品的制造商大量生产此种商品,也会使该商品在供应链中快速流动起来。随着供应链管理的进一步完善,补货到零售店的责任,如今已从零售商转到了批发商或制造商的身上。对于制造商和供应商来说,掌握了零售店的销售量和库存,可以更好地安排生产计划、采购计划和供货计划,这是一个互助的商业生态系统。

从库存的角度看,在库存系统中,订货点与最低库存之差主要取决于从订货到交货的时间、产品周转时间、产品价格、供销变化及其他变量。订货点与最低库存之差保持一定的距离,是为了防止产品脱销等不确定性情况的出现。为了快速满足客户"降低库存"的要求,供应商通过与零售商缔结伙伴关系,主动向零售商频繁交货,并缩短从订货到交货之间的时间间隔。这样就可以降低整个货物补充过程(从工厂到门店)的存货,尽量切合客户的要求，同时减轻存货和生产波动。

自动补货系统成功的关键在于，在信息系统开放的环境中，供应商和零售商之间通过库存报告、预测报告和订购单报文等有关商业信息的最新数据实时交换，使得供应商从过去的单纯执行零售商订购任务转而主动为零售商分担补充库存的责任，以最高效率补充销售点或仓库的货物库存。

为了使数据能够通过 EDI 在供应链中畅通无阻地流动，所有的参与方（供应链上的所有节点企业）都必须使用同一个通用的编码来识别产品、服务及位置，这些编码是确保自动补货系统实施的唯一解决方案，而之前的条码技术正是这套解决方案的基础。

要使连续补货有效率，货物的数量还需要大到有规模经济效益才行，而沃尔玛的销售规模足以支撑补货系统的使用。沃尔玛成功地应用自动补货系统后，有效地减少了门店的库存量，并提高了门店的服务质量，不仅降低了物流成本，还增加了存货的流通速度，大大地提高了沃尔玛供应链的经济效益和作业效率，为稳定沃尔玛的顾客忠诚度做出了杰出的贡献。

上述沃尔玛的供应链补货系统是沃尔玛成功的多方面因素中至关重要的一环。在其配送中心的运营过程中，对货物进行及时而有计划的补充是实施高效率配送作业的基础保障。在这一点上，沃尔玛的自动补货系统走在了同行的前列。

配送中心补货分为两类：一类是由供应商预测未来商品需求，并担负起为配送中心补货的责任。这类补货的操作作业是在配送中心仓库外完成的，连接着配送中心进行备货作业，我们称其为配送中心仓库外补货，这类补货往往与整体供应链的协调运作有关。

而另一种是属于配送中心库内的补货操作，属于仓库内的操作作业。发生这类补货与拣货作业息息相关。做好库内的补货策略并优化相关操作有助于提升拣货效率。本章讲述的就是有关配送中心库内的补货作业内容，解决库内补货作业的流程安排、补货时机确定、补货方式选择等具体问题；同时本章还将介绍配送中心加工作业的有关内容。

第一节　补货作业管理

知识点 | 补货作业的含义、补货作业流程、批次补货、定时补货、随机补货，整箱补货、整托盘补货、货架上下层补货。
能力点 | 选择补货时机、实施补货作业。

一、补货作业的含义

补货作业是指在配送中心拣货区的存货低于设定标准的情况下，将货物从仓库保管区域搬运到拣货区，并进行相应信息处理的作业活动。在有一定规模的企业中，仓库模式通常采用保管储区和动管储区分离的模式，且会有对应的补货任务。

保管储区是指对货物进行储存的区域，而动管储区是指在拣货作业时所使用的拣货区域，此区域的货品大多会在短时期内被拣取出货，其货品在储位上流动频率很高，所以称为动管储区，补货作业示意图如图 5-1 所示。

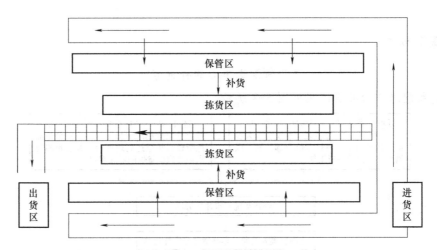

图 5-1 补货作业示意图

二、补货作业的意义

在配送中心内部的所有作业中,拣货作业是一个十分重要的环节,其所扮演的角色相当于人体内的心脏。补货通常是和拣货连在一起的,没有拣货就不需要补货,没有补货拣货就无法持续顺畅地进行,补货是保证拣货区有货可拣的操作作业。

配送中心在设计之初就会考虑拣货、补货的方式,一旦建成即拥有了比较固定的拣货、补货系统。补货作业的目的是将正确的货物,在正确的时间和正确的地点以正确的数量和最有效的方式送到指定的拣货区,保证拣货区随时有货可拣,并能够及时有效地满足客户的订货需求。

三、补货作业流程

补货通常以托盘为单位,将货物从保管区移到拣货区,其作业流程如图 5-2 所示,以箱为保管单位的补货流程也大致相同。

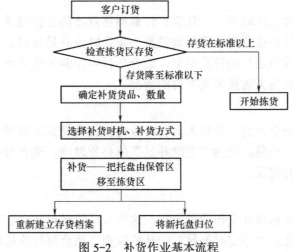

图 5-2 补货作业基本流程

企业案例 5-1

某连锁配送中心的补货流程

某连锁配送中心补货流程如图 5-3 所示。

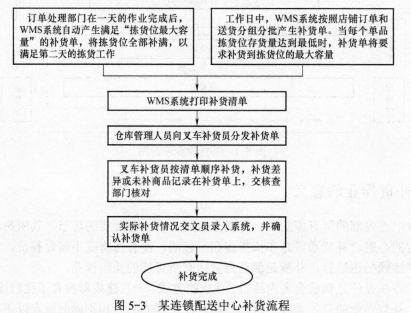

图 5-3　某连锁配送中心补货流程

四、补货作业时机

因为补货主要是为拣货做准备，因此补货作业的发生与否视动管拣货区的货量是否符合需求，因而究竟何时需检查动管区存量？何时需将保管区的货补至动管区？以避免发生在拣货中途才发现动管区的货量不足，还要临时补货而影响整个出货时间的情形。补货时机的掌握有以下三种方式，至于该选用哪种方式则应视配送中心决策方向而定。

1. 批量补货

于每一天或每一批次拣取前，经计算机计算所需货品的总拣取量，再查看动管拣货区的货品量，计算差额并在拣货作业开始前的某一特定时点补足货品，以满足全天或该批次的拣货量。此为"一次补足"的补货原则，适合一日内作业量变化不大，紧急追加订货不多，或是每一批次拣取量大需要事先掌握的情况。

2. 定时补货

将每一天划分若干个时点，补货人员在时段内检查动管拣货区货架上的货品存量，如果发现不足，马上予以补货。此为"定时补足"的补货原则，适合分批拣货时间固定，且紧急处理时间也固定的情况。

3. 随机补货

这是一种指定专人从事补货作业的方式，这些人员随时巡视动管拣货区的货品存量，发现不足随时补货。此为"不定时补足"的补货原则，适合每批次拣取量不大、紧急追加订货较多以至于一天内作业量不易事前掌握的情况。

五、补货作业方式

补货作业的策划要满足两个前提，即"确保有货可拣"和"将待拣货物放置在存取都方便的位置"。下面是针对一般拣货安排指出一些可能的补货作业方式。

1. 整箱补货

由货架保管区补货至流动式货架的动管区的补货方式。保管区为货架存放，动管区为两面开放的流动式货架，如图 5-4 所示。

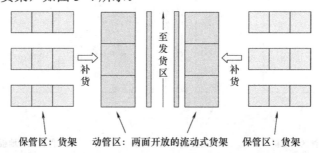

图 5-4　货架保管区补货到流动式货架动管区的整箱补货

拣货员拣货之后把货物放入中央输送机并运至发货区。当拣取后发觉动管区的存货低于设定水平之下则要进行补货作业。补货方式为补货员至货架保管区取出货箱，以手推车或电动堆垛机载至动管区，由流动货架的后方（非拣取面）补货。

适宜的货品：体积小且少量多样出货的货品。

2. 地板至地板的整托盘补货

保管区是以托盘为单位地板平置堆叠储放，动管区也是以托盘为单位地板堆叠储放，不同之处在于保管区的面积较大，储放货物量比较大，而动管区的面积较小，储放货物量较少，如图 5-5 所示。拣取时拣货员在拣货区拣取托盘上的货箱，放至中央输送机出货；或者使用堆垛机将托盘整个送至发货区（当拣取大量品项时）。在拣取后发觉动管区的存货低于标准之下时，作业员用堆垛机或叉车将货品由托盘平置堆叠的保管区搬运至同样是托盘平置堆叠的拣货区。

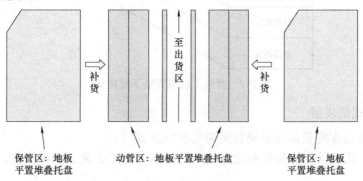

图 5-5　地板至地板的整托盘补货

适宜的货品：体积大或大量出货的货品。

3．地板至货架的整托盘补货

保管区是以托盘为单位地板平置堆叠储放，动管区则为托盘货架储放，如图 5-6 所示。拣取时拣货员在拣货区搭乘牵引车拉着推车移动拣货，拣取后再将推车送至输送机轨道出货。当发现拣取后动管区的库存太低，便要进行补货，补货方式为作业员使用堆垛机或叉车从地板平置堆叠的保管区搬回托盘，送至动管区托盘货架上储放。

适宜的货品：体积中等或中量（以箱为单位）出货的货品。

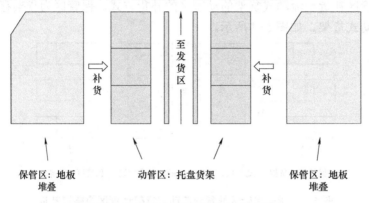

图 5-6　地板至货架的整托盘补货

4．货架上层向货架下层的补货

保管区与动管区属于同一货架，也就是将同一货架上的中下层作为动管区，上层作为保管区，如图 5-7 所示。而进货时则将动管区放不下的多余货箱放到上层保管区。当动管区的存货低于设定标准时，利用堆垛机或叉车将上层保管区的货品搬至下层拣选区。

适宜的货品：体积不大，每品项存货量不高，且多为中小量（以箱为单位）出货的货品。

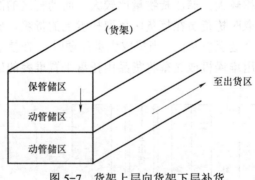

图 5-7　货架上层向货架下层补货

5．补货方式的发展

（1）由自动仓库将货品送至旋转货架的补货方式

这种补货方式可以使补货作业达到较高的效率，也不必来回搜寻货物，其补货流程如图 5-8 所示。

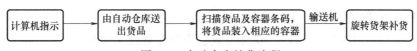

图 5-8　自动仓库补货流程

（2）货品入库后直接送入动管拣货区的补货方式

这种方式不需要经过保管区再转送，其补货流程如图 5-9 所示。

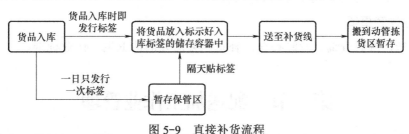

图 5-9　直接补货流程

（3）拣货区采取复合制的补货方式

在这种方式中，动管拣货区采用相同品项两个相邻托盘的储放，而保管区则分两处进行两阶段的补货。第一保管区为高层货架仓库，第二保管区为动管区旁的临时保管处所。进行第一阶段补货时先由第一保管区的高层货架提取一托盘货品放置于动管区旁的第二保管区，等动管拣货区内某一品项的其中一个托盘拣取完毕后，将空托盘移出，后面的托盘往前推出，再由第二保管区将补货托盘移进动管拣货区。其补货流程如图 5-10 所示。

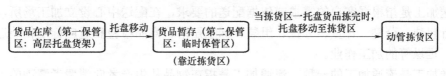

图 5-10　复合补货流程

六、补货作业注意事项

1. 取货注意事项

1）取货时要仔细核对取货位、货品代码、名称等信息。

2）取货时若发现包装损坏、内装货品与名称不符、数量不一致等问题时，应及时反馈给信息员处理并在补货单上进行备注，补货单样式见表 5-1。

表 5-1　补货单

货品类别：			补货日期/时间：			本单编号：			备注
项次	品名	单位	货品代码	源储位	目的储位	最低/最高存货量	补货量	实际补货量	

3）补货员要维护好周转区的货品。

4）补货员补货时要按规定动作开箱，避免损坏货品。

5）补货员取货时要轻拿轻放，取货完成后要整理货位上的货品。

2．补货上架注意事项

从周转区取货品时核对取货位、货品代码、名称，一种货品对应一个拣货位，尽量全部补到拣货位上，把货品整齐地放到拣货位上。

3．其他注意事项

主动补货，及时查询、及时补充，补货结束后要清洁卫生，作业标准、及时、准确。

第二节　配送加工作业管理

知识点｜配送加工的含义及特征、配送加工基本项目、配送加工任务分配问题、典型的配送加工作业工艺方法。

能力点｜为加工任务合理分配人员或设备。

一、配送加工

1．配送加工的含义

配送加工是指根据客户的需求或依据配送的要求，在配送中心设立加工场所，对配送产品进行包装、分割、计量、分拣、组装、标签贴附、商品检验和适应标准化装运的标准化捆扎、堆垛等的加工作业。

配送加工是流通加工的一种，流通加工是指在物品从生产者向消费者流动的过程中，为了促进销售、维护商品质量和提高物流效率，对物品进行一定程度的加工。但配送加工有它不同于一般流通加工的特点，即配送加工一般只取决于用户需求，其加工的目的较为单一。也可以认为配送加工是指配送和流通加工相结合，通过流通加工后进行配送。流通加工和配送相结合，使流通加工更具有针对性，减少盲目性。

配送加工通过改变或完善商品的形态来实现配送中心的"桥梁和纽带"的作用。由于配送加工并非在所有的配送活动中必然存在，因此一些学者不把配送加工列入配送的主要功能，但在配送中心业务竞争日益激烈和客户配送要求个性化、多样化的背景下，配送加工越来越显示出它不可替代的重要地位和作用。

2．配送加工的特征

（1）增值性

配送加工的增值性一是指通过配送加工可以提高商品的价值，如在配送加工过程中把大包装分成小包装或采用礼品包装来满足消费者的个性化要求；二是指通过配送加工可以提高物流配送系统的效率，从而提高客户的满意度，如适应标准化装运的标准化捆扎、组合包装等。

（2）简单性

配送加工的对象是进入配送过程的商品，所以配送加工大多数是简单加工，而不是复杂加工。配送加工是一种辅助性及补充性的加工过程，如包装、分割、计量、分拣、组装、标签贴附、商品检验等。

（3）满足需求性

配送加工有两个目的，一是为了满足客户需求而进行加工，这种加工主要是依据客户的要求或者是为了满足客户某种需要；其二是以自身配送为目的，这种加工纯粹是为配送创造条件。

企业案例 5-2

拆零、切割、分包——某配送中心的配送加工作业

为取得规模效益，某配送中心对大米、猪肉、蔬菜等货品的上游干线运输环节采取大批量、大包装的运输模式。然后在配送中心进行拆零、分包工作，以满足终端消费者。例如，25kg 一袋的大米需要分装为 5kg 或 2.5kg 袋装，大块猪肉需要切开后以小保鲜盒分装作为销售单元，蔬菜需要洗净分装为顾客需要的小包装，大个的菠萝需要切开后以更小的保鲜盒分装销售，200 个一袋的钢丝清洁球需要拆零分装为小包装向门店配送。

拆零、切割、分包、贴标签等配送加工作业已经成为该配送中心不可或缺的重要功能，对低库存、快速配送策略的实施起到了很好的支持作用。

二、配送加工的基本项目

配送加工作业主要是指对即将配送的产品或半成品按客户和配送要求进行再加工，加工作业完成后，商品即进入可配送状态，配送加工的基本项目主要包括以下几项。

1. 包装

包装作业项目按照包装目的不同可以分为运输包装、销售包装、分包装、组合包装等。根据配送加工的第一个目的"满足客户需求"，我们可以把运输包装改换成销售包装，把过大包装分装为小包装，或者根据客户需求把相关产品进行组合包装等。根据配送加工的第二个目的"为配送创造条件"，我们可以在销售包装的基础上增加保护包装以满足配送要求，把配送的相关产品进行组合包装等。

2. 分割

分割作业项目主要是针对过大商品进行分割、分装，或者是可拆卸商品为了配送运输方便而进行的拆卸分装。如地毯的剪接，钢材产品和圆木的进一步切割、下料等。

3. 计量

计量作业项目主要是针对准备配送的商品进行数量清点和重量称重。

4. 分选

分选作业项目主要是针对农副产品规格、质量离散程度较高的情况，为获得一定规格的产品，采取人工或机械分选，并分别包装。

5. 组装

组装作业项目主要是指将零配件组装成成品和为了配送销售的目的对相关产品进行组合包装。

6. 标签贴附

标签贴附作业项目主要是指对于将要配送的商品进行价格标签和质量标签的贴附。

7. 商品检验

商品检验作业项目主要是指对于将要配送的商品进行最后一次把关，确保到达客户手中的产品质量。

8. 标准化捆扎、堆垛

标准化捆扎、堆垛作业项目主要是指对于将要配送的商品，按照配送要求和出货方面的原则，依据相关作业标准进行捆扎、堆垛。

企业案例 5-3

乐器的配送加工

某乐器厂生产各类中外弦乐器。每年采购长白山红松木，加工成提琴、吉他、胡琴等乐器，用人造革琴盒包装，然后外包物流货运公司将乐器运输到客户的乐器店。因为乐器制作精密的特性，运输损坏率高，又因为乐器的形状特殊，运输工具的空间利用率低，致使配送费用高昂。

乐器厂管理人员通过分析乐器的物流过程，提出了改进建议方案。乐器厂将采购的红松木加工成乐器的零部件，将物流任务全权外包给一家配送公司。配送公司完成从工厂到其配送中心的乐器零部件的运输，然后在其配送中心根据消费者的需求组装加工成乐器，完成刷油、包装工作，最后再配送给客户的乐器店。整改方案实施后取得了良好的效果，解决了乐器的运输问题。

三、配送加工任务的分配问题

在有加工任务的配送中心，如何将有限的资源（人力、物力、财力等）分配给多项加工任务或设备，以达到降低成本或提高效益的目的，是配送中心管理工作中面临的一个重要问题。

配送加工任务分配问题可通过运筹学中的"分配问题"（也称指派问题）模型来加以解决。分配问题是运筹学中特殊的整数线性规划问题。

典型的分配问题是指：有 n 项不同的工作要做，恰好有 n 个人（或设备）可以分别完成其中的一项工作，但由于任务性质和个人专长不同，因而由不同的人去完成不同的工作的效率（或所需的资源）是不一样的。如何安排才能使工作总效率最高（或所需总资源最少）？我们看下面的例子。

某配送中心现有 5 项商品配送加工任务（称为任务 A、B、C、D、E），交给 5 名加工作业人员（称为甲、乙、丙、丁、戊）去完成，每人完成一种，且每项任务只能由一名人员完成。已知各人完成不同任务所需的时间（小时数）见表 5-2。问如何分派任务，才能使总用时量最少？

表 5-2　完成任务时数（效率矩阵表）　　　　　　　　（单位：h）

人员＼时数＼任务	A	B	C	D	E
甲	3	12	3	11	9
乙	5	7	15	10	3
丙	7	3	2	5	5
丁	4	8	5	7	7
戊	8	4	7	4	9

这是一个分配问题，解分配问题的计算方法被称为匈牙利算法。

匈牙利算法求分配问题的条件是问题求最小值、人数和工作数相等以及效率 c_{ij} 非负。

匈牙利算法求解分配问题的步骤如下：

步骤一：将效率矩阵 $[c_{ij}]$ 每行的各元素减去该行的最小元素，再将所得矩阵每列的各元素减去该列的最小元素，那么所得矩阵的每一行和每一列都有 0 元素。

步骤二：在步骤一所得的矩阵中找出所有位于不同行不同列的 0 元素（独立 0 元素），并用最少条数的直线覆盖全部的 0 元素。画线及找独立的 0 元素的方法如下：

1）检查效率矩阵 C 的每行、每列，在 0 元素最少的行（列）中任选一个 0 元素并对其打上括号，将该"0"所在行、列的其他 0 元素全部打上"×"，同时对打括号及"×"的 0 元素所在行或列画一条直线。

2）重复步骤一，在剩下的没有被直线覆盖的行、列中再找最少的 0 元素，打上括号、打上"×"及画线，直到所有的 0 元素被直线覆盖。如果效率矩阵每行（或列）都有一个打括号的 0 元素，则上述步骤得到的打括号的 0 元素都位于不同行不同列，令对应打括号 0 元素的变量 $x_{ij}=1$，就得到了问题的最优解；如果效率矩阵中打括号的 0 元素个数小于 n，转入步骤三。

步骤三：对矩阵进行变换，增加独立 0 元素的个数。从矩阵中未被直线覆盖的元素中找出其最小的元素 k，对无直线覆盖的行，分别减去 k，对有直线覆盖的列，分别加上 k，则得到一个新矩阵，转步骤二。

上述例子的求解过程如下：

该问题的效率矩阵为

$$C_1 = \begin{pmatrix} 3 & 12 & 3 & 11 & 9 \\ 5 & 7 & 15 & 10 & 3 \\ 7 & 3 & 2 & 5 & 5 \\ 4 & 8 & 5 & 7 & 7 \\ 8 & 4 & 7 & 4 & 9 \end{pmatrix}$$

按步骤一，得

$$C_1 = \begin{pmatrix} 3 & 12 & 3 & 11 & 9 \\ 5 & 7 & 15 & 10 & 3 \\ 7 & 3 & 2 & 5 & 5 \\ 4 & 8 & 5 & 7 & 7 \\ 8 & 4 & 7 & 4 & 9 \end{pmatrix} \begin{matrix} -3 \\ -3 \\ -2 \\ -4 \\ -4 \end{matrix} \rightarrow C_2 = \begin{pmatrix} 0 & 9 & 0 & 8 & 6 \\ 2 & 4 & 12 & 7 & 0 \\ 5 & 1 & 0 & 3 & 3 \\ 0 & 4 & 1 & 3 & 3 \\ 4 & 0 & 3 & 0 & 5 \end{pmatrix}$$

因 C_2 每列已含 0 元素，不必对列进行简约化。
按步骤二，得

$$C_2 = \begin{pmatrix} 0 & 9 & 0 & 8 & 6 \\ 2 & 4 & 12 & 7 & 0 \\ 5 & 1 & 0 & 3 & 3 \\ 0 & 4 & 1 & 3 & 3 \\ 4 & 0 & 3 & 0 & 5 \end{pmatrix}$$

覆盖所有 0 元素的最少直线数 $m=4$，$4<5$，按步骤三中 $m<n$ 方案，得

$$C_2 = \begin{pmatrix} 0 & 9 & 0 & 8 & 6 \\ 2 & 4 & 12 & 7 & 0 \\ 5 & 1 & 0 & 3 & 3 \\ 0 & 4 & 1 & 3 & 3 \\ 4 & 0 & 3 & 0 & 5 \end{pmatrix} \begin{matrix} -1 \\ \\ -1 \\ -1 \\ \\ \end{matrix} \rightarrow C_3 = \begin{pmatrix} 0 & 8 & 0 & 7 & 5 \\ 3 & 4 & 13 & 7 & 0 \\ 5 & 0 & 0 & 2 & 2 \\ 0 & 3 & 1 & 2 & 2 \\ 5 & 0 & 4 & 0 & 5 \end{pmatrix}$$

回到步骤二，得

$$C_3 = \begin{pmatrix} 0 & 8 & 0 & 7 & 5 \\ 3 & 4 & 13 & 7 & 0 \\ 5 & 0 & 0 & 2 & 2 \\ 0 & 3 & 1 & 2 & 2 \\ 5 & 0 & 4 & 0 & 5 \end{pmatrix}$$

覆盖所有 0 元素的最少直线数 $m=5=n$，回到步骤二中 $m=n$ 方案，得

$$C_3 = \begin{pmatrix} 0 & 8 & 0^{[4]} & 7 & 5 \\ 3 & 4 & 13 & 7 & 0^{[1]} \\ 5 & 0^{[5]} & 0 & 2 & 2 \\ 0^{[2]} & 3 & 1 & 2 & 2 \\ 5 & 0 & 4 & 0^{[3]} & 5 \end{pmatrix}$$

找独立 0 元素的顺序用中括号里的数字标出，回顾

$$C_1 = \begin{pmatrix} 3 & 12 & 3 & 11 & 9 \\ 5 & 7 & 15 & 10 & 3 \\ 7 & 3 & 2 & 5 & 5 \\ 4 & 8 & 5 & 7 & 7 \\ 8 & 4 & 7 & 4 & 9 \end{pmatrix}$$

故在该分配问题中，最优目标函数值为 3+3+3+4+4 = 17；即让甲去完成任务 C，乙去完成任务 E，丙去完成任务 B，丁去完成任务 A，戊去完成任务 D，这样可使总用时量（17 小时）最少。

在实际应用中，常常会遇到求最大值、人数与任务数不相等以及不可接受的配置（某个人不能完成某项任务）等特殊分配问题，处理方法是将它们进行适当变换使其满足用匈牙利算法的条件，然后再求解。

1）求解最大值分配问题可转化为求解最小值分配问题。只要取

$$M = \max\{c_{ij} | i, j = 1, 2, \cdots, n\}$$

然后令

$$d_{ij} = M - c_{ij} \ (i, j = 1, 2, \cdots, n)$$

则对应于效率矩阵 $D = (d_{ij})_{n \times n}$ 的最小值分配就是原问题的最大值分配。

2）某人一定不能完成某项任务时，若原问题求最小值，令对应的效率为 M 即可；若原问题求最大值，令对应的效率为 0 即可。

3）分配问题的人数和任务数不相等的情况。设分配问题中人数为 m，任务数为 n，当 $m > n$ 时虚拟 $(m-n)$ 项任务，对应的效率为 0；当 $m < n$ 时，虚拟 $(n-m)$ 个人，对应的效率为 0，将原问题化为人数与任务数相等的平衡问题再求解。

下面我们再看一个例子。

某配送中心运输部门分派 3 位送货员（司机）到 4 个配送地区去为客户送货，每个地区只派 1 人，每人只去 1 个地区。送货员各有不同的经验和能力，因而他们在不同地区能获得的效益不同，其获利估计值见表 5-3。该运输部门应如何分派才能使送货员所创造的总利润最大？

表 5-3　获取利润估计值　　　　　　　　　　（单位：万元）

送货员 \ 地区	A	B	C	D
1	4	10	8	5
2	9	8	0	2
3	12	3	7	4

此问题的求解过程如下：

先把最大值分配问题转化为最小值分配问题，得

$$M = \max\{c_{ij}\} = 12$$

然后令

$$d_{ij} = M - c_{ij}$$

于是，该最大值分配转化为对应于效率矩阵 $D=(d_{ij})_{n\times n}$ 的最小值分配，得

$$D = \begin{pmatrix} 8 & 2 & 4 & 7 \\ 3 & 4 & 12 & 10 \\ 0 & 9 & 5 & 8 \end{pmatrix}$$

因送货员比地区少 1，故添加行（虚拟一位送货员），得

$$D_1 = \begin{pmatrix} 8 & 2 & 4 & 7 \\ 3 & 4 & 12 & 10 \\ 0 & 9 & 5 & 8 \\ 0 & 0 & 0 & 0 \end{pmatrix}$$

实施匈牙利算法，得

$$\begin{pmatrix} 8 & 2 & 4 & 7 \\ 3 & 4 & 12 & 10 \\ 0 & 9 & 5 & 8 \\ 0 & 0 & 0 & 0 \end{pmatrix} \begin{matrix} -2 \\ -3 \\ \\ \end{matrix} \rightarrow \begin{pmatrix} 6 & 0 & 2 & 5 \\ 0 & 1 & 9 & 7 \\ 0 & 9 & 5 & 8 \\ 0 & 0 & 0 & 0 \end{pmatrix} \begin{matrix} +1 \\ -1 \\ -1 \\ \end{matrix} \rightarrow$$

$$\begin{pmatrix} 7 & 0 & 2 & 5 \\ 0 & 0 & 8 & 6 \\ 0 & 8 & 4 & 7 \\ 1 & 0 & 0 & 0 \end{pmatrix} \begin{matrix} \\ \\ \\ +2 \end{matrix} \quad -2\ -2 \rightarrow \begin{pmatrix} 7 & 0 & 0^{[2]} & 3 \\ 0 & 0^{[3]} & 6 & 4 \\ 0^{[4]} & 8 & 2 & 5 \\ 3 & 2 & 0 & 0^{[1]} \end{pmatrix}$$

回顾 $\quad D_1 = \begin{pmatrix} 8 & 2 & 4 & 7 \\ 3 & 4 & 12 & 10 \\ 0 & 9 & 5 & 8 \\ 0 & 0 & 0 & 0 \end{pmatrix}$

可知最优分配方案为送货员 1 去 C 地，送货员 2 去 B 地，送货员 3 去 A 地，此时创造的最高利润为 8+8+12＝28（万元）。

四、典型的配送流通加工作业

由于产品类型多样，各类产品的性质、形状、属性等差异很大，为此，不同类型的产品其加工过程、加工工艺以及操作方法会有很大的差别。下面介绍几种典型的配送流通加工作业。

1. 生鲜食品的配送加工

食品配送加工的类型很多。只要我们留意超市里的货柜就可以看出，那里摆放的各类洗净的蔬菜、水果、鸡翅、香肠、咸菜等都是配送加工的结果。这些商品的分类、清洗、贴商标和条码、包装、装袋等是在摆进货柜之前就已进行了加工作业，这些加工都不是在产地进行的，而是脱离了生产领域，进入了流通领域。食品配送加工的具体项目主要有以

下几种。

1）冷冻加工。为解决鲜肉、鲜鱼在流通中保鲜及搬运装卸的问题，采取低温冻结方式的加工。这种方式也用于某些液体商品、药品等。

2）分选加工。农副产品离散程度较高，为获得一定规格的产品，多采取人工或机械进行分选加工。这种方法广泛用于瓜果类、谷物、棉毛原料等。

3）精制加工。精制加工多用于农、牧、副、渔等产品，是在产地或销售地设置加工点去除无用部分，甚至可以进行切分、洗净、分装等加工。这种加工方便了购买者，同时可以对淘汰物进行综合利用。例如，鱼类精制加工时剔除的内脏可以加工某些药物或饲料，鱼鳞可以制成高级黏合剂，头尾可以做成鱼粉等；蔬菜的加工剩余物可做饲料、肥料等。

4）分装加工。许多生鲜食品零售起点低，为保证高效输送，厂家常采用较大包装或者采用集装运输方式运达销售地区。在销售地区则需要按要求的零售起点量进行新的包装，即大包装改小包装、散装改小包装、运输包装改销售包装等，这样的方式称为分装加工。

2．生产原材料的配送加工

（1）钢材的配送加工

各种钢材（钢板、型钢、线材等）的长度、规格有时不完全适合客户，就需要采取集中剪板、集中下料的方式，提高材料利用率。剪板加工是在固定地点设置剪板机进行下料加工，或设置种种切割设备将大规格钢板裁小，方便用户，例如，生产汽车、冰箱、冰柜、洗衣机等的制造企业每天需要大量的钢板，除了大型汽车制造企业外，一般规模的生产企业，如若自己单独剪切，难以解决因用料高峰和低谷的差异引起的设备忙闲不均和人员浪费问题，如果委托专业钢板剪切加工企业，可以解决这个问题。专业钢板剪切加工企业大部分由流通企业经营。

（2）木材的配送加工

木材的配送加工可依据木材种类、地点等因素决定加工方式。在木材产区可对原木进行配送加工，使之成为易装载、易运输的形状。

1）磨制木屑、压缩输送。这是一种为了实现流通的加工。木材是容重轻的物资，在运输时占有相当大的容积，往往使车船满装但是不能满载，且装车、捆扎比较困难。从林区外送的原木中有相当一部分是造纸材，木屑可以制成便于运输的形状，以供进一步加工，这样可以提高原木利用率、出材率，也可以提高运输效率，具有相当客观的经济效益。例如，美国采取在林木生产地就地将原木磨成木屑，然后压缩使之成为容重较大、容易装运的形状，而后运至靠近消费地的造纸厂，取得了较好的效果。

2）集中开木下料。在流通加工点将原木锯截成各种规格的锯材，同时将碎木、碎屑集中加工成各种规格板，甚至还可以进行打眼、凿孔等初级加工。过去用户直接使用原木，不但加工复杂、加工场地大、加工设备多，更严重的是资源浪费严重，木材平均利用率不到50%，平均出材率不到40%。实行集中下料、按用户要求供应规格材，可以使原木利用率提高到95%，出材率提高到72%左右，具有相当好的经济效果。

（3）煤炭的配送加工

1）除矸加工是以提高煤炭纯度为目的的加工形式。在运力十分紧张的地区要求充分利用运力，降低成本，多运"纯物质"，少运矸石，在这种情况下，可以采用除矸的流通加工方法排除矸石。

2）煤浆加工。在流通的起始环节将煤炭磨成细粉，本身便有了一定的流动性，再用水调和成浆状，则具备了流动性，可以进行管道输送。

（4）水泥的配送加工

1）水泥熟料的配送加工。在需要长途运入水泥的地区，变运入成品水泥为运熟料这种半成品，即在该地区流通加工（磨细工厂）磨细，并根据当地资源和需要的情况掺入混合材料及外剂，制成不同品种及标号的水泥供应给当地用户。

2）集中搅拌混凝土。改变以粉状水泥供给用户，由用户在建筑工地现场拌制混凝土的习惯方法，将粉状水泥输送到使用地区的流通加工点，搅拌成混凝土后再供给用户使用。

（5）平板玻璃的配送加工

平板玻璃的配送加工是指在消费比较集中的地区建造玻璃配送加工中心，按照客户的需求对平板玻璃进行套裁和开片，可使玻璃的利用率从 62%~65%提高到 90%以上，降低玻璃的运输货损率，提高了玻璃的附加价值。

3. 轻工产品的配送加工

自行车、助力车等轻工产品，如果采用整车方式运输、保管和包装，则费用高、难度大、装载率低。由于这类产品装配较简单，装配技术要求不高，主要功能已在生产中形成，装配后不需进行复杂检测及调试，所以可以将同类部件装箱、批量运输和储存，在出售前再组装。这种加工可以提高运载率，有效地衔接批量生产和分散消费。

4. 服装的配送加工

服装的配送加工，不是指对服装原材料的套裁和批量缝制，而是指在批发商的仓库或配送中心对成品服装进行缝商标、拴价签、改换包装等简单的加工作业。这种加工作业越来越受到重视的主要原因有消费者要求的苛刻化和退货的大量增加等。从商场退回来的服装，一般都需要在配送中心重新分类、整理、改换价签和包装。

实训练习

实训目的

能够将有限的人力资源或设备资源，根据其工作的效率（或所需的成本费用）情况，以总效率最高（或总成本最低）的方式分配给多项加工任务。

实训任务

对配送加工任务进行组织安排，使得完成加工任务的总工时最短。

任务情景

顺达配送中心应客户要求，要在一天之内完成 4 项货品的加工任务：酱菜改包装、鲜鱼加工冷冻、蔬菜清洗与包装、贴服装价签。现在有 4 个加工班组将有一天的空闲时间，所以需要评估一下，一天之内这 4 个班组是否能完成这 4 项加工任务？是否需要另外雇用临时工？

不同类产品加工的流程如下：

酱菜：称重→灌装机装袋→真空机包装→装箱。

鲜鱼：剔除内脏→清洗→分类→称重→选择包装材料→装箱→捆扎。

蔬菜：洗净→切割→过磅→选择包装材料→分份包装→加工成净菜。

服装：制作价签→挂价签→安装防盗识别器→重新叠装→套装→上衣架→烫熨。

由于各项加工任务性质不同，各班组人员专长也不同，因而由不同的班组去完成不同的加工任务所需要的时间是不一样的。根据以往经验，经过评估得到各班组完成各项加工任务需要的时间定额见表 5-4。

表 5-4　各班组完成不同加工任务的工时定额　　　　　（单位：h）

班组＼加工任务	酱菜改装	鲜鱼加工冷冻	蔬菜清洗与包装	贴服装价签等
一组	3	10	6	7
二组	14	4	13	8
三组	13	14	12	10
四组	4	15	13	9

现在你是配送中心加工作业部主管，请对上述问题进行评估，测算 4 个班组完成 4 项加工任务需要耗费的最小总工时定额是多少？进而判断是否需要外雇临时人员？

任务帮助

1. 4 个班组、4 项加工任务，又知各小组完成不同加工任务的工时消耗不同，需要测算完成任务需要的总工时定额，所以此问题是运筹学中的"分配问题"。

2. 推荐使用的方法工具：使用分配问题的匈牙利算法来测算总工时定额。

3. 匈牙利算法步骤见本章"配送加工任务分配问题"中的内容。

4. 各小组请思考：若不用匈牙利算法测算工时，使用直观经验或其他方法，会得到什么结论？比较你的直观判断方法与匈牙利算法测算的总工时偏差是多少？你有什么感想？

本 章 小 结

补货作业是保证拣货区有货可拣的操作作业，因而与拣货作业息息相关；而配送加工虽不是所有配送中心都必备的作业环节，但往往是对配送中心有重要作用的功能要素。

配送中心有两类补货问题：一类是由供应商为配送中心仓库补货，是库外补货，与备货作业相关；而另一种是在配送中心库内从保管区向拣货区的补货，是库内补货作业，与拣货作业相关。

本章主要讨论了库内补货作业流程安排、补货时机确定、补货方式选择等问题，以及配送加工的基本项目、加工人员或加工设备与加工任务的合理配置问题。

配送中心在设计之初就会考虑拣货、补货的方式以及货品加工作业问题，一旦建成即拥有了比较固定的拣货、补货系统和配送加工作业方式。

同步测试

一、单选题

1. 在有一定规模的配送企业中,仓库模式通常为保管储区和动管储区分离的模式,则会有对应的(　　)。
   A. 加工作业　　　B. 补货作业　　　C. 分货作业　　　D. 配货作业

2. (　　)是指在拣货作业时所使用的拣货区域。
   A. 保管储区　　　B. 发货区　　　C. 配货区　　　D. 动管储区

3. 补货作业的策划要满足两个前提,即(　　)和"将待拣货物放置在存取都方便的位置"。
   A. "确保有货可拣"　　　　　　　B. "整箱补货"
   C. "整托盘补货"　　　　　　　　D. "货架间补货"

4. 整箱补货方式下,保管区为货架存放,动管拣货区为(　　)。
   A. 移动式货架　　　　　　　　　B. 旋转式货架
   C. 驶入/驶出式货架　　　　　　D. 两面开放的流动式货架

5. 配送加工任务分配问题可用(　　)找到工作总效率最高(或所需总资源最少)的分配方案。
   A. 经验判断法　　B. 最优化算法　　C. 匈牙利算法　　D. 启发式算法

二、多选题

1. "一次补足"的补货原则,较适合(　　)的情况。
   A. 一日内作业量变化不大　　　　B. 一日内作业量变化大
   C. 紧急追加订货不多　　　　　　D. 紧急追加订货多
   E. 每一批次拣取量大需要事先掌握

2. "定时补足"的补货原则,较适合(　　)的情况。
   A. 分批拣货时间不固定　　　　　B. 分批拣货时间固定
   C. 紧急处理时间不固定　　　　　D. 紧急处理时间固定
   E. 紧急追加订货不多

3. "不定时补足"的补货原则,较适合于(　　)的情况。
   A. 每批次拣取量不大　　　　　　B. 每批次拣取量很大
   C. 紧急追加订货较少　　　　　　D. 紧急追加订货较多
   E. 一天内订货量不易事前掌握

4. 配送加工的特征有(　　)。
   A. 高效性　　　B. 增值性　　　C. 简单性　　　D. 复杂性
   E. 满足需求性

5. 配送加工基本项目主要包括包装、分割、计量、(　　)等。
   A. 分拣　　　　　　　　　　　　B. 组装

C. 价格标签贴附　　　　　　　D. 商品检验
E. 标准化捆扎

三、判断题

1. 没有拣货就不需要补货，相反，没有补货拣货就无法持续顺畅地进行。（　　）
2. 整箱补货方式适宜体积小且多量少样出货的货品。（　　）
3. 货品入库后直接送入动管拣货区的补货方式，即直接补货方式下货品不需要经过保管区再转送。（　　）
4. 地板至地板的整托盘补货方式适宜体积中等或中量（以箱为单位）出货的货品。（　　）
5. 超市货柜里摆放的各类洗净的蔬菜、水果、鸡翅、香肠、咸菜等都是生产加工的结果。（　　）

四、简答题

1. 简述补货作业的意义。
2. 简述以箱为保管单位的补货作业流程。
3. 简述地板至地板的整托盘补货方式的操作过程及适宜的货品。
4. 补货作业过程中的取货注意事项有哪些？
5. "分配问题"（也称指派问题）的含义是什么？

五、计算分析题

某配送中心的加工作业线上有 4 个工人 A_1、A_2、A_3、A_4，分别均能操作 B_1、B_2、B_3、B_4 4 台加工设备中的一台，每名工人操作不同加工设备的效率不同，每小时的产值见表 5-5。试求产值最大的人员与任务的分配方案。

表 5-5　产值数据　　　　　　　　（单位：元）

加工设备 工人	B_1	B_2	B_3	B_4
A_1	10	9	8	7
A_2	3	4	5	6
A_3	2	1	1	2
A_4	4	3	5	6

六、案例分析题

某公司的主打产品是面粉，每年从加拿大进口小麦，散装船海运进港，装袋，用汽车运进工厂仓库内存放。然后在工厂仓库内进行加工，每天加工面粉 10t，再送到粮食批发市场销售。为防止受潮，采用双层塑料复合袋包装，25kg 一袋。如果面粉超过一个月没卖掉，就得低价处理给饮料厂，否则面粉可能发霉变质。

问题：

试分析该公司从国外到国内批发市场的整个物流过程中，都涉及哪些物流作业环节？如何解决面粉没有及时卖掉就得低价处理这个问题？对这个物流系统提出你的改进意见。

第六章 送货与退货作业管理

> ▶▶▶ 学 习 目 标 ◀◀◀

1. 能够根据积载配装原则，设计合理的积载配装方案并正确地完成货物装车工作。
2. 能够使用容重法设计配装方案。
3. 能够根据送货任务制订送货作业计划。
4. 能够实时地掌握车辆的运行情况，并能采取有效措施消除干扰因素，保证计划顺利执行。
5. 能够正确地填写调度日志、管理车辆行驶作业记录、考核行车作业人员以及回访客户。
6. 能够按照退货的规范程序与标准完成退货处理及退货理赔工作。

引例

百胜物流送货作业运作策略

百胜物流公司是肯德基、必胜客等国际连锁餐饮企业的物流配送提供商。对于连锁餐饮配送来说，由于原料特征及客户要求基本稳定，因此送货成本始终是企业降低成本的焦点。据百胜物流统计，在连锁餐饮企业的配送业务中，送货运输成本占总体配送成本的60%左右，且其中有55%～60%是可以通过各种手段控制的。因此，该公司把降低成本的核心锁定在送货运输这个核心环节。该公司采取的策略有以下几种。

1）合理安排运输排程，包括尽量使车辆满载，设计合理的送货路线使送货总里程最短或所需人员数、车辆班次最少。

2）减少不必要的送货作业，是指与客户保持良好的沟通联络，降低送货频率，提高送货效率。

3）提高车辆利用率，是指从尽可能使用大型车辆、合理安排作业班次和增加每周运行天数等方面着手。

4）尝试歇业时间送货，是指连锁餐厅大多处于繁华路段，利用深夜或凌晨等歇业时间送货可以使送货作业有较充裕的时间，提高车辆的利用率。

从上述百胜物流公司送货作业运作策略中可以看出，送货作业成本是配送业务总成本中最大的成本项目，使得送货作业成为配送中心的核心管控环节之一。送货作业是以短途运输为主的，送货费用大多发生在库区外部，影响因素大都难以控制，压缩成本的选择范围相对较小，难度相对较大。

送货作业管理的核心内容是什么呢？百胜物流公司管理的重点是路线优化、车辆配载、送货作业计划及车辆调度等方面。那么送货作业流程是怎样的，包括哪些环节？送货车辆调度管理包括哪些内容及如何开展工作？这些问题的解决就是本章的内容。关于配送路线优化问题将在第七章单独讨论。另外，本章也将讨论退货作业的相关问题。

第一节　送货作业管理

知识点　送货作业的含义、送货作业流程、积载、配装、积载配装的原则、容重法、送货工作管理要点。

能力点　设计积载配装方案。

一、送货作业的含义

送货作业是指配送中心对发货准备区中已经分类、包装好的货物，利用送货车辆，将其从配送中心发货区送到客户手中的作业过程，是配送作业的最后一个环节。

运输（干线运输）是货物长距离空间位置的移动，是物流据点间的货物移动，是区域间的货物移动。配送（送货运输）是短距离、少量货物的移动，是从供货企业或供货枢纽送达商店、客户手中的货物移动，是区域内的货物移动。运输的特点是少品种、大批量、长距离的运送；而配送的特点是多频率、多样少量、短距离的运送。一般配送的有效距离在半径 50km 以内。运输则较重视效率，即尽可能以装载率优化，希望每次装载越多越有利；而配送则多以服务为目标，在许可能力下以满足客户服务要求为优先。

二、送货作业流程

送货作业的基本流程如图 6-1 所示。

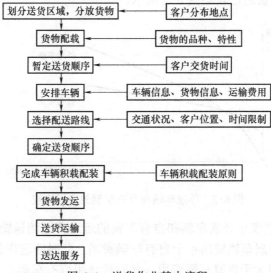

图 6-1　送货作业基本流程

三、送货作业控制程序

（一）按送货区域分放货物

为使整个送货作业系统化、条理化，首要工作是统计全部客户所在的地理区域范围，并进行送货区域（也称配送区域）划分，将每一客户划分在不同的送货区域内，作为下一步送货决策的基本参考，如按行政区域或依交通条件划分不同的送货区域。然后将已经分拣出来并包装或捆包好的货物按送货区域分放。

（二）货物配载

在每个送货区域内，由于配送货物品种、特性各异，为提高送货效率，确保货物质量，首先必须对特性差异大的货物进行分类，以便分别采取不同的送货方式和运输工具，如按冷冻食品、速食食品、散装货物、箱装货物等分类配载。其次，配送的货物也有轻重缓急之分，必须初步确定哪些货物可配装于同一辆车，哪些不能配装于同一辆车，以做好车辆的初步配装工作。

（三）暂定送货顺序

在考虑其他影响因素，做出确定的送货计划前，应先根据客户订单要求的送货时间初步安排送货的先后次序，为后面的车辆积载配装作业做好准备工作。计划工作的目的是保证达到既定的目标，所以，预先确定基本送货顺序既可以有效地保证送货时间，又可以尽可能提高运作效率。

（四）安排车辆

安排车辆要解决的问题是安排什么类型、吨位的配送车辆进行最后的送货。一般企业拥有的车型有限，车辆数量亦有限，当本公司车辆无法满足要求时，可使用外雇车辆。在保证送货运输质量的前提下，是组建自营车队，还是以外雇车为主，应视经营成本而定。外雇车辆与自有车辆的费用比较如图6-2所示。

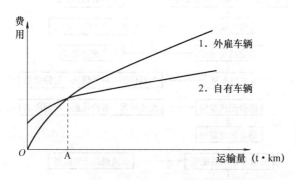

图 6-2 外雇车辆与自有车辆的费用比较

曲线1和曲线2分别表示外雇车辆和自有车辆的运送费用随运输量变化而变化的情况。当运输量小于A时，外雇车辆费用小于自有车辆费用，此时应选用外雇车辆；当运输量大于A时，外雇车辆费用大于自有车辆费用，此时应选用自有车辆。

企业无论使用自有车辆还是外雇车辆，都必须事先掌握哪些车辆可供调派并符合要求，即这些车辆的容量和额定载重是否满足要求；其次，还必须分析订单上的货物信息，如体积、重量、数量及类型，给出备选车型；再根据车辆实际忙闲程度，给出备选车辆。大多数配送中心会采用车辆管理系统来进行车辆调度，车辆调度员可结合车辆管理系统，合理安排车辆。

配送中心通常使用厢式货车进行送货。厢式货车有载货车厢，具有防雨、隔尘等功能，安全性能好，能防止货物散失、被盗等。厢式货车的类型有：①按货厢高度分为高货厢、低货厢两种。高货厢底座为平板，虽不大适合人力装卸，但车上堆垛没有障碍；低货厢的货台在车轮位置有凸起，影响装车。②按开门方式分为后开门式、侧开门式、两侧开门式、侧后开门式、顶开式和翼式。后开门式适于后部装卸，方便手推车进入装卸，车后部与站台接近，占用站台位置短，有利于多辆车同时装卸；侧开门式适于边部叉车装卸，货车侧部与站台接近，占用站台长度较长；顶开式适于吊车装卸；翼式适于两侧同时装卸。

（五）选择配送路线

确定了每辆车负责配送的具体客户后，接下来就需要根据客户的具体位置判断沿途的交通情况，选择送货距离短、时间少、成本低的路线，以便能够以最快的速度完成货物的配送。此外，还必须考虑部分客户或其所在地点对送货时间、车型等方面的特殊要求，如有些客户不在中午或晚上收货，有些道路在某高峰期实行特殊的交通管制等。

关于最佳的配送路线优化详见第七章。

（六）确定送货顺序

安排好车辆及选择好最佳的配送路线后，依据各车负责配送的客户的先后顺序，即可确定最终的送货顺序。

（七）完成车辆积载配装

明确了客户的送货顺序后，接下来就是如何将货物装车，以什么次序装车的问题，即车辆的积载配装问题。原则上，可将货物依"先送后装、后送先装"的顺序装车即可，但实践中通常需要综合考虑货物性质、装卸方法等因素来做具体决定。

1．积载配装的理解

积载是指对货物在运输工具上的配置与堆装方式做出合理安排，配装（又称配载）是指为具体的车辆选配货载。积载配装是指在发货区如何集中不同客户的配送货物或同一客户的多品种配送货物，进行搭配装载，以顺利完成送货运输任务。所以，积载配装作业的核心工作是提高运输工具的利用率、保护在途货物安全、保障按预定的路线卸车。

需注意的是，干线运输重点在积载（堆装），实现运输工具利用率最大化，降低运输成本。而配送运输强调的是服务，重点在配装，装车时不会特别强调运输工具的利用率，而是在配送路线优化的前提下合理安排客户的货物装车顺序，以保证在货物送达后顺利、快捷地卸货。

2．积载配装的原则

1）先送后装、后送先装。

2）轻重搭配。重不压轻，包装强度差的货物应放在包装强度好的货物上面。

3）大小搭配。大不压小，小的货物放在大的货物上面。

4）货物性质搭配。拼装在一个车厢内的货物，其化学性质、物理属性不能相互抵触。例如，不能将散发异味的货物与具有吸收性的食品、渗水货物与易受潮货物、散发粉尘货物与清洁货物等混载，危险货物要单独装载。

5）合理堆码。货物堆放时要规律、整齐，确定合理的堆码层次及方法。可根据车厢的尺寸、容积和货物外包装的尺寸来确定堆积的行、列、层数及码放规律。

货物装载规定：堆码高度和宽度不能超过道路高度限制和道路运输法规规定，如大型货车（载重量6 000kg以上）的高度从地面起不得超过4m，载重量1 000kg以上的小型货车不得超过2.5m，载重量1 000kg以下的小型货车不得超过2m；货物横向不得超出车厢宽度，前端不得超出车身；后端不得超出车厢的长度为：大货车不超过2m，载重量1 000kg以上的小型货车不得超过1m，载重量1 000kg以下的小型货车不得超过0.5m。

6）到达同一地点的、适合配装的货物应尽可能一次积载。

7）装载易滚动的卷状、桶状货物，要垂直摆放。

8）货与货之间、货与车辆之间应留有空隙并适当衬垫，防止货损。

9）外观相近、容易混淆的货物分开装载，避免出错。

10）货物的标签朝外，以方便装卸。

11）货物堆放要前后、左右、上下重心平衡，以免发生翻车事故。

12）具有尖角或其他突出物的货物应和普通货物分装或用木板隔离，以免损伤。

13）装货完成，应在门端处采取适当的稳固措施，以防开门卸货时，货物倾倒造成货损或人身伤亡。

3. 车辆积载配装的容重法

根据送货作业本身的特点，送货作业一般采用汽车送货。由于货物的重量、体积及包装形式各异，所以在具体车辆的配装时要根据客户要求结合货物及车辆的具体情况综合考虑。多数情况下主要是依靠以往积累的经验或简单的计算来设计配装方案。

在货物种类较少、货物特征明显及客户要求相对简单的情况下，可以尝试用容重配载计算法来进行车辆配载配装。

在车辆装载时，一般容重大（密度大）的货物（如五金类货物）往往装载到车辆最大载重量时，车辆的容积空间剩余还较多；容重小（密度小）的货物（如服装、箱包等）装满车厢时，车辆的最大载重量还没有达到；这两种情况都会造成运力的浪费。因此，采用容重法对两者进行配装是一种常用的配载方法。

假设有两种需要送货的货物，A货物容重为$R_A$kg/m³，单件体积为V_Am³；B货物容重为$R_B$kg/m³，单件体积为V_Bm³；车辆额定载重量为Gt，车辆最大容积Vm³。考虑到A、B两种货物尺寸的组合不能正好填满车辆内部空间以及装车后可能存在无法利用的空间，故设定车辆有效容积为$V\times 90\%$；在既满载又满容的前提下，设货物A装入数量为x件，货物B装入数量为y件。

则容重法的计算公式为

$$\begin{cases} xV_A + yV_B = V\times 90\% \\ xR_AV_A + yR_BV_B = G \end{cases}$$

求解这个方程组，得到 x、y 的数值即为 A、B 两种货物各自装车的数量。

举例说明如下。

额定吨位 20t，容积 20 m³ 的厢式货车，需要装载两种货物，重量分别是 3t、4t，体积分别是 4 m³、3 m³，如何配装才能充分利用车辆的运载能力，使车辆的最大运载能力达到车辆体积的 90%？

我们设两种货物分别装入 x 件、y 件，则有如下方程组：

$$\begin{cases} 4x + 3y = 20 \times 90\% \\ 3x + 4y = 20 \end{cases}$$

解得：$x=12/7 \approx 1.7$，$y=26/7 \approx 3.7$。

考虑不能超载，故两种货物的配装方案为：分别装 1 件、4 件或分别装 2 件、3 件。

容重法的使用说明如下。

容重法方程组只适用于两种货物的配装，如果在配装货物种类较多、车辆类型也较多的情况下，可以先从所有待配装的货物中选出体积（或重量）最大和体积（或重量）最小的两种货物进行配装，然后根据剩余车辆载重和空间，在其他待装货物中再选出体积（或重量）最大和体积（或重量）最小的两种进行配装。以此类推，直至车辆满载或满容。

在实际工作中常常不可能每次都得到最优的积载配装方案，只能先将问题简单化，节约计算时间，简化积载配装要求，然后逐步优化直至找到接近最优方案的合理方案。这样可以加快积载装车速度，通过提高配装的效率来弥补可行方案与最优方案之间的成本差距，体现综合优化的思想。

（八）货物发运

完成车辆装车作业后，配送中心调度人员向车辆司机下达指令，货物正式发运。

（九）送货运输

根据送货计划确定的最优路线，在规定的时间内及时、准确地将货物运送到客户手中，在运送过程中要注意加强运输车辆的考核与管理，见本章第二节的相关内容。

（十）送达服务

当货物送达指定地点后，送货人员应协助收货单位将货物卸下车，放到指定位置，并与收货单位的收货人员一起清点货物，做好送货完成确认和送货单签字确认工作，然后通知财务部门及时进行费用结算。如果客户有退货、调货的要求，则应随车带回，并完成有关单证手续。

四、送货工作管理要点

送货是配送中心作业最终及最具体、直接的服务表现。若对送货作业没有很好的管理，最直接的影响是费用和成本的增加，同时也会使客户的满意度下降。所以，送货作业管理至关重要。对其管理的要求有以下几个方面。

1. 时效性

时效是配送客户最重视的因素，也就是要确保能在指定的时间内交货。由于送货是从客户订货至交货各阶段中的最后一个阶段，也是最容易延误的阶段（配送中心内部作业的延迟较易掌握，可随时调整），一旦延误便无法弥补，因而送货作业是掌控时效的关键点。

一般未能保证送货时效性的原因，除司机本身的问题外，不外乎所选择的配送路线、路况不当、中途客户点卸货不易以及客户未能及时配合等，因此需要慎选送货路线，或增加卸货人员辅助每个客户点的卸货，让每位客户都在期望时间内收到期望之货。

2. 可靠性

可靠是指将物品完好无缺地送达目的地。这主要取决于送货人员的责任心和素质。以送货而言，达到可靠性目标的关键原则在于：装、卸货时的细心程度，运送过程中对物品的保护，对客户地点及作业环境的了解，送货人员的素质。若送货人员能随时注意这几项原则，物品就能以最好的品质送到客户手中。

3. 沟通性

送货人员不仅仅是把物品交送到客户手中，因为送货人员是客户直接接触的人员，其表现出的态度、反应会给客户留下直接的印象，无形中便成为公司形象的体现，因而送货人员应能与客户进行有效的沟通，且具备良好的服务态度，这将有利于维护公司的形象，并巩固客户的忠诚度。

4. 便利性

送货最主要的是要让客户觉得方便，因而对于客户点的送货计划，应采取较具灵活性的系统，才能够做到随时提供便利的服务，如紧急送货、信息传送、顺道退货、辅助资源回收等。

5. 经济性

满足客户的服务需求，不仅品质要好，价格也是客户重视的重要因素。因而若能让配送中心本身运作有效率，成本控制得当，自然对客户的收费也会低廉，也就更能以经济性来抓住客户了。

第二节　送货车辆调度管理

知识点｜车辆送货作业计划、送货作业运量表、单车作业计划表、送货前准备工作、送货过程中的控制工作、调度日志、行驶作业记录管理、行车作业人员考核、送货服务跟踪。

能力点｜做好送货准备工作、监控车辆运行、填写调度日志、管理车辆行驶作业记录、考核行车作业人员、回访客户。

配送中心运输部门接到客户送货任务后，车辆调度人员就要着手安排人员、车辆准时去送货区月台等待装车，并及时将货物按要求安全送达。

一、车辆送货作业计划的制订

车辆送货作业计划是指车辆管理部门根据客户送货任务（送货单见表 3-17），制订每辆送货车在一定时间内的具体送货作业安排，包括按日程排定车辆送货作业起止时间、运行路线和送达卸货地点、应完成的送货量等。

最终形成的送货作业计划应该包括两部分：一是根据送货任务资料确定的送货作业运量表，表明配送货物的流量、流向和发运到达的时间要求等，见表 6-1；二是依据货物类型和性质、配送路线选配适宜的车辆，给每辆车分派具体送货任务，制订单车作业计划表，见表 6-2。单车作业计划表由调度员签发，交送货驾驶员执行，执行完毕后交回，作为核算实际运输量、燃油消耗量、驾驶员行车津贴等的原始记录。

表 6-1　××配送中心送货作业运量表

日期	客户单位	送货作业任务					车公里（km）	运量（t）
		货名	起点	止点	送货距离	送货次数		
...	...	...	...	...	...	...	...	...

表 6-2　××配送中心单车作业计划表

年　　月　　日

客户单位					
车号及车型					
送货点	1		4		
	2		5		
	3		6		
运行周期	发车时间：		预计返回时间：		
车辆运行动态		到达时间	到达地点	离开时间	货物情况	收货人签字
	第一站					
	第二站					
	第三站					
	第四站					
	第五站					
	第六站					
备注					
驾驶员签名			调度员签名		

二、车辆送货作业计划的实施

(一)送货前的准备工作

1. 监督检查

由于送货车辆经常变换(常常会选择外雇车辆),驾驶人员流动也比较频繁,所以为确保送货作业的安全,车辆调度管理人员在送货车辆出发前必须仔细进行例行的监督检查。

查验证件,包括机动车驾驶证、机动车行驶证、道路运输证、运行车辆完好情况、车辆保险标志、驾驶/押运/装卸人员从业资格证等证件的查验。

安全监督,包括超载、超限、装卸、车况等的监督。

2. 与客户沟通

做好与收货单位卸货现场装卸作业能力与机械的安排,落实作业现场装卸作业机械、人力的组织准备,告知车辆到达时间。

(二)送货过程中的控制工作

车辆在送货作业进行过程中,车辆调度管理人员要实时掌握车辆的运行情况,及时消除偏离计划要求的不正常现象,使送货计划顺利完成。

1)按送货作业计划签发派车任务,见表6-3。

表6-3 运输派车任务单

部门名称		需车时间	___年___月___日___时		出发地	
需车类型		预计返回时间	___年___月___日___时		目的地	
驾驶人员		需车事由		货物名称及规格		
押运人员				货物数量		
部门经理意见				签名:日期:___年___月___日		
出入公司时间	出	___年___月___日___时		门卫签字		
	入	___年___月___日___时		门卫签字		

2)监督和指导货物的配载装运过程。

3)对于重点客户或重点物资(如量大、复杂)的送货任务,视情况派随车人员到主要装卸现场指挥作业,进行现场指挥和协调。

4)监控车辆按时出车。

5)监控车辆按时到达卸货地点。

6)遇有临时加派任务,要做应急处理并调整送货计划。

7)了解车辆完成计划的情况及不能完成计划的原因,并采取使之恢复正常工作的措施。有条件的企业,可利用GPS系统监控车辆运行,跟踪货物,实时掌握送货作业计划的执行情况。可按日对上下午送货作业计划任务的完成情况进行检查和监督,尤其是要将重点客户的重点物资列出检查表。

8）随时掌握货况、车况、路况、装卸状况、气象状况、驾驶员状况、安全状况等"七况"。

（三）填写调度日志

为不断改进调度管理的工作水平，调度管理人员还要进行日常生产信息的统计与分析工作。日常统计工作一般通过填写调度日志进行。调度管理人员应于每天工作结束前做好调度日志的填写工作，填写时笔迹要清晰，不得随意涂改。调度日志表见表 6-4。调度日志是管理部门获得必要的统计资料的重要途径。根据调度日志统计的资料，调度管理部门就能清楚地了解送货计划的执行情况，以便及时采取适当措施，保证计划的完成。

表 6-4 调度日志表

年　　月　　日　　　　　　　　　　　　　　　　　　　　　　　制表：

发车时间	送货线路	车辆牌照	发车前例检	调度员确认	送货点到达情况	总发运车次累计
---	---	---	---	---	---	---
本日统计							
应发车次			实发车次			
正点发车率			正点到达率			
调度调整情况记录						
本日调度工作小结						

调度员签章：

在每日的工作过程中，如果出现计划的临时调整，那么无论是何种情况，都应该及时地记录计划调整的时间、调整的原因、调整的方法、调整后的结果、调整人员、初步的原因分析等。

（四）行驶作业记录管理

由于送货作业主要是频繁的短距离道路运输，在送货车辆的行车作业过程中，不乏许多不可预期的因素影响送货服务质量与配送效益，如临时出现的交通状况、天气变化、驾驶员在外不按指令行车或行驶中突发安全事故等。因此，在送货作业管理过程中必须加强行驶作业记录管理和驾驶员的考核与管理。

行驶作业记录管理主要有以下几种方式。

1）车辆行驶日报表管理方式。通过驾驶员填写表单来记录送货运输作业过程。利用日报表记录送货车辆行驶情况，除了能随时对车辆与驾驶员的品质及负担进行评估调整外，也能反映送货作业计划的效果，为后续作业计划管理提供参考。车辆行驶日报表参考格式见表 6-5。

表 6-5 车辆行驶日报表

车号			驾驶员姓名					
日期	发车地点	发车时间	终到地点	到达时间	行驶时间（h）	行驶里程（km）	主管签章	备注
合计：								
				油料状况				
油料（L）	上次结存	加油	消耗	本次结存	备注			
车辆使用油料								
发动机使用油料								

调度人员根据驾驶员交回的车辆行驶日报表填写班车运行记录表中的各项内容。车辆行驶里程以驾驶员交回的车辆行驶日报表的记录情况为基础，按照车辆行驶日报表的记录填写车号、驾驶员姓名、发车地点、发车时间、终到站点、到达时间、行驶里程，计算驾驶员行驶的总时间。经核实后由主管人员或经办人员签章确认。填写油料状况时要注意车辆的油别和车辆上次结存的油量、本次加油量，计算车辆本次耗油量，并认真填写好本次结存的油量。

2）行车作业记录卡管理方式。对行车作业实行定时划卡制度，请参考下面的案例。

企业案例 6-1

配送车辆送货行车作业管理

日本大型连锁集团伊藤洋华堂对配送车辆送货行车作业实行了高效率管理方式。具体的方法是设立定时配送、划卡制度，即每一台配送车辆到店时要划卡，离店时也要划卡，到店至离店的时间为卸货和验货的时间。配送中心根据信息中心获取的POS系统的信息来掌握配送车辆到店和离店时间，分析运送作业，货物抵达后的交、接货作业效率。如果发现配送车辆比规定的时间早到或晚到店15min（早到无接货人，晚到则会使商店失去最佳销售机会），总部的职能部门就要按照规定对送货的当事人处以罚款（委托运输公司送货的情况一样），对配送车辆每到一店都实行同样的划卡制度。这样，负责商品配送的配送中心就能掌握车辆在途时间，从而规划较为合理的配送路线，以确保物流的通畅，使各连锁分店能够顺利运营。

3）行车记录器管理方式。行车记录器的用途很广，利用行车记录器可以掌握车辆送货过程中的行驶记录。行车记录器最主要的功能就是能掌握车辆送货过程中的行驶状况，包括时间、里程数、行驶速度等。

（五）行车作业人员考核

对行车作业人员进行考核的数据，可以通过驾驶员成绩报告书（见表6-6）、送货人员出勤日报表（见表6-7）来反馈。

表 6-6　驾驶员成绩报告书

日期：　　　年　　月　　日

车辆号牌	驾驶员姓名及工号	工作时间（h）	行车距离（km）	送货数量（t）	消耗油料（L）	备注

表 6-7　送货人员出勤日报表

趟次编号：　　　　　　车号：　　　　　　日期：
驾驶员姓名：　　　　　送货人员姓名：

报到、交货地点	计划时间	到达时间	离开时间	途中时间	里程数	卸货量（箱/件/kg）	送货单号	备注（延迟送达原因）

（六）送达与回访

当货物送达客户地点后，送货人员应协助收货单位将货物卸下车，放到指定位置，并与客户单位的收货人员一起清点货物、做好送货完成确认工作（送货签收回单）。同时，请客户填写送货服务跟踪表，见表 6-8。如果有退货、调货的要求，则应随车带回退调商品，并完成有关单证手续。

表 6-8　送货服务客户评价表

　　　　　　客户：

我公司承担　　　　货物的配送业务，我们对质量的承诺是：安全准确、文明储运、优质高效、客户至上。为了实现上述承诺，不断改进我们的服务质量，恳请您根据实际情况认真填写以下栏目：

1. 送货车辆车牌号			
2. 送货人员的服务态度	好□	一般□	差□
3. 送货车辆车况	好□	一般□	差□
4. 装卸过程是否粗野	是□	否□	
5. 送达货物及送货清单是否与您的订单相符	是□	否□	
6. 送货前是否通知您预计送达时间、货物品种、数量、规格等信息	是□	否□	
7. 到货是否准时	是□	否□	
8. 货物污染、淋湿、破损情况及程度			
9. 您的其他改进要求			

填表人：　　　　　　　　　　　　　　　　　　　　填表时间：　　　年　　月　　日

三、车辆送货作业计划的调整

由于送货作业过程情况复杂，在送货作业计划的执行过程中，难免发生偏离计划要求的情况，而且涉及面较广。因此，必须进行详尽分析与系统检查，才能分清缘由，采取有效措施消除干扰因素，保证计划实施。一般干扰计划执行的影响因素主要包括下列各项。

1）临时变更送货路线或交货地点。

2）装卸工作出现意外，如装卸机械故障、装卸停歇时间超过定额、办理业务手续意外拖延等。

3）车辆运行或装卸率提高、提前完成作业计划。

4）车辆运行途中出现技术故障。

5）驾驶员无故缺勤、私自变更计划、不按规定时间收发车以及违章驾驶造成技术故障和行车肇事。

6）道路情况临时性桥断路阻、路桥施工、渡口停渡或待渡时间过长等。

7）气候情况，如突然降雨、雪、大雾、冰雹、河流涨水、冰冻等。

为防止上述因素对运行作业计划的影响，除需积极加强预报预测之外，必须采取一定措施及时进行补偿与调整。在送货作业过程中，驾驶员如遇到各种障碍，应及时上报，以便调度人员及时调整变更计划。一旦作业计划被打乱，不能按原计划完成，调度人员应迅速变更或调整计划并协调相关部门或人员采取适当措施，保证计划的顺利实施。

第三节 退货作业管理

知识点｜退货作业的含义、退货原因、退货原则、退货作业流程、退货程序、退货理赔条件、退货理赔程序。

技能点｜处理退货、退货理赔。

一、退货概述

（一）退货作业的含义

退货作业是指配送中心在完成配送活动的过程中，由于在交货中或交付后出现货物包装损坏、商品损坏、商品质量问题、商品保质期临近或过期、送货商品与订单不符等情况，客户要求退换货而进行的处理活动。

为了吸引和留住客户，不少产品厂家都开始允许退货，因此导致退货大量堆积。对配送中心来说，只有把配送中心商品的退货管理工作做好，才能使客户对配送中心有信任感和依赖感，才会使客户对配送中心有忠诚度。

（二）产生退货的原因

除依照协议可以退货外（与配送中心签订特别协议的季节性商品、试销商品、代销商品等，协议期满后，剩余商品给予退回），对客户的退货、换货原因进行认真分析，大体上可以分为配送中心的责任和客户的责任两个方面。

1. 属于配送中心责任的退货

1）配送中心所送货物有质量问题的，如新鲜度不高、外观不佳、成分含量达不到要求、数量不足等有瑕疵的货物，客户要求退回。

2）配送中心送货人员在搬运过程中损坏包装或货物的。由于包装不良，货物在搬运过程中受到震动，造成破损或包装污损的商品，无法继续销售或者影响使用的，配送中心将给予退回。

3）配送中心所送货物已临近保质期或有效期的。众多货物特别是食品或药品都有相应的保质期或者有效期，如面包、速食以及加工肉制品等。货物的保质期或有效期一过就必须予以退货。或者虽然没有超过货物的保质期或有效期，但临近保质期或有效期，客户要求时也应当给予退货。

4）配送中心货物送错退回的，如因配送中心工作某环节出现失误，致使所送货物品种、规格、数量等出现错误。

5）生产厂商召回的。产品在设计、制造过程中存在问题，但在销售后才被消费者或厂商发现，存有重大缺陷的商品，生产厂商采取召回措施。

2．属于客户责任的退货

1）客户因市场条件发生变化，所订购货物销售不畅、库存过多要求退货的。

2）客户仓储管理不善要求退货的。

3）其他客户方面的原因要求退货的。

无论哪种原因造成的退货作业，都应该及时填写退货单，见表6-9。

表6-9 退货单

客户名称： 退货日期：

序号	货号	品名	规格	数量	出货单号	退货原因

（三）退货的主要原则

配送中心在处理客户的退货时，不管是客户的责任，还是配送中心的责任，都必须遵循一定的原则。

1）责任原则。商品发生退货问题，配送中心首先要界定产生问题的责任人，也就是分清楚是配送中心在配送时产生的问题，还是客户在使用时遇到的问题。凡是属于配送中心方面的责任，一定要坚持无条件退货；属于客户方面的责任，也应当尽可能给予退货。

2）费用原则。进行商品的退换货要消耗企业大量的人力、物力和财力。配送中心在进行商品退换时，除由配送中心自身原因导致的商品退换外，通常要求退换商品的客户支付一定的费用。

3）条件原则。配送中心应当事先规定接受何种程度的退货，或者在何种情况下接受退货，客户可以据此判断能否退货。通常配送中心还规定相应的时间作为退换期限。例如，规定仅在"不良品或商品损伤的情况下接受退货"，或是"7天之内，保证退货"等。这些退货的条件应当在配送中心的退货政策中事先规定并告知客户，甚至是在配送中心和客户签订的合同中详尽规定退货的条件。满足退货条件的，应当立即给予退货，不能全部满足退货条件的，配送中心也要积极地与客户沟通，消除或者减轻客户的不满。

4）凭证原则。配送中心应规定客户以何种凭证作为退换商品的证明，并说明其有效的使用方法，以免在客户退货时配送中心难以判断是否是本企业所配送的货物，影响退货处理的时效。

5）计价原则。退、换货时的货物价格与客户订购时的价格可能存在很大差异，配送中心应事先说明退、换货的作价方法，以减少与客户的纠纷。通常，为保护配送中心的经济利益，对退货的价款选取客户购进价与现行市场价两者中的最低价进行结算。这种方法可能会因损失了客户的自身利益而引起客户的不满。当订购价与现行市场价存在很大差异时，双方应当协商解决计价问题。

二、退货作业流程

配送中心退货处理作业的一般流程如图6-3所示。

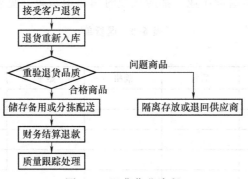

图6-3 退货作业流程

三、退货作业控制程序

（一）接受客户退货

配送中心接受退货要有规范的程序与标准。配送中心接到客户传来的信息后，要尽快将退货单据信息传递给相关部门，运输部门安排取回货品的时间和路线，仓库人员做好接收准备，质量管理部门人员确认退货的原因。一般情况下，少量的退货（如超市门店的退货）可由送货车带回，直接入库。批量较大的退货，要经过审批程序。

1）将销货退回信息通知质量管理及市场部门，确认退货的原因。退货原因明显为配送中心责任的，应迅速整理好相关的退货资料并及时帮助客户处理退货；如果销货退回的责任在客户，应向客户说明情况。如果客户接受，则请客户取消退货要求；如果客户仍坚持退货，应以"降低公司损失到最小，且不损及客户关系"为原则加以处理。

2）告知客户有关销货退回的受理相关资料，如货物发票，并主动协助客户将货品退回销售部门。

（二）退货重新入库

对于客户退回的商品，仓库的业务部门要进行初步审核。由于质量原因产生的退货，要放在堆放不良品的区域，以免和正常商品混淆。退货商品要进行严格的重新入库登记，及时输入配送中心的信息系统，核销客户应收账款，并通知商品供应商退货信息，见表 6-10。

表 6-10　某配送中心退货单（进货退货）

退货单编号		退货日期		收货日期	
原采购单号		部门		业务员	
供应商编号		供应商			
序号	编码	品名	规格	退货原因	单位	单价	金额
合计							

业务员：　　　　　　　　　部门经理：　　　　　　　　采购经理：
财务经理：　　　　　　　　总经理：　　　　　　　　　年　　月　　日

（三）重验退货品质

通知质量管理部门按照新品入库验收标准对退回的商品进行新一轮的检查，以确认货品的品质状况。对符合标准的商品进行储存备用或分拣配送；若属于问题商品（包装不良、拣货出错、运输不当等），贴"拒收标签"标志后隔离存放、降级使用或报废处理；若为商品质量问题，则退回供应商。

（四）财务结算退款

退货发生后，给整个供应系统造成的影响非常大，如对客户端的影响、配送中心在退货过程中发生的费用、货品供应商要承担相应的货品成本等。如果客户已经支付了商品费用，财务要将相应的费用退给客户。同时，由于销货和退货的时间不同，同一货物价格可能出现差异、同质不同价、同款不同价的问题时有发生，故财务部门在退货发生时要进行退回商品货款的估价，将退货商品的数量、销货时的商品单价以及退货时的商品单价信息输入配送中心的信息系统，并依据销货退回单办理扣款业务。

（五）质量管理部门跟踪处理

1）跟踪退货的处理情况及成效，将跟踪结果予以记录，并及时通知客户。
2）冷静地接受客户抱怨，抓住抱怨的重点，分析事情发生的原因，找出解决方案。
3）加强后续服务，使客户对配送中心拥有良好的印象。
4）记录客户的抱怨以及销货退回处理状况，作为今后配送工作改善及查核的参考。

企业案例 6-2

某连锁超市配送中心退货作业流程设计

某连锁超市配送中心，由于高退货状况一直无法得到较好的控制，造成配送中心的营运成本增加且仓库周转陷入困境。这在一定程度上影响了配送中心对门店的服务，同时配送中心的退货费用也在逐年上升。配退比越来越高，门店退货量有增大趋势，对配送资源造成较大负担。

该配送中心为了解决退货难题，不断地进行探索，并逐渐形成了一套针对企业退货形成因素的退货作业流程。退货主要针对查询商品退货、淘汰商品退货、调剂商品退货三类。其中查询商品是指临近保质期、包装破损而商品主体完好、因其他原因无法进行二次销售（如质检不合格）的商品，包括要求退货的换季商品及总部邮件通知的退货商品。淘汰商品由商品管理部根据淘汰商品制度确定淘汰商品目录。淘汰清单确定后，主档维护组在信息系统中将商品从正常变为预淘汰，由信息部下发商品信息，并将信息传送给各门店。调剂商品是指冷销或滞销、门店销量小而存量大、不适销的商品。该配送中心针对上述三种退货方式的退货流程设计如图 6-4、图 6-5 所示。

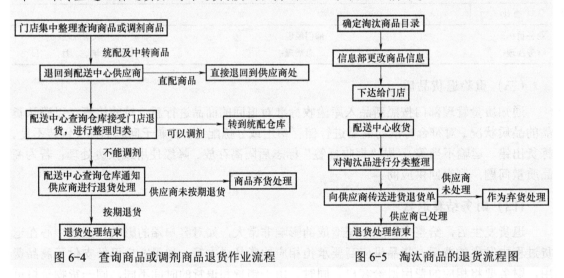

图 6-4　查询商品或调剂商品退货作业流程　　图 6-5　淘汰商品的退货流程图

四、退货理赔管理

（一）退货理赔

退货理赔是指配送中心接到客户的索赔请求后，依据有关条款的规定，对合理退货的货品及造成的物质损失或人身伤害进行一系列的调查审核并予以赔偿的行为。

（二）理赔条件

1) 理赔对象必须是配送中心的客户，其他不列入理赔范围。
2) 由客户提出索赔要求并举证，必须提供索赔货品的有关凭证，举证发生的费用由客户垫付（举证不成立，费用由客户支付）。这些单证包括索赔函、索赔清单、货物损失证明（现场证据或拍照存证）、商业发票以及所需的其他单证。

3）当理赔双方因对货品质量等问题认识不一致而产生异议时，可以委托权威机构进行检测鉴定，根据检测鉴定报告，理赔双方根据存在问题的事实协商赔偿金额。

4）当协商不成时，由第三方（如消费者协会、仲裁机构）调解确定理赔金额。

（三）理赔的程序

1）立案检查。立案检查主要是指对退货货品的有关凭证的核查及对退货货品的查勘。

2）责任审核。责任审核是指根据立案检查所获得的有关资料，以确定是否承担赔偿责任。

3）核算给付金额。在核算实际损失时，应分清哪些是应承担的损失，哪些不是应承担的损失；哪些是直接损失，哪些是间接损失。对不属于赔付金额范围内的损失，应予以剔除。

4）给付赔偿金。经核算确定给付金额后，应按约定或法律规定的时间，及时予以给付。

（四）理赔原则

1. 重合同、守信用

退货理赔情况发生后，对于客户提出的索赔请求，要遵守诚实信用原则，要求客户提供有关凭证和证据，采取积极措施，协助客户做好理赔工作。

2. 坚持实事求是

根据具体情况正确地确定退货责任、赔付标准树立实事求是的合作作风。

3. 主动、迅速、准确、合理

主动是指配送中心应主动深入现场开展理赔工作；迅速是指配送中心应按法律规定的时间，及时赔付，不拖拉；准确是指赔偿金额应力求准确，该赔多少就赔多少，不惜赔，也不滥赔；合理是指赔付要合情合理，具体情况具体分析，既符合合同条款的规定，又符合实际情况。

实训练习

实训目的

通过积载配装方案的多次优化安排工作过程，让学生将车辆的积载配装诸原则应用于实践，获得优化安排车辆的积载配装方案的技能。同时让学生认识调度工作的重要性，懂得创新和进取是调度人员必须具备的思想品质。

实训任务

针对具体的送货任务，安排一个合理的积载配装方案并组织装车。

任务情景

某配送中心经过拣货、配货等作业，已经将装于同一车辆的三个客户所订全部货品放于出库发货区暂存，等待配装配载、装车发运。送货单见表6-11。当前配送中心其他车辆都已外出送货或正在装车准备送货，未分配送货任务的车辆只剩下一辆普通厢式货车，其车厢有效容积 20m³（5m×2m×2m），最大载重为 4 000kg。

表 6-11 送货单

客户名称	货品代码	品名	规格	数量	毛重	体积（cm×cm×cm）
客户 A	42021203	银鹭八宝粥	360g/罐	10 箱	4.5kg/箱	45×18×50
	31030502	伊利牛奶	250g/袋	20 箱	8.5kg/箱	70×50×35
	21010401	小站大米	50kg/袋	20 袋	50kg/袋	100×45×20
	31030508	芬达	1.25kg/瓶	15 箱	8.5kg/箱	60×35×50
	31030507	七喜	1.25kg/瓶	5 箱	8.5kg/箱	60×35×50
客户 B	11040305	立白洗衣粉	1kg/袋	10 箱	11kg/箱	75×55×40
	11040301	舒肤佳香皂	125g/块	15 箱	4.25kg/箱	60×30×25
	42021208	天元饼干	1kg/盒	18 箱	6.5kg/箱	50×40×40
	31030508	芬达	1.25kg/瓶	20 箱	8.5kg/箱	60×35×50
客户 C	11040302	洁丽雅手巾	70cm×40cm	10 箱	10.5kg/箱	75×45×50
	31030508	芬达	1.25kg/瓶	12 箱	8.5kg/箱	60×35×50
	31030502	伊利牛奶	250g/袋	15 箱	8.5kg/箱	70×50×35
	31030507	七喜	1.25kg/瓶	10 箱	8.5kg/箱	60×35×50
	21010401	小站大米	50kg/袋	15 袋	50kg/袋	100×45×20

现在，你是配送中心运输调度主管，请你根据三个客户的送货单信息，确定现有运力是否满足送货要求？若满足要求，安排一个合理的积载配装方案；然后组织完成本次的货物装车工作。若不满足要求，请设计一个能将现有车辆尽量满载满容的积载方案，剩余货物只好再想其他办法解决（剩余的货物要求是属于同一客户）。

任务帮助

1）测算货物的总重量及总体积是否超出了这台空闲送货车的载重和体积的限制定额，判断是否能一趟全部送出。

2）逐一审查货物有无特殊装车要求，如不能叠压、只能立放、送货顺序有无先后等；客户有无特殊的送货要求，如一次性送到、不允许晚上送货等。

3）根据积载配装原则，设计初始积载配装方案。在实际工作中常常不可能每次都得到最优的积载配装方案。注意每次安排完方案后，要进行载重量、车辆容积限制条件的验证。

4）逐步优化找到接近最优方案的合理方案。合理的积载配装方案表现为该方案能加快积载装车速度，能够节约时间。

5）进行装车作业时注意货物的摆放顺序、堆码时的方向，是横摆还是竖放，要最大限度地利用车厢的空间。

本章小结

送货作业和退货作业是配送作业的最后两个环节，是配送中心作业最终及最具体、直接的服务表现，送货作业和退货作业的好坏直接影响客户的满意度。

送货作业还是影响配送中心经营成本的最重要因素之一。在配送中心，送货费用占整个物流成本的40%左右，而这些送货费用的发生大多在库区外部，影响因素大都难以控制。因此，送货车辆的调度管理和送货路线的优化控制（见第七章）就成为配送中心管理的重点和难点。

本章主要讨论了送货作业的控制程序、送货车辆的调度管理以及退货作业的控制程序。也探讨了车辆积载配装，送货工作管理，车辆送货计划的制订、实施及调整，以及退货理赔管理等问题。优质的送货服务和良好的退货系统，能提高客户对配送中心的忠诚度。

同 步 测 试

一、单选题

1. 干线运输重点在积载（堆装），实现运输工具利用率最大化，降低运输成本。而配送运输强调的是（　　），重点在配装。
   A. 成本　　　　B. 效益　　　　C. 车辆利用率　　D. 服务

2. 对于重点客户或重点货物（如量大、复杂）的送货任务，调度人员要视情况派随车人员（　　）。
   A. 到装卸现场指挥和协调　　　　B. 监督司机
   C. 办理交接手续　　　　　　　　D. 保护货物

3. 在送货作业管理中必须加强行驶作业记录管理和（　　）的考核与管理。
   A. 驾驶人员　　B. 押运人员　　C. 行车作业人员　D. 装卸作业人员

4. 对配送中心来说，只有把（　　）工作做好，才能使客户对配送中心有信任感、依赖感，才会使客户对配送中心产生忠诚度。
   A. 调度日志填写管理　　　　　　B. 商品退货管理
   C. 行车作业人员管理　　　　　　D. 行驶记录管理

5. 质量管理部门跟踪退货退回的处理情况及成效，将跟踪结果予以记录，并及时通知（　　）。
   A. 司机　　　　B. 供应商　　　C. 客户　　　　　D. 送货主管

二、多选题

1. 送货作业中，在调派车辆时要考虑这些车辆的（　　）是否满足要求。
   A. 驾驶员　　　B. 容量　　　　C. 额定载重　　　D. 新旧程度
   E. 品牌

2. 选择送货路线时要综合考虑（　　）。
   A. 客户的具体位置　　　　　　　B. 沿途的交通情况
   C. 客户的送货时间　　　　　　　D. 送货成本
   E. 送货距离

3. 一般未能保证送货时效性的原因，可能是（　　）。
   A. 司机本身问题　　　　　　　　B. 配送路径选择不当

C. 中途客户点卸货不易　　　　　　D. 客户未能及时配合
E. 路况不好

4. 车辆调度管理人员在送货车辆出发前必须仔细进行例行的监督检查，查验的内容包括机动车驾驶证、（　　）。

　　A. 机动车行驶证　　　　　　　　B. 道路运输证
　　C. 运行车辆完好情况　　　　　　D. 车辆保险标志
　　E. 驾驶/押运/装卸人员从业资格证

5. 车辆调度管理人员在送货车辆出发前必须仔细进行例行的监督检查，安全监督包括（　　）。

　　A. 超载　　　　B. 超限　　　　C. 路况　　　　D. 装卸
　　E. 车况

三、判断题

1. 送货作业的首要工作是统计全部客户所在的地理区域范围，并进行送货区域（配送区域）的划分。（　　）
2. 配载是指对货物在运输工具上的配置与堆装方式做出合理安排。（　　）
3. 到达同一地点的、适合配装的货物应尽可能一次积载。（　　）
4. 一般情况下，少量的退货可由送货车带回，直接入库。批量较大的退货，要经过审批程序。（　　）
5. 理赔条件之一是由客户提出退货理赔要求并举证，必须提供索赔货品的有关凭证，举证发生的费用由配送公司垫付。（　　）

四、简答题

1. 简述送货作业控制程序。
2. 简述车辆积载配装的原则。
3. 对送货工作的管理要求有哪些方面？
4. 车辆调度管理人员在送货车辆出发前应与客户沟通哪些内容？
5. 简述配送中心退货处理作业的一般流程。

五、计算分析题

某连锁超市的配送中心接到门店的送货请求，送出货物是食用油和五金工具两种货物。现在已将货物分拣完毕，都在出货月台上等待装车送货。现有未使用普通厢车若干辆，其车厢有效容积为 $20m^3$（$5m×2m×2m$），最大载重为 $4\,000kg$。货物情况如下：食用油单件体积为 $1m^3$、容重为 $900kg/m^3$，五金工具单件体积 $0.4m^3$、容重为 $7\,800kg/m^3$。试测算一辆厢车两种货物各能装多少件？

六、案例分析题

××公司的送货服务难题

××公司是一家家电连锁企业的配送业务承包商，负责该家电企业在 N 市的电器库给各卖场和客户的送货业务，配送要求是卖场和客户有需求就立即组织装车送货。近来该家电企业的销售情况持续上升，××公司配送车辆经常不够用。电器库接到卖场发货通知后，拣出的家电产品送到出货口时，经常面临无车可装的窘境，不得不堆在仓库的出货口，同时产品配送的准时到达率非常低，送货成本费用也直线上升。送货部主管张经理于是认为运力不足，要求购买或租赁货车，而财务部对此却持强烈反对意见，添置新车对公司总成本的压力过大。财务部通过分析以往的数据，提出疑问：现在有 8 辆载重量为 5t 的货车，如果每辆货车平均每天送货两次，那就有 10t 的运力，而现在平均每天的送货量大约为 50t，即使最高峰的时候，也不超过 65t。这样算下来运力利用率也只不过刚 60%而已，怎么可能运力不够呢？可张经理认为要是把货车都装满了，按 N 市现在拥堵的交通状况，一天跑不了两趟；而且货车装满了，装卸货时间将大大增加，也许一趟货都送不完，效率反而要下降。

张经理陪同财务主管考察了车辆送货过程，发现尽管送货车一刻不停，车厢里的货物减少速度却慢得出奇，一整天奔波下来，却只能跑十几家客户。送货车就像是在一个迷宫里打转，常常在同一个地方、同一条马路上来回好多次。偶尔还会与本公司的其他货车擦身而过，其中一辆车甚至在视线中出现过三四次。简言之，货车从头到尾都在走迷宫，在城里像无头苍蝇一样乱撞。

针对目前的送货问题，公司领导层决定：送货部先尝试挖掘现有潜力，财务部也提前做好预算规划，如果最后确实有必要，可以增购送货车辆。

张经理于是开会进行讨论分析，总结目前面临的情况是：不装满，不能完成当日送货总量，如果满载，则在规定的时间内无法完成交付作业；送货作业的出发点过于迁就客户，结果欲速不达。在同一地区同一天不同时间段往往出现几个客户要送货，结果只考虑满足客户的时间和频率要求，派几个车次分别送货，运力浪费极大，车辆自然就不够用。

但问题到底出在哪里呢？是路线选择问题、送货顺序问题，还是车辆配载问题？

问题：

1. 请你分析××公司在送货时出现车辆不够用、送货准时性差、送货费用高等现象的原因。

2. 结合本章所学的送货作业控制程序和送货车辆调度管理知识，针对该公司在送货过程中出现的难题提出你的解决办法。

第七章 配送路线优化

>>> 学习目标 <<<

1. 能够应用 Dijkstra 算法对一对一直送式配送路线进行优化。
2. 能够应用最近邻点法、最近插入法对一对多分送式单车配送路线进行优化。
3. 能够应用扫描法、节约法对一对多分送式多车配送路线进行优化。
4. 能够应用表上作业法对多对多直送式配送路线进行优化。
5. 能够根据配送网点布局和交通条件,应用优化技术进行配送路线设计。

引例

百胜物流公司送货作业中的运输排程

百胜物流公司通过合理安排运输排程,有效降低了送货运输成本。运输排程的安排包括尽量使车辆满载,只要货量许可,就应该做相应的调整,以减少总行驶里程。

由于连锁餐饮业餐厅的进货时间是事先约定好的,这就需要配送中心根据餐厅的需要,制作一个类似列车时刻表的主班表,此表是针对连锁餐饮餐厅的进货时间和路线详细规划制订的。

众所周知,餐厅的销售存在着季节性波动,因此主班表至少有旺季、淡季两套方案。有必要的话,应该在每次营业季节转换时重新审核。安排主班表的基本思路是,首先计算每家餐厅的平均订货量,设计若干条送货路线,覆盖所有的连锁餐厅,同时使送货总里程最短或所需人员数、车辆班次最少。

规划主班表远不止人们想象的那样简单。首先,需要了解最短路线的点数(餐厅数),从几个点到成百甚至上千个点,路径的数量也相应增多到成千上万条。其次,每个点都有一定数量的货物需要配送或提取,因此要寻找的不是一条串联所有点的最短路线,而是每条串联几个点的若干条路线的整体最优方案。另外,还需要考虑许多限制条件,如车辆装载能力、车辆数目、每个点的时间开放窗口等,问题的复杂程度随着限制条件的增加呈几何级数增长。

在主班表确定以后,就要进入每日运输排程,也就是每天审视各条路线的实际货量,根据实际货量对送货路线进行调整，通过对所有路线逐一进行安排，可以去除几条送货路线，至少也能减少某些路线的行驶里程，最终达到增加车辆利用率、增加司机工作效率和降低总行驶里程的目的。

上述运输排程问题，可以描述为：在某区域内有 n 个配送网点，有 m 个客户需要配送货物，每个配送网点的配送能力为 N_1、N_2…N_n，每个客户需要配送的货物量为 M_1、M_2…M_m，其中 $(N_1+N_2+\cdots+N_n) > (M_1+M_2+\cdots+M_m)$，并且各个配送网点到各个客户之间的配送成本为 C_{ij}（$i\leqslant n$，$j\leqslant m$）。如何制订合理的配送路线方案，才能使得总配送里程最短，使用的车辆数最少？

随着我国交通网络的不断完善，生产企业、商业企业或物流企业在构建相应的中转网点（或仓库网点、配送网点、批发网点、零售网点）时，丰富的交通网络使其具有多种选择方案，能够综合考虑生产能力、销售规模、配送能力、配送成本等配送因素。制订并选择最优的路线配送方案是目前配送企业送货作业中面临的主要业务难题。本章我们就来讨论这方面的问题，阐述配送路线优化的目标、约束条件及寻找最优配送路线的技术方法。

第一节 配送路线优化概述

知识点 配送路线优化问题、配送路线优化目标、配送路线优化约束条件、经验判断法、最优化算法、启发式算法。

一、配送路线优化问题

配送中心物流费用中，送货运输费用比例最高，占 35%～60%，所以配送路线优化问题就成为管理的一个重点。由于配送中心的每次配送活动一般都面对多个非固定客户，并且这些客户的坐落地点各不相同，配送时间和配送数量也都不尽相同，使得配送路线的选择变得复杂起来。如果配送中心不进行送货路线的合理规划，往往会出现不合理运输的现象，如迂回运输（绕道，不是最短路径）、重复运输（多余的中转、重复装卸）等。不合理运输不仅造成运输成本上升，而且导致配送服务水平难以提高。因此，经常采取科学的方法对配送路线进行合理的规划调整是大多数配送中心与配送系统日常的一项重要工作。

配送路线优化问题是指对一系列装货点和卸货点组织适当的行车路线，使车辆有序地通过，在满足一定的约束条件下（如需求量、发送量、交/发货时间、车辆容量、行驶里程、时间等限制），达到一定的目标（如行程最短、费用最小、时间最少、运力最省等）。

配送运输属于运输中的末端运输、支线运输，和一般运输形态的主要区别在于，配送运输是较短距离、较小规模、频度较高的运输形式，一般使用汽车和其他小型车辆做运输工具。

与干线运输的区别是，配送运输路线选择问题是一般干线运输所没有的，干线运输的干线是唯一的运输线，而配送运输由于配送客户多，一般城市交通路线又较复杂，如何组成最佳路线，如何使配装和路线有效搭配等，是配送运输的特点，也是难度较大的工作。

二、配送路线优化目标

配送路线优化目标的选择是根据配送的具体要求、配送企业的实力及客观条件来定的。有以下多种目标可以选择。

1．以配送利润最大为目标

以配送利润最大为目标是指计算时以利润的数值最大化为目标。由于利润是收入与成本的综合反映,在拟定数学模型时,其很难与配送路线之间建立函数关系,一般很少采用这一目标。

2．以配送成本最低为目标

配送成本和配送路线之间有着比较密切的关系,尽管计算配送路线的运送成本仍比较复杂,但相对利润目标而言却有了简化,比较实用。由于配送成本对最终利润起决定作用,选择成本最低为目标实际上还是选择了利润为目标。

3．以配送里程最短为目标

如果配送成本和里程相关性较强,而和其他因素相关不大时,可以采取路程最短的目标,这可以大大简化计算,而且可以避免许多不易计算的影响因素。需要注意的是,有时候里程最短并不见得成本就最低,如果道路条件、道路收费影响了成本,单以最短里程为最优解就不合适了。

4．以"吨公里"最小为目标

"吨公里"最小是长途运输时经常选择的目标。在具有多个发货站和多个收货站而且又是整车发货的情况下,选择"吨公里"最小为目标是可以取得满意结果的。配送路线选择中的一般情况是不适用的,但在采取共同配送方式时,也可用"吨公里"最小为目标。使用"节约里程法"计算所安排的配送目标,就是采用"吨公里"最小为目标。

5．以准时性最高为目标

准时性是配送作业中最重要的服务目标,以准时性为目标安排配送路线就是要将各客户的时间要求和路线先后到达的安排协调起来,这样有时难以顾及成本问题,甚至需要牺牲成本来满足准时性要求。当然,在这种情况下成本也不能失控,应有一定的限制。

6．以劳动消耗最低为目标

以油耗最低、司机人数最少、司机工作时间最短等劳动消耗为目标安排配送路线也有所应用,这主要是在特殊情况下(如供油异常紧张、油价非常高、意外事故导致人员减员、某些因素限制了配送司机人数等)所要选择的目标。

三、配送路线优化约束条件

以上配送目标在实现时都要受到许多条件的约束,必须在满足这些约束条件的前提下取得配送成本最低或配送"吨公里"最小的结果。一般配送路线安排遇到的约束条件有以下几项。

1）满足所有收货人对货物品种、规格、数量的要求。

2）满足收货人对货物送达时间范围的要求，如有些客户一般不在上午或晚上收货。

3）在允许通行的时间内进行配送，如城市道路对机动车实行"错峰限行"，在"错峰限行"时段禁止配送货车通行。

4）各配送路线的货物量不得超过车辆容积和载重量的限制。

5）在配送中心现有配送能力允许的范围内，如配送中心能提供的专门化车辆用于温度控制、散装货物以及侧面卸货等；利用 EDI 编制时间表和开发票，在线装运跟踪以及储存和整合的能力。

6）自然因素的通行限制，如在决定采取航空运输时，就应考虑起运地和到货地是否有比较恶劣的气候，如有，就应考虑替代方案。

四、配送路线优化方法

安排距离短、时间少的送货路线及行车时间表时，需要根据客户的具体位置、沿途的交通情况等进行综合分析后做出选择和判断。此外，还必须考虑有些客户所在地点的环境对送货时间、车型等的特殊要求。因此，配送路线优化应与送货顺序安排结合起来考虑。如果送货任务简单，可采用经验判断法等来选择送货路线。如果送货任务相对复杂，送货品种多、数量大、交通网络复杂，为合理安排送货路线，可运用最优化算法来选择最佳的送货路线。

1. 经验判断法

经验判断法就是利用相关人员的经验来选择配送路线的一种主观判断方法。一般是以司机习惯的行驶路线和道路行驶规定等为基本标准，再考虑其他约束条件，拟定几个不同的路线方案，然后通过倾听有经验的司机和送货人员的意见或者直接由配送管理人员凭经验做出判断选择。这种方法的质量取决于决策者对运输车辆、客户地理位置及交通路线的情况掌握程度和决策者的分析判断能力与经验。和其他的路线规划方法相比，其分析过程简单、快速和方便。

尽管经验判断法的分析结果缺乏科学性，易受掌握信息的详细程度限制，但其不一定就是低质量的。洞察力、经验和对网络的良好理解使得人们能够找出满意的路线方案。这类方法能够考虑主观因素、例外情况、成本和限制条件等许多复杂的数学模型也不能包括的因素。这使得分析内容更丰富，并且有可能得到更实用的路线安排方案。

2. 最优化算法

最优化算法是指借助运筹学中的各种优化模型，如线性规划模型、网络图模型等，依赖精确的计算过程评价各种可选方案，从中找到最优方案的过程。本章介绍的最短路法、表上作业法、里程节约法等都是最优化算法。

3. 启发式算法

启发式算法是相对于最优化算法提出的。一个问题的最优化算法是求得该问题的最优解。而启发式算法的含义是：它是一种基于直观或经验构造的算法，可以给出待解决问题的一个合理或满意的可行解，所以也可以说此法是一个简化了的推理过程。如果待解决问题利用优化法求解要求的条件过多，求解费时费力，甚至无法求得最优解，或者待解决问题只需要满意答案而不是最优解，那么利用启发式算法就非常有用。启发式方法可以得出一个可接受的解，缩短了问题的求解时间。本章介绍的一对多分送式配送路线优化问题中都应用了启发式算法思路。

第二节　一对一直送式配送路线优化

知识点｜一对一直送式配送的含义、最短路问题、Dijkstra算法。
能力点｜优化一对一直送式配送路线。

一对一直送式配送是指由一个配送点对一个客户的专门送货。在直送情况下，运输送货追求的是"多装快跑"，所以通常选择起讫点距离最短的送货路径，以节约时间和费用。因此，直送式配送路线优化问题就是在运输网络中寻找最短路径的问题，此类问题可用运筹学中的"最短路问题"加以解决。

一、最短路问题的含义

最短路问题是指在已知的运输网络（通过各段路线所需的时间、距离或费用为已知）中，有一货物发点（供应点）对一货物收点（客户）专门送货，在这种直送情况下找出货物运送所需的最少时间、最短距离或最少费用的路径问题。这类直送运输路线选择问题，实际上就是在运输网络中的多条可行路径中找出权数之和最小的一条运输路线。

最短路问题的一般提法：

$G=(V,E)$ 为连通图，图中各边 (v_i,v_j) 有权 l_{ij}（$l_{ij}=\infty$ 表示 v_i、v_j 间无边），v_s、v_t 为图中任意两点，求一条道路 μ，使它是从 v_s 到 v_t 的所有路线中总权数最小的路线。即

$$L(\mu)=\sum_{(v_i,v_j)\in\mu}l_{ij}$$

最小。

二、最短路的Dijkstra算法

Dijkstra算法的特点：不仅解出指定两点 v_s、v_t 间的最短路及路长，而且同时解出从指定点 v_s 到其余各点的最短路及路长。

我们用 d_{ij} 表示图中两点 i 与 j 相邻时的距离，即边 (i,j) 的长度。若点 i 与 j 不相邻时，$d_{ij}=\infty$。显然 $d_{ii}=0$。用 l_{si} 表示从点 s 到点 i 的最短路的长度。现在要求从始点 s 到终点 t 的最短路，相应的Dijkstra算法步骤如下：

1）从点 s 出发，逐一地给其他的点 i 标上记号：l_{si}，把 l_{si} 的数值标注在点 i 旁边的小方框内，表示点 i 已标号（标号说明点 s 到点 i 的最短路已找到）。首先，给点 s 标号，$l_{ss}=0$。

2）找出与点 s 相邻的点中距离最小的一个，若有几个点同时达到最小，就都找出来。设找出的点为 r，将 $l_{sr}=l_{ss}+d_{sr}$ 的值标注给点 r，表明点 r 也已标号，同时把边 (s,r) 加粗。

3）从已标号的点出发，找出与这些点相邻的所有未标号的点。把每个已标号点（如点

i)旁标注的数字(如 l_{si})和与之相邻的点(如点 j)到这个已标号点(i)间的距离边(i, j)的长度(d_{ij})加起来,从所有这些和中选出一个最小的来,不妨设这个最小和是 $l_{sk}+d_{kq}$。再找出最小和对应的未标号点比如 q(当有几个和都为最小时,把它们对应的不同的未标号点都找出来,这些点将同时都标号),然后给这个未标号点比如 q 标号:$l_{sq}=l_{sk}+d_{kq}$,同时加粗边(k, q)。

4)重复第3)步,直到给点 t 标上号 l_{st},而且相应的 t 的关联边加粗为止。

例 7-1

图 7-1 是某城区交通路线图,各条边旁边的数字是该条道路的长度(单位:km)。试用 Dijkstra 算法求从 v_1(配送中心)出发到 v_7(需求客户)的最短路线。

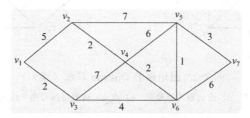

图 7-1 城区交通路线图

解:1)从 v_1 出发,给 v_1 标号 $l_{11}=0$。如图 7-2a 所示。

2)同 v_1 相邻的未标号点有 v_2、v_3,$\min\{l_{11}+d_{12}, l_{11}+d_{13}\}=\min\{0+5, 0+2\}=2$,故给这个最小值对应的点 v_3 标号:$l_{13}=2$,将(v_1, v_3)加粗,如图 7-2b 所示。

3)同标号点 v_1、v_3 相邻的未标号点为 v_2、v_4、v_6,因为 $\min\{l_{11}+d_{12}, l_{13}+d_{34}, l_{13}+d_{36}\}=\min\{0+5, 2+7, 2+4\}=5$,故对相应的点 v_2 标号:$l_{12}=5$,加粗(v_1, v_2),如图 7-2c 所示。

4)同标号点 v_1、v_2、v_3 相邻的未标号点为 v_5、v_4、v_6,因为 $\min\{l_{12}+d_{25}, l_{12}+d_{24}, l_{13}+d_{34}, l_{13}+d_{36}\}=\min\{5+7, 5+2, 2+7, 2+4\}=6$,故对相应的点 v_6 标号:$l_{16}=6$,加粗(v_3, v_6),如图 7-2d 所示。

5)同标号点 v_1、v_2、v_3、v_6 相邻的未标号点是 v_4、v_5、v_7,因为 $\min\{l_{12}+d_{25}, l_{12}+d_{24}, l_{13}+d_{34}, l_{16}+d_{64}, l_{16}+d_{65}, l_{16}+d_{67}\}=\min\{5+7, 5+2, 2+7, 6+2, 6+1, 6+6\}=7$,故对相应的点 v_4、v_5 同时标号:$l_{14}=l_{15}=7$,加粗(v_2, v_4)(v_6, v_5),如图 7-2e 所示。

6)同标号点相邻的未标号点只有 v_7,因为 $\min\{l_{15}+d_{57}, l_{16}+d_{67}\}=\min\{7+3, 6+6\}=10$,故对相应的点 v_7 标号:$l_{15}=10$,加粗(v_5, v_7),如图 7-2f 所示。

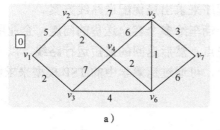
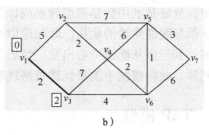

图 7-2 最短路的 Dijkstra 算法
a)始点 v_1 获得标号图 b)点 v_3 获得标号图

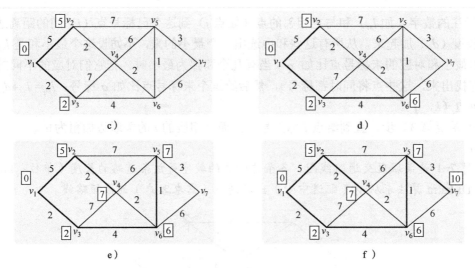

图 7-2 最短路的 Dijkstra 算法（续）

c) 点 v_2 获得标号图　d) 点 v_6 获得标号图　e) 点 v_4、v_5 获得标号图　f) 终点 v_7 获得标号图

因为 v_7 已标号，说明 v_1 到 v_7 的最短路已找到，计算结束。v_1 到 v_7 的最短路线为 $v_1 \rightarrow v_3 \rightarrow v_6 \rightarrow v_5 \rightarrow v_7$，其路长为 10km。

图 7-2f 中的粗线表明是从点 v_1 到其他各点的最短路线，各点旁边方框内的数字是从 v_1 到该点的最短路的长度。原题目只是要求从 v_1 到 v_7 的最短路，但图 7-2f 给出了从点 v_1 到各点的最短路，这是求 v_1 到 v_7 的最短路过程中的"副产品"，但不做这些工作也就无法解答原题。

第三节　一对多分送式单车配送路线优化

知识点　一对多分送式单车配送的含义、旅行商问题、最近邻点法、最近插入法。
能力点　优化一对多分送式单车配送路线。

一对多分送式配送是指由一个配送点负责向多个客户送货。这类问题通常指配送车辆从仓库送货至各客户，然后返回仓库，再重新装货送货。该类问题分为单车送货配送路线的优化和多车同时送货配送路线的优化两种情况。实践中一般采取各种数学方法和在数学方法的基础上发展和演变出来的经验探试方法进行定量分析与定性分析。但复杂的配送路线的确定，最好是利用数学模型转换成计算机程序来求出最优配送路线方案。

对于单车配送路线的优化，即配送中心用一辆车给多个客户送货的问题，企业所期望的是能够找到一条从配送中心出发，经历各客户点，然后返回的最短运行路线，以节省油耗、时间等。此种情况下的最优送货路线的确定，可通过运筹学中的 TSP 模型来求解。

一、TSP 模型

TSP（Traveling Salesman Problem）模型，中文叫旅行商问题，即在给出的一个 n 个顶点网络（有向或无向），要求找出一个包含所有 n 个顶点的具有最小耗费的环路。任何一个

包含网络中所有 n 个顶点的环路被称作一个回路。在旅行商问题中，要设法找到一条最小耗费的回路。

求解 TSP 模型时，如果要得到精确的最优解，最简单的方法就是枚举法。但是对于大型问题，由于枚举法的例举次数为 $(n-1)!$ 次，这是无法想象的。目前，对于大规模的 TSP 问题，一般都采用启发式算法。下面介绍两种比较简单的启发式算法。

二、最近邻点法

最近邻点法是由 Rosenkrantz 和 Stearns 等人在 1997 年提出的一种用于解决 TSP 问题的算法。该算法十分简单，但是它得到的解并不十分理想，有很大的改善余地。该算法计算快捷，但精度低，可以作为进一步优化的初始解。

最近邻点法可以由以下 4 步完成。

1) 从零点开始，作为整个回路 T 的起点。
2) 找到离刚刚加入回路的上一顶点最近的一个顶点，并将其加入回路中。
3) 重复步骤2)，直到顶点集合 A 中所有的顶点都加入回路 T 中。
4) 将最后一个加入的顶点和起点连接起来。

这样就构成了一个 TSP 问题的解。

例 7-2

现有一个连通图，有 6 个顶点，它们的距离矩阵见表 7-1，它们的相对位置如图 7-3 所示，假设 i、j 两点之间的距离是对称的。求距离较短的一条回路安排。

表 7-1 距离矩阵

元素	V_1	V_2	V_3	V_4	V_5	V_6
V_1	—	10	6	8	7	15
V_2		—	5	20	15	16
V_3			—	14	7	8
V_4				—	4	12
V_5					—	6
V_6						—

解：先将节点 1 加入到回路中，$T=\{v_1\}$。

从节点 v_1 出发，比较其到节点 2、3、4、5、6 的距离，选择最小值，加入回路中。从距离矩阵中可以看到，从节点 v_1 到第 3 个节点 v_3 的距离最小，为 6。因此将节点 v_3 加入回路中，$T=\{v_1, v_3\}$。

然后从节点 v_3 出发，观察离 v_3 最近的节点。（顶点间的距离为 c_{ij}）

$$\min\{c_{3i} / i \in N, 1 \leq i \leq 6, 且 i \neq 1, 3\} = c_{32} = 5$$

这样就可以将节点 v_2 加入回路中，$T=\{v_1, v_3, v_2\}$。

从节点 v_2 出发，观察离 v_2 最近的节点。

$$\min\{c_{2i} / i \in N, 1 \leq i \leq 6, 且 i \neq 1, 3, 2\} = c_{25} = 15$$

这样 v_5 是最近的点，将 v_5 加入回路中，$T=\{v_1, v_3, v_2, v_5\}$。

依次类推，分别再将 v_4、v_6 加入回路中，得到最后的解为

$$T=\{v_1, v_3, v_2, v_5, v_4, v_6\}$$

结果用图形表达，如图 7-4 所示；总行驶距离为

$$f=6+5+15+4+12+15=57$$

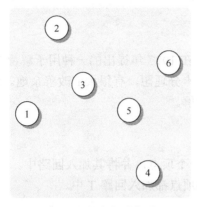 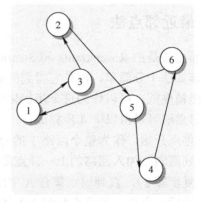

图 7-3 节点相对位置　　　　　图 7-4 最近邻点法求解结果

三、最近插入法

最近插入法是 Rosenkrantz 和 Stearns 等人在 1997 年提出的另外一种用于解决 TSP 问题的算法，它比上面的最近邻点法复杂，但是可以得到相对比较满意的解。

最近插入法由以下 4 步来完成。

1）找到 c_{1q} 最小的节点 v_q，形成一个子回路，$T=\{v_1, v_q, v_1\}$。

2）在剩下的节点中，寻找一个离子回路中某一节点最近的节点 v_k。

3）在子回路中找到一条弧 (i, j)，使得增量 $\Delta =(c_{ik}+c_{kj}-c_{ij})$ 最小，然后将节点 v_k 插入 v_i、v_j 之间，用两条新的弧 $(i, k)(k, j)$ 代替原来的弧 (i, j)，并将节点 v_k 加入子回路中。

4）重复步骤 2）、3）直到所有的节点都加入子回路中。

此时，子回路就演变为了一个 TSP 的解。

例 7-3

用最近插入法对例 7-2 进行求解。

解：比较表 7-1 中的从 v_1 出发的所有路径的大小，

$$\min\{c_{1i} / i \in N, 1 \leq i \leq 6, 且 i \neq 1\} = c_{13} = 6$$

这样，就由节点 v_1 和 v_3 构成一个子回路，$T=\{v_1, v_3, v_1\}$，如图 7-5 所示。

然后考虑剩下的节点 v_2、v_4、v_5、v_6 到 v_1 和 v_3 中某一个节点的最小距离：

$$\min\{c_{1i}, c_{3i} / i \in N, 1 \leq i \leq 6, 且 i \neq 1, 3\} = c_{32} = 5$$

由于对称性，无论将 2 插入 1 和 3 之间或往返路径中，结果都是一样的，这样，构成一个新的子回路 $T=\{v_1, v_3, v_2, v_1\}$，其结果如图 7-6 所示。

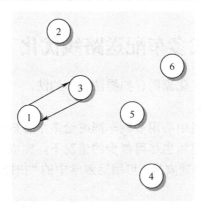
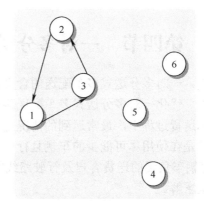

图 7-5　由 v_1 和 v_3 构成的子回路　　图 7-6　由 v_1、v_3 和 v_2 构成的子回路

接着考虑剩下的节点 v_4、v_5、v_6 到 v_1、v_3 和 v_2 中某一个节点的最小距离：
$$\min\{c_{1i},\ c_{3i},\ c_{2i}\ /\ i\in N, 1\leqslant i\leqslant 6, 且 i\neq 1, 3, 2\} = c_{35} = 7$$
由图 7-6 可知，节点 v_5 有 3 个位置（弧线）可以插入。现在分析将 v_5 加入哪里合适。
1）插入（1，3）间，$\Delta=c_{15}+c_{53}-c_{13}=7+7-6=8$。
2）插入（3，2）间，$\Delta=c_{35}+c_{52}-c_{32}=7+15-5=17$。
3）插入（2，1）间，$\Delta=c_{25}+c_{51}-c_{21}=15+7-10=12$。

比较上面 3 种情况的增量，插入（1，3）之间的增量最小，所以应将节点 v_5 加入（1，3）间，结果为 $T=\{v_1,\ v_5,\ v_3,\ v_2,\ v_1\}$。其子回路则变为如图 7-7 所示。

重复上面的步骤，分别再将节点 v_4、v_6 加入子回路中，就可以得到用最近插入法所得的解，$T=\{v_1,\ v_4,\ v_5,\ v_6,\ v_3,\ v_2,\ v_1\}$，如图 7-8 所示。

总行驶距离为 $f=8+4+6+8+5+10=41$。

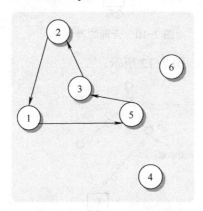

图 7-7　由 v_1、v_5、v_3 和 v_2 构成的子回路　　图 7-8　由最近插入法求得的最终结果

将该结果同上面用最近邻点法求得的结果比较，会发现它们之间有很大的不同。用最近插入法求得的解比用最近邻点法求得的解更优，但在计算过程中，也耗费了更多的计算量。由两种不同算法得到的解不同，也说明了启发式算法的不稳定性。为了得到更好的解，就需要设计更好的启发式算法。

第四节 一对多分送式多车配送路线优化

知识点 一对多分送式多车配送的含义、优化原则、扫描法、节约法。
能力点 优化一对多分送式多车配送路线。

在实际送货过程中,最常遇到的情况是配送中心用多辆车同时给多个客户送货,这时企业期望的是在使用尽可能少的车辆且行驶总里程也尽可能少的情况下,完成客户送货任务。此时每辆车负责的送货客户及行驶路线的合理安排,可用运筹学中的"扫描法"和"节约法"模型求解。

一、优化原则

1)同一车辆负责相互距离最接近的需求点的货物配送。车辆围绕相互靠近的需求点群进行送货,以使需求点之间的行车时间最短,如图 7-9、图 7-10 所示。

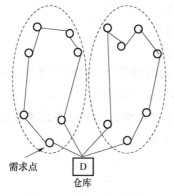 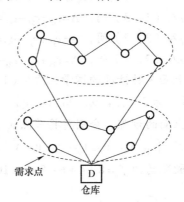

图 7-9 不合理的群划分　　　　　图 7-10 合理的群划分

2)行车路线应避免交叉且呈凸形,如图 7-11、图 7-12 所示。

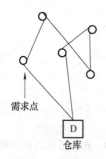 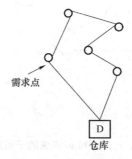

图 7-11 线路交叉　　　　　图 7-12 线路不交叉

3)尽可能使用载重量大的车辆运送,减少出车数量。
4)取货、送货混合安排,不应该在完成全部送货任务之后再取货。
5)从距仓库最远的需求点开始设计路线。
6)对过于遥远而无法归入群落的站点,可以采用其他配送方式。

二、扫描法

扫描法采用极坐标来表示各需求点的区位，然后任取一需求点为起始点，定其角度为零度，以顺时针或逆时针方向，以车辆的载货能力（包括容量和重量两个方面）为限制条件进行服务区域的分割，再进行区域内需求点的排序，即行车路线安排。

例 7-4

某物流公司为其客户提供取货服务，货物运回仓库集中后，再以更大的批量进行长途发运。所有取货任务均由载重量为 10t 的货车完成。现在有 12 家客户有取货要求，客户的取货量、地理位置坐标见表 7-2。物流公司仓库的坐标为（19.50, 5.56）。试确定一个合理的取货方案，要求合理安排车辆，并确定各车辆的行驶路线，使总的运输里程最短。

表 7-2　客户的取货量及地理位置

客户	1	2	3	4	5	6	7	8	9	10	11	12
取货量（t）	3.4	2.8	3.15	2.4	2	3	2.25	2.5	1.8	2.15	1.6	2.6
x_i	18.3	20.2	21.0	19.9	20.5	20.8	19.1	18.8	18.6	19.0	20.0	19.1
y_i	4.80	5.40	5.19	4.90	6.42	5.88	5.93	5.98	5.55	4.55	4.78	5.00

解：首先，根据仓库、客户的坐标位置和客户取货量信息，绘制仓库和客户的地理位置图，然后将客户取货量标注到图上，如图 7-13 所示。

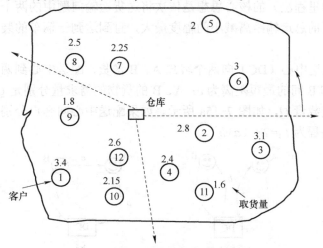

图 7-13　客户信息及服务区域划分

然后，以仓库为原点，向右水平方向画一条直线，按逆时针方向进行"扫描"，水平直线是随机决定的。逆时针旋转该直线，将直线经过的客户货物装上货车，直到装载的货物能装上一辆 10t 的货车上，同时又不超重。此时，完成一个服务区域的划分。

继续逆时针旋转直线，重复上述过程，直到所有的客户都分派有车辆取货，就完成了一个服务区域的划分，服务区域数就是需要分派的货车数，如图 7-13 所示，划分出 3 个服务区域，需要 3 辆配送车。

在每个服务区域内确定到各客户点的取货顺序，即行车路线安排。行车路线应避免交叉且呈凸形。优化后的取货路线安排方案为共需派 3 辆货车，每辆车的行驶路线安排如图 7-14 所示。

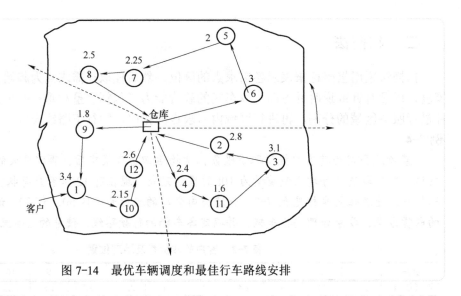

图 7-14 最优车辆调度和最佳行车路线安排

三、节约法

(一) 节约法的含义及其基本原理

节约法(节约里程法)的核心思想是依次将送货运输问题中的两个回路合并为一个回路,每次使合并后的总运输距离减小的幅度最大,直到达到一辆车的装载限制时,再进行下一辆车的优化。

例如,一家配送中心(DC)向两个客户 A、B 送货,配送中心到两个客户的最短距离分别是 a、b,A 和 B 间的最短距离为 c;A、B 的货物的需求量分别是 Q_A、Q_B,且 Q_A+Q_B 小于一辆货车的装载量 Q,如图 7-15a 所示。如果配送中心向客户分别单独送货,那么需要两个车次,总路程为 $L_1=2\times(a+b)$。

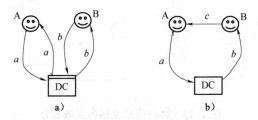

图 7-15 向两个客户送货的路线安排

a) 分别送货 b) 回路送货

如果改用一辆货车对两个客户采取回路送货的方式,如图 7-15b 所示,则只需一个车次,运行的总路程为 $L_2=a+b+c$,由三角形的性质我们知道:$c<a+b$,所以第二次的配送路线安排明显优于第一次,且运行总路程节约为 $S=a+b-c$,S 为节约里程量,这就是著名的节约量计算公式。

如果配送中心还有 C、D、E…客户,在货车载重和体积都允许的情况下,可将它们按照节约里程量的大小依次连入这个回路,直至满载为止,此时就完成了一条配送路线的安排。余下的客户可用同样方法确定配送路线,另外派车。

利用节约法确定配送路线的主要出发点是，根据配送中心的运输能力和配送中心到各客户以及各客户之间的距离来制订使总的车辆运输的吨公里数最小的配送方案。另外还需满足以下条件：①满足所有用户的要求。②不使任何一辆车超载。③每辆车每次出行的总运行时间或行驶里程不超过规定的上限。④满足用户的收货时间要求等。

（二）节约法的启发式算法

例 7-5

某物流公司配送中心 P 负责 A、B、C…I 共 9 个客户的送货任务，其运输路线网络、配送中心与客户以及客户之间的距离如图 7-16 所示，图中连线上的数字表示公路里程（km），节点旁括号内的数字表示客户每天对货物的需求量（t）。配送中心备有载重量为 2t 和 4t 的货车多部，且货车每次送货的运行里程（从配送中心出发到返回）不能超过 35km，客户对货物的送达时间没有要求。试确定该配送中心的每天最优配送方案，即保证满足客户送货要求，同时使车辆使用数和车辆总行驶里程尽可能少。

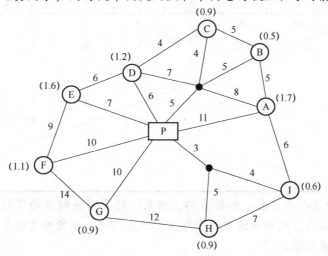

图 7-16 配送路线网络及客户需求信息

解：1）制作运输里程表。计算配送中心与各需求点以及各需求点之间的最短距离，即计算网络图中每对点之间的最短距离，见表 7-3。

表 7-3 运输里程表　　　　　　　　　　　　（单位：km）

	P	A	B	C	D	E	F	G	H	I
P		11	10	9	6	7	10	10	8	7
A			5	10	14	18	21	21	13	6
B				5	9	15	20	20	18	11
C					4	10	19	19	17	16
D						6	15	16	14	13
E							9	17	15	14
F								14	18	17
G									12	17
H										7
I										

2）制作节约里程表。由运输里程表，按节约里程计算公式，计算每对需求点连接后的节约里程量，编制节约里程表，见表7-4。

节约里程计算公式为$S=a+b-c$，（a、b为配送中心到需求点的最短距离，c为该对需求点之间的最短距离），当$S\leq0$时，一律记为$S=0$。

$$A–B: L_{PA}+L_{PB}-L_{AB}=11+10-5=16$$
$$A–C: L_{PA}+L_{PC}-L_{AC}=11+9-10=10$$
$$A–D: L_{PA}+L_{PD}-L_{AD}=11+6-14=3$$
$$A–E: L_{PA}+L_{PE}-L_{AE}=11+7-18=0$$
$$A–F: L_{PA}+L_{PF}-L_{AF}=11+10-21=0$$
$$A–G: L_{PA}+L_{PG}-L_{AG}=11+10-21=0$$
……

表7-4　节约里程表　　　　　　　　　　　（单位：km）

	A	B	C	D	E	F	G	H	I
A		16	10	3	0	0	0	6	12
B			14	7	2	0	0	0	6
C				11	6	0	0	0	0
D					7	1	0	0	0
E						8	0	0	0
F							6	0	0
G								6	0
H									8
I									

3）制作节约里程排序表。根据节约里程表，将每对点对应的节约里程量排序，按从大到小的顺序排列，编制节约里程排序表，见表7-5。以便尽量使节约里程最多的需求点组合在一起装车配送。

表7-5　节约里程排序表　　　　　　　　　　（单位：km）

序号	连接点	节约里程	序号	连接点	节约里程	序号	连接点	节约里程
1	A-B	16	6	H-I	8	10	F-G	6
2	B-C	14	8	B-D	7	10	G-H	6
3	A-I	12	8	D-E	7	15	A-D	3
4	C-D	11	10	A-H	6	16	B-E	2
5	A-C	10	10	B-I	6	17	D-F	1
6	E-F	8	10	C-E	6			

4）安排配送路线。根据节约里程排序表、配送车辆的载重和容积因素、车辆行驶里程等约束条件，逐一将符合条件的需求点合并到一条路线上，按需求点的接入顺序逐步绘出配送路线。重复这个过程，直到所有的需求点都被合并到各自的配送路线上为止。

由表7-5可知，点A和点B连接的节约里程量（16km）最多，所以先将点A、点B连接，即连接A→B，形成一条配送路线：P→A→B→P，派一辆载重量为4t的车（优先安排大吨位车），此时，货车装载量：1.7t+0.5t=2.2t<4t，这条路线不是最优。接着找出与

点 A 或点 B 的连接点中节约里程量较大的点 C（点 B 和点 C 连接的节约里程量（14km）最多），将点 C 合并到配送路线上（注意连接顺序），即 P→A→B→C→P，再次判断货车装载量：1.7t+0.5t+0.9t=3.1t<4t，仍不是最优。继续找出与点 C 或点 A 的连接点中节约里程量较大的点 I（点 A 和点 I 连接的节约里程量（12km）最多），将点 I 合并到配送路线上，即 P→I→A→B→C→P，再判断货车装载量：1.7t+0.5t+0.9t+0.6t=3.7t<4t，还差 0.3t 未满载，但余下的客户送货量都大于 0.3t，所以这条配送路线已经不能再优化。这样我们得到第一条配送路线：P→I→A→B→C→P。在剩下的点中继续进行这样的工作，直到所有的点都被合并到某一条配送路线上，就得到最终配送方案，如图 7-17 所示。

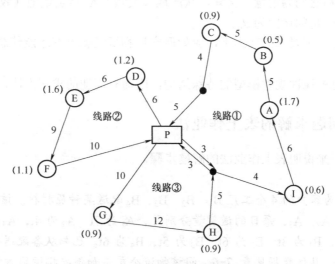

图 7-17 优化后的配送路线方案

线路①：安排一辆载重量为 4t 的车，配送路线及送货顺序：P→I→A→B→C→P，行程为 32km，载货量为 3.7t。

线路②：安排一辆载重量为 4t 的车，配送路线及顺序：P→D→E→F→P，行程为 31km，载货量为 3.9t；

线路③：安排一辆载重量为 2t 的车，配送路线及顺序：P→G→H→P，行程为 30km，载货量为 1.8t。

总共行驶里程 93km，与向客户分别单独送货的方案相比，共节约里程：（16+14+12）+（8+7）+6=63（km）。

从上述例题中可知，在货车载货能力允许的前提下，每辆车的配送路线上经过的客户个数越多，里程节约量就越大，配送路线也就越合理。

第五节　多对多直送式配送路线优化

知识点　多对多直送式配送的含义、运输问题、表上作业法。
能力点　优化多对多直送式配送路线。

多对多（多个起讫点）直送式配送是指由多个送货点对多个客户的直达送货。解决这种情形下的配送路线优化安排的最有效方法就是运用运筹学中的"运输问题"模型。

一、运输问题的含义

运输问题是一种应用广泛的网络最优化模型,该模型的主要目的是为物资调运、车辆调度选择最经济的运输路线。运输问题的一般提法如下。

对某种物资,设有 m 个产地 $A_1, A_2, \cdots, A_m$,称它们为发点,其对应产量为 $a_1, a_2, \cdots, a_m$,称它们为产量;另有 n 个销地 $B_1, B_2, \cdots, B_n$,称它们为收点,其对应销量为 $b_1, b_2, \cdots, b_n$,称它们为销量。又知,从产地(发点)A_i 运至销地(收点)B_j 的物资每单位的运价或 A_i 至 B_j 的运距为 d_{ij}。

问题:在满足一定要求的前提下,应如何安排物资运输方案才能使总运费用或总运输量最少?

由于运输问题的线性规划模型的特殊结构,因而有简便的求解方法,即表上作业法。

二、运输问题求解的表上作业法

下面结合例子来说明表上作业法的解题步骤。

例 7-6

某物流公司为客户的 4 个工厂 B_1、B_2、B_3、B_4 配送某种原材料。该物流公司下设 3 个配送中心 A_1、A_2、A_3,每日的送货量分别是,A_1 为 7t,A_2 为 4t,A_3 为 9t,4 个工厂的每日需求量是,B_1 为 3t,B_2 为 6t,B_3 为 5t,B_4 为 6t。已知从各配送中心到各工厂的单位产品的运价,具体数据见表 7-6。问该物流公司应如何安排运输方案,使得在满足各工厂需求量的前提下总运费最少?

表 7-6 产销量及运价表

	B_1	B_2	B_3	B_4	产量(t)
A_1	3	11	3	10	7
A_2	1	9	2	5	4
A_3	7	4	10	5	9
销量(t)	3	6	5	6	20

解:列出产销平衡表,见表 7-7。

表 7-7 产销平衡表

	B_1	B_2	B_3	B_4	产量(t)
A_1	3 / x_{11}	11 / x_{12}	3 / x_{13}	10 / x_{14}	7
A_2	1 / x_{21}	9 / x_{22}	2 / x_{23}	5 / x_{24}	4
A_3	7 / x_{31}	4 / x_{32}	10 / x_{33}	5 / x_{34}	9
销量(t)	3	6	5	6	20

1. 建立初始运输方案

求初始调运方案常采用最小元素法,即采用"优先安排单位运价小的发点与收点之间的运输任务"的规则来得到初始可行方案(在平衡表中,从单位运费最小的格子开始,将其对应产量或销量中的较小者填入该格子中,将满足的行或列中的其他空格打"×",然后在剩下的空格中重复此工作,直到得到一个方案为止),见表 7-8。

注意:初始方案表中有数字的格子个数必须保持 $m+n-1$ 个,如遇到退化情况,即数字格不为零的数不足 $m+n-1$ 个,必须用填 0 的方法补足,而不能画"×"。

表 7-8 最小元素法对应的初始方案表

	B_1	B_2	B_3	B_4	产量(t)
A_1	3 ×	11 ×	3 4	10 3	7
A_2	1 3	9 ×	2 1	5 ×	4
A_3	7 ×	4 6	10 ×	5 3	9
销量(t)	3	6	5	6	20

2. 最优方案的判定

我们用位势法来判定当前运输方案是否为最优解。位势法要首先求出空格检验数,若全部检验数均大于等于 0,则当前运输方案为最优,否则还要调整修改,求得一个新的可行方案。

将表 7-8 增加一行与一列,见表 7-9。u_i 与 v_j 分别称为产地 A_i 与销地 B_j 的位势。

u_i、v_j 满足位势方程组 $u_i+v_j=d_{ij}$(d_{ij} 为非基变量所在空格处的运费)。本例中位势方程组为

$$\begin{cases} u_1 + v_3 = d_{13} = 3 \\ u_1 + v_4 = d_{14} = 10 \\ u_2 + v_1 = d_{21} = 1 \\ u_2 + v_3 = d_{23} = 2 \\ u_3 + v_2 = d_{32} = 4 \\ u_3 + v_4 = d_{34} = 5 \end{cases}$$

令 $u_i=0$,容易用方程组求出其余位势的值,可直接在表中计算。

表 7-9 初始方案位势值计算表

	B_1	B_2	B_3	B_4	产量(t)	u_i
A_1	3 ×	11 ×	3 4	10 3	7	0
A_2	1 3	9 ×	2 1	5 ×	4	−1
A_3	7 ×	4 6	10 ×	5 3	9	−5
销量(t)	3	6	5	6	20	
v_j	2	9	3	10		

令 $\lambda_{ij} = d_{ij} - (u_i + v_j)$，称 λ_{ij} 为空格检验数。

表中空格检验数如下。

$$\lambda_{11} = d_{11} - (u_1 + v_1) = 1 \qquad \lambda_{12} = d_{12} - (u_1 + v_2) = 2$$
$$\lambda_{22} = d_{22} - (u_2 + v_2) = 1 \qquad \lambda_{24} = d_{24} - (u_2 + v_4) = -4$$
$$\lambda_{31} = d_{31} - (u_3 + v_1) = 9 \qquad \lambda_{33} = d_{33} - (u_3 + v_3) = 12$$

由于 $\lambda_{24} = -4 < 0$，所以当前解不是最优解，需进行方案的调整，即求出一个新的可行方案。

3. 可行方案的转换

进行可行方案的转换需要使用闭回路法。在给出调运方案的表上（见表7-8），从 λ_{24} 所在的格出发找一条闭回路。闭回路的确定方法是以空格为起点，用水平或垂直线向前划，遇到数字格可转 90°后继续前进，也可以不转，直到回到起始空格为止。这里以 x_{24} 为起点的闭回路为 $x_{24} \to x_{23} \to x_{13} \to x_{14} \to x_{24}$。在闭回路上进行运量调整，调整量 $\theta = \min\{1, 3\} = 1$，做变换：奇顶点运量+，偶顶点运量−，此时得到新的可行方案，见表7-10。

表 7-10 第一次调整后的新方案及新位势值计算表

	B_1	B_2	B_3	B_4	产量（t）	u_i
A_1	3 ×	11 ×	3　5	10　2	7	0
A_2	1　3	9 ×	2 ×	5　1	4	−5
A_3	7 ×	4　6	10 ×	5　3	9	−5
销量（t）	3	6	5	6	20	
v_j	6	9	3	10		

此时 $\lambda_{11} = -3 < 0$，还需要进行方案调整，经过闭回路调整可得表7-11。

表 7-11 第二次调整后的新方案及新位势值计算表

	B_1	B_2	B_3	B_4	产量（t）	u_i
A_1	3　2	11 ×	3　5	10 ×	7	0
A_2	1　1	9 ×	2 ×	5　3	4	−2
A_3	7 ×	4　6	10 ×	5　3	9	−2
销量（t）	3	6	5	6	20	
v_j	3	6	3	7		

由于全部 $\lambda_{ij} \geq 0$，则已得最优运输方案，即 $A_1 \to B_1$ 送货 2t，$A_1 \to B_3$ 送货 5t；$A_2 \to B_1$ 送货 1t，$A_2 \to B_4$ 送货 3t；$A_3 \to B_2$ 送货 6t，$A_3 \to B_4$ 送货 3t。

在用闭回路法调整时，也要注意保持数字格为 $m+n-1$ 个。若闭回路中最小运量格有两个或两个以上，只能选一个画"×"，其余填0，以保持基变量的个数。

第七章　配送路线优化

实训练习

实训目的

通过完成车辆最优配送路线方案的制订工作，让学生掌握里程节约法模型工具的使用技能；同时也让学生了解在配送路线优化中可使用的简洁、有效的工具，如最短路问题、TSP 问题、运输问题等优化模型。

实训任务

在已知的配送网络中，针对配送点向多个客户的送货任务，制订车辆行驶里程最少的配送路线安排方案。

任务情景

已知配送中心 P_0 向 5 个用户 P_1、P_2、P_3、P_4、P_5 配送货物，其配送路线网络、配送中心与用户的距离以及用户之间的距离如图 7-18 所示。图中连线上的数字表示路线里程（km），节点旁括号内的数字表示客户的需求量（t）。配送中心有 3 台载重量为 2t 的货车和 2 台载重量为 4t 的货车两种车型可供使用。

现在你是该配送中心的运输调度，请你设计配送网络中的车辆行驶里程最少的配送路线安排方案，并比较优化后的方案比单独向各客户送货的方案可节约多少时间？（厢车的平均行驶速度为 40km/h）

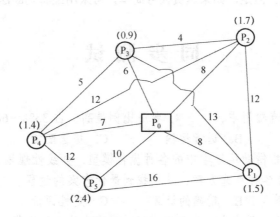

图 7-18　配送路线网络及客户需求信息

任务帮助

利用节约里程法设计最优的配送路线方案，节约里程法求解的具体步骤见本章第四节的内容。

单独向各客户送货的方案如图 7-19 所示。

配送路线的安排是否合理对配送速度、成本、效益的影响很大，所以采用科学、合理的方法来确定配送路线，是配送作业管理中非常重要的一项工作。

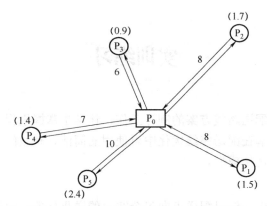

图7-19 单独向各客户送货的配送路线图

本章小结

配送中心的每次配送活动一般都面对多个非固定客户,客户地点各不相同,配送时间和配送数量也都不尽相同,送货路线的选择就成了一个难题。因此,采取科学的方法对配送路线进行合理的规划调整,是大多数配送中心与配送系统的一项重要工作。

本章主要介绍了配送路线优化的目标、约束条件及优化技术方法。重点讨论了一对一直送式配送路线优化方法、一对多分送式配送路线优化方法、多对多直送式配送路线优化方法。这些最优化方法的思路是,在考虑现实条件约束的前提下,寻找配送成本最低或配送"吨公里最小"的路线选择方案。但是,如果送货任务简单,可采用经验判断法等来选择送货路线。

同步测试

一、单选题

1. 配送中心的物流费用中,( )费用比例最高,占35%~60%。
   A. 搬运装卸   B. 送货运输   C. 拣选配货   D. 入库作业

2. 最优化算法是指借助运筹学中的各种优化模型,如线性规划模型、网络图模型等,依赖( )过程评价各种可选方案,从中找到最优方案的过程。
   A. 模糊的计算 B. 精确的计算 C. 定性评价   D. 定量评价

3. 一对一直送式配送是指由一个配送点对一个客户的专门送货,此时通常选择( )的送货路径,以节约时间和费用。
   A. 装卸搬运距离最短   B. 人力资源最少
   C. 车辆速度最快   D. 起讫点距离最短

4. 一家配送中心向两个客户A、B送货,配送中心到两个客户的最短距离分别是 a、b,A和B间的最短距离为 c。则节约法中的节约量(S)计算公式是( )。
   A. $S=a+b-c$ B. $S=a+b+c$ C. $S=c-a+b$ D. $S=(a+b)-2c$

5. 表上作业法中,若全部检验数均( ),则当前调运方案为最优,否则还要调整修改,求得一个新的可行方案。

A. 等于0 B. 小于等于0 C. 大于等于0 D. 大于0

二、多选题

1. 配送路线优化问题是指对一系列装货点和卸货点组织适当的行车路线，使车辆有序地通过，在满足一定的约束条件下，达到一定的目标，如（　　　）。
   A. 行程最短 B. 需求量大 C. 费用最少 D. 时间最少
   E. 运力最省

2. 安排距离短、时间少的车辆送货路线及行车时间表时，需要根据（　　　）等进行综合分析后做出选择和判断。
   A. 客户的具体位置 B. 送货品种
   C. 沿途的交通情况 D. 送货任务
   E. 送货顺序

3. 一般配送路线安排遇到的约束条件有（　　　）。
   A. 满足所有收货人对货物品种、规格、数量的要求
   B. 满足收货人对送达时间的要求
   C. 在允许通行的时间内进行配送
   D. 自然因素的通行限制
   E. 各配送路线的货物量可以超过车辆载重量的限制

4. 利用节约法确定的配送路线不仅是吨公里数最小，另外还需满足以下条件：（　　　）。
   A. 满足所有用户的要求
   B. 不使任何一辆车超载
   C. 每辆车每次出行的总运行时间不超过规定的上限
   D. 满足用户收货时间要求
   E. 每辆车每次出行的总行驶里程不超过规定的上限

5. 在每个服务区域内确定到各客户点的送/取货顺序时，行车路线安排应避免（　　　）。
   A. 交叉 B. 呈凹形 C. 呈凸形 D. 迂回
   E. 重复

三、判断题

1. 用经验判断法优化配送路线，其分析结果一定就是低质量的。（　　）
2. 配送中心进行送货路线的合理规划，往往也会出现不合理运输现象，如迂回运输、重复运输等。（　　）
3. 对于单车配送路线的优化，即配送中心用一辆车给多个客户送货的问题，企业期望的是能够找到一条从配送中心出发，经历各客户点，然后返回的最短运行路线。（　　）
4. 闭回路的确定方法为以数字格为起点，用水平或垂直线向前划，遇到数字格可转90°后继续前进，也可以不转，直到回到起始空格为止。（　　）
5. 节约里程法核心思想是依次将送货运输问题中的两个回路合并为一个回路，每次使

合并后的总运输距离减小的幅度最小。   ( )

四、简答题

1. 简述配送路线优化原则。
2. 扫描法是如何安排送货路线的?
3. 简述节约里程法的优化原理。
4. 简述节约法的启发式算法的优化步骤。
5. 最小元素法求解初始运输可行方案的步骤是什么?

五、计算分析题

1. 某配送中心 2 号库房有一批房屋装修材料需要在一天时间内（早晨 8 点到下午 6 点）全部送货完毕，共有 10 个客户。每个客户的送货量刚好用一台东风牌 6.2m、7.9t 的货车即可满足要求，现在可供调用的 6.2m 东风货车 8 辆。因为可以提前拣好货，月台装车时间最多半个小时。具体的送货路线和时间安排见表 7-12，要求尽量减少服务所有路线所需的车辆数，请对所需要的车辆数及每辆车的行车路线做出安排。

表 7-12　客户送货路线及时间要求

客户路线	发车时间	返回时间
1	8:00AM	10:25AM
2	9:30AM	11:45AM
3	2:00PM	4:53PM
4	11:31AM	3:21PM
5	8:12AM	9:52AM
6	3:03PM	5:13PM
7	12:24PM	2:22PM
8	1:33PM	4:43PM
9	8:00AM	10:34AM
10	10:56AM	2:25PM

2. 某物流公司计划安排从区域配送中心（A 地）到基层配送中心（G 地）的送货路线。因为行车时间和距离紧密相关，所以公司调度员希望能找到最短路径。如图 7-20 所示是 A 地到 G 地可用的运输网络路线图及各段路线里程（km）情况。试找出最短的行车送货路线。

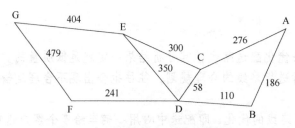

图 7-20　城市间公路路线图

3. 某城市的道路交通路线如图 7-21 所示，请找出起点（A）与终点（J）之间行车时间最短的路线。节点之间的每条链上都标有相应的行车时间（单位：min），节点代表道路的连接处。

4. 如图7-22所示是某糖果公司（O点）与其7个客户（直销商，1～7点）的相对位置图。糖果公司需要定期地向这7个客户送货。糖果公司与客户之间都有道路直接相连，它们直接的距离具有对称性，其距离矩阵见表7-13。现假定，由于送货密度比较高，每次发往各个直销商的货物可以一车运完。试用最近邻点法求解，设计一条配送货物的行驶距离最短的路径，使运费最低。然后用最近插入法求解最短路径，结果又如何？根据结果比较两种不同的求解方法。

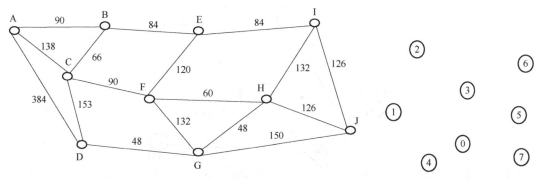

图 7-21 某城市公路交通线路图　　　　　　图 7-22 城市分布地图

表 7-13 距离矩阵表　　　　　　　　　　（单位：km）

	V_0	V_1	V_2	V_3	V_4	V_5	V_6	V_7
V_0	—	9	12	7	5	8	16	13
V_1		—	13	16	7	19	22	21
V_2			—	7	18	20	17	25
V_3				—	12	10	9	16
V_4					—	14	20	15
V_5						—	8	6
V_6							—	13
V_7								—

5. 某物流公司用厢式货车从客户那里取货。货物先运回到仓库，集中后以更大的批量进行长途运输。如图7-23所示是该公司典型的一天的取货量，取货量单位为件。厢式货车的载货量是10 000件，一辆货车取货一个往返需要一整天的时间，公司要求一天的取货任务当天要全部完成。现请你应用扫描法为该公司制订一份满意的车辆取货方案，要求使用的车辆数尽可能少，同时车辆行驶总里程也要尽量短，并指明每条路线上的客户取货顺序。

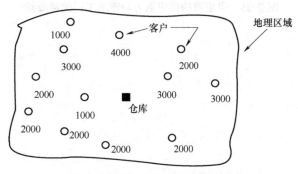

图 7-23 客户每天的取货量数据

6. 如图 7-24 所示为某物流中心的配送线路网络图。由配送中心 P 向 A、B、C、D、E 五个用户配送某物品。图中连线上的数字表示节点间的距离（km），靠近用户的括号中数字表示该用户的需求量（t）。配送中心备有载重量为 2t 和 4t 的货车多部，要求每辆货车一次送货到返回的行驶里程不能超过 30km。请用节约里程算法对该物流中心的配送方案进行优化，最终获得一个较满意的配送方案。

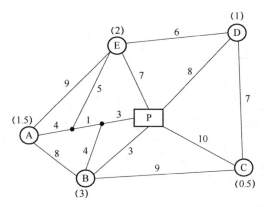

图 7-24 配送路线网络图

7. 某食品公司从 3 个供应商处采购原料，食品公司将原料的运输任务外包给了某物流公司，要求是必须满足食品公司的 3 个工厂生产需求具体情况如图 7-25 所示，其中指明了各运输路线上每箱货物的运输费率。这些费率是每个供应商到每个工厂之间最短路径的运输费率。供求都以箱为单位进行计算。请为物流公司制订一个最优的运输方案（各工厂应由哪些供应商供货），使总的运输费用最少。

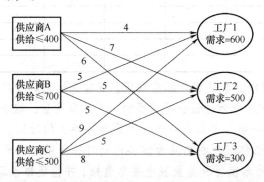

图 7-25 供应商的供应能力与需求工厂的需要量

第八章 配送作业绩效评价

> ### 学习目标
>
> 1. 能够根据岗位任务、业务流程作业、配送整体运作以及客户需求等情况，合理选用配送作业绩效评价的内容。
> 2. 能够根据评价主体、评价客体、评价周期、评价指标、目标值、评价标准、得分结果等内容，构建合适的配送绩效评价指标量表。
> 3. 能够根据配送作业各环节的具体情况，对进出货、存货管理、订单处理、拣货、送货等作业指标以及服务质量指标进行分析。
> 4. 能够运用比较分析法或鱼骨图分析法，初步对各项配送作业的绩效评价考核结果进行诊断和分析。

引例

××储运公司的困境

××储运公司从事仓储运输业务已有 15 年，是当地颇具影响力的储运行业龙头之一。三年前，××储运公司开始涉足轻工业品的配送业务，战略目标是在五年之内以低成本、优质服务成为本地市场占有率最大的轻工业品配送企业。凭借多年积累下来的丰富的企业关系资源，公司开始的业务拓展非常顺利。但是，随着公司配送业务量的剧增，内部管理问题逐渐显露，客户投诉越来越频繁。尤其近一年来竞争对手逐渐增多，该公司的客户流失现象严重，一连三个季度营业额下降明显。公司经理意识到公司面临严峻的形势，亲自带队拜访新老客户，调研客户流失原因。经调查了解，客户的抱怨概括如下：①常有送货延误，影响正常生产。②竞争对手收费更低。③出现单货不符与货损货差的情况。④货损后要求退、换货，长时间得不到处理结果。

公司经理立即就以上问题展开内部调研，不曾想员工们的抱怨更多：

①送货车队成本独立核算，司机埋怨频繁出车会增加空载油耗，而等待充分配载又需要时间，尤其拣货效率很低，还有积载不当、送货路线设计不好也常常导致送货延误。②拣货人员埋怨人手紧缺，尤其是在上午十点左右，月台挤满等货的车，拣货匆忙交接

仓促，难免出错。③打包工人说货损不能算到他们身上，因为谁也不知道包装是装卸时还是送货时损坏的。④订单部反映某"优秀员工"领导加班时他都在，领导对其印象很好，而平时上班常溜号，同事对此很不满。⑤前台客服人员抱怨经常接到一些怒气冲冲的电话要求退换货，每次均需向经理反映，但经理常常出差不在等。公司经理调研发现，每个部门都摆出工作成绩和困难，但相互推诿责任；员工们埋怨辛苦，要求提高待遇，但事实上公司业绩却在不断下滑。

上述案例表明，该储运公司业绩不断下滑是配送业务运作管理方面出现了问题。那么，该公司配送业务方面的问题到底出在哪个环节呢？又该如何解决呢？这就是本章将要探讨和研究的内容。本章我们将对公司战略目标管理支持系统——作业绩效评价方面的内容展开讨论，对配送作业绩效评价的意义和内容、配送作业绩效衡量标准、组织和实施绩效评价及根据评价结果分析配送作业管理问题等方面进行论述。

第一节 配送作业绩效评价含义

知识点 绩效、绩效评价、绩效管理、配送作业绩效评价内容。
能力点 选择配送作业绩效评价内容。

一、绩效与绩效评价

（一）绩效

绩效是与组织目标有关的活动或行为，同时也是这种活动或行为所获得的结果。

绩效的含义中有两方面内容：一方面，把绩效定义为产出或结果，认为绩效是工作所达到的结果，是一个人或一个组织工作成绩的记录。另一方面，把绩效定义为一种活动或行为，是与组织目标有关的行动或行为，能够用个人的熟练程度（即贡献水平）来定等级（测量）。

（二）绩效评价

绩效评价是运用一定的技术方法，采用特定的指标体系，依据统一的评价标准，按照一定的程序，通过定量、定性的对比分析，对业绩和效益做出客观、标准的综合判断，真实反映现实状况，预测未来发展前景的管理控制系统。绩效评价是一项有意义的实践活动，是对某单位、某部门、某行业、某地区的某个时期的工作和建设所取得的结果，从成绩和效益方面进行客观评价。

绩效评价是基于目标对运行结果的衡量，绩效评价过程主要包括绩效指标定义、分析和报告、评价和改进三部分。

（三）绩效管理

绩效管理是使用绩效评价信息来实现组织文化、体制和过程的积极变化，帮助组织设定一致的绩效目标，合理分配资源，分享绩效成效。绩效管理的本质就是要通过绩效评价、评估和不断地指导来得到具有高工作动机和高工作素质的劳动力。

（四）配送作业绩效评价

配送作业绩效评价作为配送绩效管理的主要环节，是配送企业总结配送作业成果，发现配送作业中的问题，并根据评价结果进行配送作业改进的重要工作。配送作业绩效评价也是企业内部监控的有效工具和方法。

本章所讨论的配送作业绩效评价仅限于配送企业的进出货、储存、订单处理、拣货、送货、补货及退货等内部流程作业层面的绩效及其在企业整体层面表现的客户服务绩效。

二、配送作业绩效评价的内容

目前人们尚未制订统一的配送作业绩效衡量标准，不同企业选用的配送作业绩效评价内容可能会存在差异。但也不外乎是对作业环节进行局部绩效衡量和对配送作业活动一体化效果进行综合衡量，既要反映岗位任务完成情况，又要能对业务流程作业做出评价，还要能全方位反映配送的整体运作情况，着重反映客户需求的落实，并且尽可能提供实时分析功能。一般而言，配送作业绩效评价的内容，可以体现为配送作业质量、配送作业成本、配送作业效率、配送作业安全、客户服务效果等几方面。

1．配送作业质量

配送作业最直接的目的是将货物保质、保量、按时、准确地送达，因此衡量配送作业质量的指标包括货物送达时的货物完好率、货物误差率、准时送货率、单证正确率、送货准确率、无误交货率等。

2．配送作业成本

配送作业成本直接影响配送服务价格和企业利润，主要包括运输成本、装卸成本、储存成本、配送加工成本及操作失误赔偿等。其指标可以是配送费用占货物价值比率、平均配送费用、单位货物运输成本、平均装卸成本、平均配送加工成本、百公里运输油耗、百公里车辆修保费、货损货差赔偿费等。

3．配送作业效率

配送作业效率主要衡量的是配送工作人员的劳动生产率、设施设备的利用率和运转效率及配送作业管理水平，其指标可以是订单响应时间、收发货时间、车辆利用率、车辆实载率、运力利用率、总运力贡献率、平均配送速率、单位时间配送量、进出货时间占比等。

4．配送作业安全

配送作业安全一般从货物安全和人员安全两个方面进行评价，包括火灾、盗窃、货物湿损、锈损、鼠咬、虫蛀等事件发生次数及其预防措施的合规性，危险品装卸储运作业的操作规范情况，配送作业过程中的工伤、事故频率、安全行车间隔里程等方面。

5．客户服务效果

客户服务效果指的是外部客户与市场对上述配送作业质量的反馈。衡量指标包括客户抱怨率、客户意见处理率、市场占有率、客户忠诚度、新增客户量等。

第二节 配送作业绩效评价指标

知识点 配送作业绩效评价指标的含义、配送作业评价指标量表、配送作业指标评价体系、进出货作业/存货管理/订单处理/拣货/送货等作业指标、服务质量指标。

能力点 构建配送作业评价指标量表、分析进出货作业/存货管理/订单处理/拣货/送货/服务质量等作业指标。

一、配送作业绩效评价指标体系

(一) 配送作业绩效评价指标的含义

配送作业绩效评价指标是反映配送流程作业环节及其整体作业效率与效果,衡量配送作业管理水平高低的尺度,是配送企业对内加强流程作业管理,对外提高客户服务水平的重要工具。

评价指标不是一成不变的,它根据企业内外情况变动而变动,经常是缺什么、评什么,要什么、评什么。如果指标用于考核,还应当是考核者与被考核者共同商榷、沟通的结果。

配送作业绩效评价指标可以涉及配送作业绩效管理的方方面面,企业通常采用"二八法则",仅甄选出少数的关键业绩指标(Key Performance Indication, KPI)进行评估。

(二) 配送作业绩效评价指标量表

评价指标量表是贯穿绩效评价全过程的管理工具,量表栏目一般包括评价主体、评价客体、评价周期、评价指标名称、指标说明、指标权重、目标值、评价标准、得分结果等内容。指标量表的质量直接影响绩效评价的成败。

企业案例 8-1

某配送企业评价指标量表(见表 8-1)

表8-1 某公司仓储部库管员岗位绩效评价指标量表

评价者:		被评价者:		评价时间:			综合得分:		
评价项目	指标名称	指标说明	指标权重	评价频度	资料来源	目标值	评价标准	得分
出入库管理	货物出入库差错率(%)	货物出入库出错次数/出入库总次数	0.20	月度	仓储部	0	等于目标值得20分;每提高1%扣_分;高于5%得0分	
	货物验收及时率(%)	规定时间内完成验收次数/货物验收总次数	0.15	月度	仓储部	100%	等于目标值得15分;每降低2%扣_分;低于90%得0分	

(续)

评价项目	指标名称	指标说明	指标权重	评价频度	资料来源	目标值	评价标准	得分
出入库单据处理	出入库单据填写差错率（%）	出入库单据填写错误次数/出入库单据总填写次数	0.20	月度	单证操作部	0	等于目标值得 20 分；每提高 1%扣_分；高于 5%得 0 分	
	出入库台账登记及时率（%）	及时登记出入库台账次数/登记出入库台账总次数	0.15	月度	单证操作部	100%	等于目标值得 15 分；每降低 1%扣_分；低于 90%得 0 分	
仓库环境管理	仓库环境良好率（%）	评价期内仓库环境检查良好天数/评价期工作天数	0.20	月度	安监部	95%	等于目标值得 20 分；每降低 5%扣_分；低于 80%得 0 分	
仓库利用情况	库容利用率（%）	库存货物占用面积/仓库总面积	0.10	月度	仓储部	80%	等于目标值得 10 分；每降低 5%扣_分；低于 60%得 0 分	

一般来说，当使用评价指标量表对岗位员工进行考核时，评价主体是此岗位的上级；但运用 360°绩效评价时，评价主体还可以是本人、同事、下属、客户等。指标可以分为定性指标和定量指标，主要来自与此岗位相关的流程与岗位职责，数量不宜超过 8 个，权重设置要反映指标的重要性。

（三）配送作业绩效评价指标体系构成

配送作业绩效评价指标是配送绩效评价内容的载体，也是配送绩效评价内容的外在表现。评价指标是实施绩效评价的基础，任何评价行为都要运用一定的指标来进行，配送绩效取决于诸多因素，具有综合性特征。一般情况下，单一的指标难以全面反映，因而实施绩效评价必须构建一个反映配送活动绩效各个侧面的由一系列相关指标组成的评价指标体系，从而可以从多个方面（如作业质量、作业成本、作业效率、作业安全、客户服务效果等）反映配送作业活动的绩效，如图 8-1 所示。

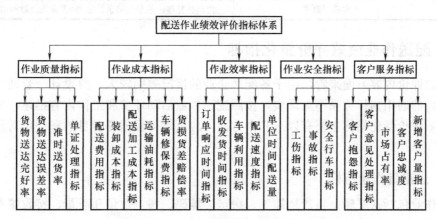

图 8-1 配送作业绩效评价指标体系示意图

企业案例 8-2

某医药配送中心出库作业绩效评价指标体系构成

某医药配送中心出库作业绩效评价指标构成及计算公式，见表 8-2。

表 8-2 某医药配送中心出库作业绩效评价指标构成及计算公式

评价项目	评价指标	指标计算公式
出库作业总体情况	出库件均条目数	出库总条目数÷出库总件数
	出库订单件数比	出库总件数÷出库总订单数
	内复核件均条目数	内复核条目数÷内复核总拼箱数
	拆零条目比例	拆零拣货总条目数÷出库总条目数
	整件条目比例	整件立库出库拣货总条目数÷出库总条目数
	拆零件数比例	拆零拣货总件数÷出库总件数
	整件件数比例	整件立库拣货总件数÷出库总件数
人员作业效率	整件日人均拣货件数	整件作业总件数÷整件人员出勤天数
	立库日人均拣货件数	立库作业总件数÷立库人员出勤天数
	拆零日人均拣货条目数	拆零工作条目数÷拆零拣货人员出勤天数
	内复核日人均复核条目数	内复核条目数÷内复核人员出勤天数
	外复核日人均复核件数	出库总件数÷外复核人员出勤天数
	日人均装车件数	出库总件数÷装车人员出勤总天数
人员作业质量	整件差错率	整件立库差错条目数÷整件立库出库条目数×100%
	拆零差错率	拆零差错条目数÷拆零出库条目数×100%
	内复核差错率	内复核差错条目数÷内复核条目数×100%
	外复核差错率	外复核差错条目数÷外复核条目数×100%
	装车差错率	装车差错条目数÷出库总条目数×100%
	作业总差错率	整件、拆零、内复核、外复核、装车差错条目数之和÷出库条目数×100%
	出库总差错率	内、外复核，装车差错条目之和÷出库条目数×100%

二、配送作业绩效评价量化指标

从绩效评价内容方面来看，由于各配送企业的情况差别较大，要设计一套适用所有企业绩效评价的通用指标体系不太现实。按照配送作业活动环节和工作内容描述，常用的配送作业绩效评价量化指标主要有以下几个方面，应用时可根据评价目的和评价对象进行适当调整。

（一）进出货作业指标

进货作业包括从车辆上将货物卸下、搬运、堆码、核对数量和质量、接收签单及将有关信息书面化等一系列工作。出货作业是指将拣取分类完成的货物做好出货核查后，根据送货车辆或配送路线将货物搬至出货准备区，然后装车配送。

在进出货作业环节，管理人员需要衡量人员作业的效率与质量、人员工作负担、装卸货设备及站台利用率等方面的问题。

1) 人员效率：考核进出货人员作业效率的高低。

$$每人每小时处理进货量 = \frac{考核期总进货量}{进货人员数 \times 每日进货时间 \times 工作天数}$$

$$每人每小时处理出货量 = \frac{考核期总出货量}{出货人员数 \times 每日出货时间 \times 工作天数}$$

2) 人员工作负担：考核进出货人员工作负担的大小，确定是否需要增减工作人员的数量。

$$进货时间率 = \frac{每日进货时间}{每日工作时数} \times 100\%$$

$$出货时间率 = \frac{每日出货时间}{每日工作时数} \times 100\%$$

如果进出货共用一批人员，则可合并计算。

$$每人每小时处理进出货量 = \frac{考核期总进出货量}{进出货人员数 \times 每日进出货时间 \times 工作天数}$$

$$进出货时间率 = \frac{每日进出货时间}{每日工作时数} \times 100\%$$

3) 人员作业质量：考核进出货人员工作质量的好坏。

$$进货数量误差率 = \frac{进货误差量}{进货总量} \times 100\%$$

$$出货数量误差率 = \frac{出货误差量}{出货总量} \times 100\%$$

$$进货品合格率 = \frac{进货品合格的数量}{进货总量} \times 100\%$$

4) 站台空间利用率：考核站台是否因数量不足或规划不当造成拥挤或低效。

$$站台利用率 = \frac{一定时期内进出货车次装卸货停留总时间}{站台泊位数 \times 工作天数 \times 每天工作时数} \times 100\%$$

$$站台高峰率 = \frac{高峰期车辆数}{站台泊位数} \times 100\%$$

若站台利用率高，表示站台停车泊位数量可能不足，将造成交通拥堵。此时，可采取增加停车泊位数；要求进出车辆有序行驶、停靠、装卸货；加快作业速度，减少每辆车装卸停留时间等措施。若站台利用率低，站台高峰率高，表示车辆停靠站台平均时间不长，站台停车泊位数量有余，但高峰时间拥堵。此时，关键是要将进出车辆的到达时间岔开，可要求供应商依照计划准时送货，同时规划交货的出车时间，尽量避开高峰时间作业。

（二）存货管理指标

配送企业的存货管理主要是将货物在短期内妥善保管，要求充分利用仓库空间，加强库存控制，既要防止存货过多而占用资源和资金，又要及时补货、降低存货的缺货率，并且定期或不定期地做好盘点，为日后准确、及时地出货做好准备。因此，存货管理绩效量化指标可包括以下几类。

（1）储存空间利用指标

$$储区面积率 = \frac{储区面积}{配送中心建筑面积} \times 100\%$$

$$可使用保管面积率 = \frac{可保管面积}{储区面积} \times 100\%$$

$$储位容积使用率 = \frac{存货总体积}{储位总容积} \times 100\%$$

$$单位面积保管量 = \frac{平均库存量}{可保管面积}$$

$$平均每品项所占储位数 = \frac{料架储位数}{总品项数}$$

由于配送中心除了仓库以外还包括办公区、停车场、食堂等，因此，可用储区面积率来衡量仓库的面积占整个配送中心所有建筑面积的比率；可用保管面积率来衡量仓储内通道规划的合理性；储位容积利用率和单位面积保管量用来衡量储位空间利用情况；平均每品项所占储位数应规划在 0.5~2，便于储存人员或拣货人员找寻存取货品。

（2）库存管理水平指标

$$库存周转率 = \frac{出货量}{平均库存量} \times 100\% \quad 或 \quad = \frac{营业额}{平均库存金额} \times 100\%$$

$$缺货率 = \frac{缺货次数}{客户订货次数} \times 100\%$$

周转率是考核配送企业库存控制水平和经营绩效的重要指标，该指标值越高，表明库存积压占用资金越少，库存管理水平越高，企业利润随周转率的提高而增加。缺货率是衡量收到客户订货后库存缺货的指标，缺货率越高，客户满意度越低。因此配送中心应将库存周转率和缺货率两个指标结合在一起分析，库存周转率越高、缺货率越低，说明配送中心库存管理水平越高。

库存管理改善对策是分析库存需求的变化规律，掌握采购、补货时机，督促供应商及时送货。

（3）储存消耗指标

$$存货管理费率 = \frac{库存管理费用}{平均库存量} \times 100\%$$

一般存货管理费用包括仓库租金，仓库管理费用（出入库验收、盘点等人工、保卫、仓库照明、温湿度调节、建筑物、设备、器具维修等费用），保险费，货物变质、破损、盘亏等损耗费、货物换季过时减值损失等。欲降低存货管理费率，需要针对上述费用项逐一检查分析，寻找改进途径；尽可能少量、频繁补货，提高库存周转速度。

（4）储存质量指标

$$呆废货品率 = \frac{呆废货品件数}{平均库存量} \times 100\% \text{ 或 } = \frac{呆废货品金额}{平均库存金额} \times 100\%$$

发生呆废料的原因有验收疏忽、产品变质、仓库保管不善、存货长期积压、订单取消或客户退货、变更计划、新产品或替代品出现、市场需求变化等。

改善的对策是严把货品验收关、检查储存方法及养护条件、重视对货品的有效期的管理，随时掌握滞销品的处理等。

（5）盘点质量指标

$$盘点数量误差率 = \frac{盘点误差量}{盘点总量} \times 100\%$$

$$盘点品项误差率 = \frac{盘点误差品项数}{盘点实际品项数} \times 100\%$$

产生盘点误差的原因有记账员疏忽、盘点计数错误、间接遗失、捆扎包装错误、出入库作业时票据输入错误等。改善的对策是对在库品进行 ABC 分类管理。

（三）订单处理作业指标

从接到客户订单开始到着手准备拣货之间的作业阶段，包括订单资料确认、存货查询、单据处理等，主要评价指标有以下几种。

（1）订单处理数量指标

$$日均受理订单数 = \frac{订单数量}{工作天数}$$

$$平均客单数 = \frac{订单数量}{客户数}$$

$$平均客单价 = \frac{营业额}{订单数量}$$

日均受理订单数、平均客单数指标值不高，表明配送中心业务量不多，有待拓展业务，谋求较大的效益。改善方法是强化经营管理、加强促销、提高产品质量、经营受客户欢迎的产品。通过对这三项指标的分析，观察每天订单的变化情况，用以拟订客户管理策略及业务发展计划。

（2）订单处理质量指标

$$订单延迟率 = \frac{延迟交货订单数}{订单总数} \times 100\%$$

$$订单货件延迟率 = \frac{延迟交货量}{出货量} \times 100\%$$

此两项指标用来衡量交货延迟状况，改善指标可从以下几方面着手：找出配送作业流程的瓶颈加以解决，改善作业环节间的协调性和均衡性；动态地、准确地掌握库存情况，及时补货；合理安排配送时间；实施客户 ABC 分析，确定客户重要性程度，采取重点管理的方式，减少重要客户延迟交货的次数。

$$紧急订单响应率 = \frac{未超过12小时出货订单}{订单总数} \times 100\%$$

此指标反映配送企业的订单快速处理能力和紧急插单业务处理能力，需要事先制订快速作业处理流程与操作规程。

$$订单缺货率 = \frac{接单缺货量}{出货量} \times 100\%$$

如果缺货率过高，就应当重新审视目前的库存控制策略，有无调整再订货点、订货批量基准的必要，督查是否及时录入进出货品情况，动态关注存货异动，掌握采购、补货时机，督促供应商准时送货。

（四）拣货作业指标

拣货作业是依据客户订货要求或配送作业计划，准确、迅速地将货品从其储位或其他区域拣取出来的过程，一般属于劳动密集型作业，耗费成本较多，而拣货时间、拣货策略及拣货精确度对接单出货时间与出货质量影响较大。拣货作业绩效评价指标包括以下几种。

（1）拣货作业效率

$$人均每小时拣货品项数 = \frac{订单总品项数}{拣货人员数 \times 每天拣货时数 \times 工作天数}$$

$$人均每小时拣货件数 = \frac{累计拣货总件数}{拣货人员数 \times 每天拣货时数 \times 工作天数}$$

$$批量拣货时间 = \frac{每日拣货时数 \times 工作天数}{拣货分批次数}$$

如果想改善人均每小时拣货品项数，则可通过合理规划拣货路径、合理配置储位、确定高效的拣货方式，合理安排拣货人员数量及工时，拣货的机械化、电子化等途径来实现。批量拣货时间短，表示拣货作业快。

（2）拣货作业成本

$$每份订单拣货成本 = \frac{拣货总成本}{订单数量}$$

$$每笔货物拣货成本 = \frac{拣货总成本}{订单货物总笔数}$$

这两项指标分别反映处理一份订单和处理一笔商品需消耗的拣货成本，其数值越高，投入成本越多，因此，当这一指标上升时，说明效益正在下降，必须采取措施控制成本。

一般拣货成本主要包括三类：①人工成本，包括直接、间接拣货工时成本。②拣货设备折旧费，包括储运、搬运、资讯处理等设备的折旧费用。③资讯处理成本，包括对拣货业务进行信息处理所用的耗材等产生的费用。

(3) 拣货作业质量

$$拣误率 = \frac{拣取错误笔数}{订单货物总笔数} \times 100\%$$

拣误率高的改善对策是选择最合理的拣货方式、加强拣货人员培训、引进先进的条码技术、计算机辅助拣货系统等先进拣货技术，以提高拣货的准确度和拣货作业效率。

(4) 每笔货物拣取移动距离

$$每笔货物拣取移动距离 = \frac{拣货行走距离}{订单总笔数}$$

每笔货物拣取移动距离直接反映目前拣货区布局是否合理，拣货作业策略与方式是否得当，如果指标太高，则表示拣货消耗的时间和能力太多，此时可以从改进拣货区布局及拣货策略与方式等方面入手，来提高拣货作业效率。

(五) 送货作业指标

送货作业是将货品送达客户的活动，是配送作业绩效的最终体现。如何选择适合的送货人员、适合的送货车辆、最佳行车路径，合理规划送货时间，实现最大配载效率，控制成本费用及减少交货延迟发生率等都是送货管理人员应该考虑的问题。送货作业绩效评价量化指标有以下几个方面。

(1) 人员负担

$$人均送货量 = \frac{送货总量}{送货人员数}$$

$$人均送货距离 = \frac{送货总距离}{送货人员数}$$

$$人均送货车次 = \frac{送货总车次}{送货人员数}$$

这三个指标可以充分了解送货作业人员的工作量，并根据实际情况及时调整送货作业人员数量，也可以反映送货人员的作业贡献，从而对相关人员进行绩效考核。

(2) 车辆负荷

$$平均每车周转量 = \frac{送货总距离 \times 送货总吨数}{送货车辆数}$$

$$平均每车配送距离 = \frac{送货总距离}{送货车辆数}$$

如果车辆负荷过大就需要增加车辆，负荷过小说明配送业务量小，需要增加业务量。

(3) 车辆安排

$$空驶率 = \frac{空车行驶距离}{送货总距离} \times 100\%$$

$$送货平均速度 = \frac{送货总距离}{送货总时间}$$

$$送货车辆开动率 = \frac{送货总车次}{车辆数量 \times 工作天数} \times 100\%$$

$$外车比例 = \frac{外车数量}{自车数量 + 外车数量}$$

当空驶率较高时,表明有部分车辆"回程空驶",这时配送成本较高;送货平均速度可以反映送货路线是否最佳,路线上的交通状况是否良好;车辆开动率反映车辆的利用率,如果利用率过高,表明车辆负荷较重,应增加车辆,利用率太低,则应该减少车辆或增加配送货物。

若本企业送货货物中季节性或节假日特性商品比例高,旺淡季出货量差别大,宜提高外雇车辆比例,以应付业务量变动和降低平日养车成本;反之,宜降低外雇车辆比例,选择自有车辆以提高送货效率和降低成本。

(4) 送货成本

$$每吨(车次或千米)送货成本 = \frac{送货成本}{总送货吨位(车次或千米)}$$

(5) 时间效益

$$送货时间比率 = \frac{送货总时间}{送货人数 \times 工作天数 \times 每天工作时数} \times 100\%$$

$$单位时间送货量 = \frac{出货量}{送货总时间}$$

以上指标用于分析单位时间对于送货量的贡献率。

(6) 送货质量

$$送货延误率 = \frac{送货延误车次}{送货总车次} \times 100\%$$

$$送货短缺率 = \frac{出货品短缺数}{出货量} \times 100\%$$

送货延误原因很多,可能是车辆设备故障、路况不佳、交通意外、供应交货延误、缺货等原因造成,要全面分析,有针对性地采取对策。

出货品短缺会影响客户满意度,增加再次送货成本,需要注重每位员工每次作业质量,做好出货每一作业环节的复核。

(六)配送中心整体绩效指标

(1) 单位面积效益

$$配送中心单位面积效益 = \frac{营业额}{建筑总面积}$$

(2) 设备投资情况

$$设备投资效益 = \frac{营业额}{固定资产总额}$$

$$人均装备率 = \frac{固定资产总额}{配送中心总人数} \times 100\%$$

设备投资效益用来评估资产是否充分发挥效用，该值越高说明每单位固定资产创造的营业额越多。

（3）工作人员情况

$$人均生产量 = \frac{出货量}{配送中心总人数}$$

$$人均生产率 = \frac{营业额}{配送中心总人数} \times 100\%$$

$$直、间接工比率 = \frac{作业人数}{配送中心总人数 - 作业人数} \times 100\%$$

$$加班率 = \frac{员工共加班时数}{每天工作时数 \times 工作天数 \times 配送中心总人数} \times 100\%$$

$$新员工比率 = \frac{新员工人数}{配送中心总人数} \times 100\%$$

$$临时工比例 = \frac{临时员工人数}{配送中心总人数} \times 100\%$$

$$离职率 = \frac{离职员工人数}{配送中心总人数} \times 100\%$$

（4）营业情况

$$产出与投入平衡 = \frac{出货量}{进货量}$$

$$每天营业额 = \frac{营业额}{工作天数}$$

$$营业支出与营业额比率 = \frac{营业支出}{营业额} \times 100\%$$

产出与投入平衡用来衡量公司进货量与出货量之间的关系，数值最好在每一期都维持在 1 左右，如果产出与投入平衡长期大于 1，说明出货量大于进货量，容易导致缺货，如果该值小于 1，则会导致库存积压；每天营业额可以衡量公司营运的稳定性，通过分析一段时间内每天营业额的变化趋势，了解公司的业务发展情况；营业支出与营业额比率用来测定营业成本费用对该期损益影响程度，该值越低则说明企业盈利能力越强。

（七）配送中心客户服务质量指标

（1）服务水平指标

$$缺货率 = \frac{缺货次数}{客户要求总次数}$$

$$订单满足率 = \frac{满足订单数}{订单总数} \times 100\%$$

$$订单处理正确率 = \frac{无差错订单处理数}{订单总数} \times 100\%$$

$$订单按时完成率 = \frac{按时完成订单数}{订单总数} \times 100\%$$

$$信息传递准确率 = \frac{向客户传递信息准确次数}{传递总次数} \times 100\%$$

$$客户投诉处理及时率 = \frac{及时处理数量}{处理总数量} \times 100\%$$

客户满意度：从客户的有效投诉次数进行考评，另外，还可以从总体质量、服务意识和服务态度等方面进行综合考虑。

（2）交货水平指标

$$货物准时送达率 = \frac{准时送达订单数}{订单总数} \times 100\%$$

$$配送延迟率 = \frac{配送延迟车次}{配送总车次} \times 100\%$$

$$订单延迟率 = \frac{延迟交货订单数}{订单总数} \times 100\%$$

$$紧急订单响应率 = \frac{在12h内发货订单数}{紧急订单总数} \times 100\%$$

（3）交货质量指标

$$完好交货率 = \frac{完好交货物品量}{交货总量} \times 100\%$$

$$货损率 = \frac{损失量}{总量} \times 100\%$$

$$差错率 = \frac{差错量}{总量} \times 100\%$$

（4）满足程度指标

$$满足率 = \frac{满足客户货物要求的数量}{要货总量} \times 100\%$$

（5）经济性指标

$$单位产品配送成本 = \frac{配送费用}{配送总量}$$

第三节 配送作业绩效评价指标分析

知识点 | 比较分析法、鱼骨图分析法。
能力点 | 绘制配送作业影响因素鱼骨图。

一、配送作业绩效评价指标分析的方法

绩效评价的目的并不是终止于评价结果，在对企业各项活动的绩效评价考核结果出来之后，我们应该从各种维度对绩效进行诊断和分析，找到绩效的变化点，形成绩效分析报告进行管理改进。

配送中心作业绩效评价指标分析，能帮助管理者了解配送中心各项任务的完成情况和取得的成绩，及时总结经验；配送中心工作中存在的问题及薄弱环节；对作业质量、效率、安全、经济等方面做出全面评价；同时找出配送作业的规律，为配送中心的规划提供依据。

对配送中心作业绩效评价指标进行分析的方法有很多种，如比较分析法、功效系数方法、综合分析判断法等，下面介绍的是实践中常用的绩效问题分析方法：比较分析法和鱼骨图分析法。

（一）比较分析法

比较分析法是指对两个或两个以上有关的可比数据进行对比，揭示差异和矛盾。比较是分析的最基本方法，没有比较，分析就无法开始。

比较分析的具体方法种类较多，这里介绍以下两种分类。

1. 按比较对象（和谁比）分类

按比较对象（和谁比）分类可分为：①趋势分析，即与本企业历史比，将不同时期的指标相比。②横向比较，即与同类企业比，与行业平均数或竞争对手比较。③差异分析，即与计划数据比，实际执行结果与计划指标比较。

2. 按比较内容（比什么）分类

按比较内容（比什么）分类可分为：①比较总量，如配送距离、配送总量、营业收入、配送成本等。总量比较主要用于时间序列分析，如研究配送中心利润的逐年变化趋势，看其增长潜力，有时也用于同业对比，看企业的相对规模和竞争地位。②比较结构百分比，用于发现有显著问题的项目，揭示进一步分析的方向。③比较比率，配送中心各作业评价指标大都是比率，它们是相对数，排除了规模的影响，使不同的比较对象建立起可比性，它的计算是非常简单的，但对它加以说明和解释是相当复杂和困难的。

（二）鱼骨图分析法

1. 鱼骨图的概念

鱼骨图，又名特性要因图或因果图，鱼骨图由日本管理大师石川馨先生所发明，故又名石川图，指的是一种透过问题现象找出"根本原因"的分析方法。

问题的特性总是受到一些因素的影响,首先通过头脑风暴法(Brain Storming,BS)找出这些因素,将它们与特性值一起,按相互关联整理而成层次分明、条理清楚的图形,因其形状如鱼骨,故称鱼骨图。

鱼骨图分析法是咨询人员进行因果分析时经常采用的一种方法,其特点是简捷实用,深入直观。它看上去有些像鱼骨,问题或缺陷(即后果)标在"鱼头"处。在鱼骨上长出鱼刺,在上面按出现机会多寡列出产生问题的可能原因,有助于说明各个原因之间是如何相互影响的。应用该法时通常要经过头脑风暴法这一环节,头脑风暴法是一种通过集思广益、发挥团队智慧,从各种不同角度找出问题所有原因或构成要素的会议方法。

根据不同用途划分,鱼骨图有以下三种类型:
1)整理问题型鱼骨图(各要素与特性值间不存在原因关系,而是结构构成关系)。
2)原因型鱼骨图(鱼头在右,特性值通常以"为什么……"来表示)。
3)对策型鱼骨图(鱼头在左,特性值通常以"如何提高/改善"来表示)。

2. 鱼骨图法分析流程

(1)分析问题成因结构

第一步,针对要解决的问题点,选择层别方法讨论其成因。确定大要因(大骨)、中要因(中骨)、小要因(小骨)等。管理类问题一般从"人、事、时、地、物"层别着手,结合具体情况而定。

第二步,采用头脑风暴法分别针对各层别找出所有可能原因。召集绩效相关方共同讨论,应尽可能多而全地找出所有可能原因,而不仅仅局限于自己能完全掌控或正在执行的内容。对人的原因,宜从行动而非思想态度面着手分析。

第三步,将找出的各要素进行归类、整理,明确其从属关系。大要因必须用中性词描述(不说明好坏),中、小要因必须使用价值判断(如不良)。中要因跟特性值、小要因跟中要因间有直接的原因——问题关系,小要因应分析至可以直接下对策。

第四步,分析选取重要因素。选取重要原因不要超过7项。

第五步,检查各要素的描述方法,确保语法简明,意思明确。

(2)鱼骨图的绘制

将上述步骤整理出来的分类分层要因文字标示到鱼骨图上,使条理清楚,一目了然。

首先,将讨论对象问题填写在鱼头位置,按"为什么不好"的方式描述并画出主骨。然后,依次画出大骨,填写大要因;画出中骨、小骨,填写中小要因。

可用特殊符号将重要的因素醒目地标示出来,如图8-2所示。

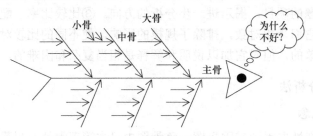

图8-2 鱼骨图示意图

企业案例 8-3

某配送企业农产品拣货作业影响因素鱼骨图（如图 8-3 所示）

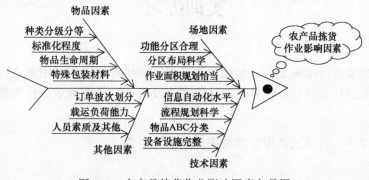

图 8-3　农产品拣货作业影响因素鱼骨图

二、配送作业绩效评价指标分析的步骤

在取得营运作业各项绩效评价指标，经过采用不同的比较方法判断数据好坏后，接下来就是依指标反映的状况进行指标分析，即基于指标实际数据及资料——加以分析并发现问题点，把每一作业要素所需采取的行动整理出来，以决定改善对策。指标分析的步骤包括以下几个方面

1）判断数据的好坏。
2）发现问题点。
3）确定问题。
4）查找原因。
5）寻找解决问题的方法。

具体分析时，可从以下两方面入手。

1）单一指标分析法，即以单一指标来评估作业绩效。但存在的问题是一些指标在单独使用时，往往会掩盖另一些重要方面的问题。

2）多元指标分析法，即以多个相互关联的指标来评估作业绩效。关键问题是如何确定各指标之间评估过程中的权重。

三、配送作业绩效评价指标分析问题的改善

经过指标分析，会发现一些问题，可采取如下步骤加以改善。

1）在所有问题点中决定亟待解决的问题。
2）收集有关事实，决定改善目标。
3）分析事实，检查改善方法。
4）拟订改善计划。
5）试行改善。

6）评价试行实施结果，并使之标准化。
7）制订管理标准并执行标准。

实训练习

实训目的
通过构建绩效评价指标工作，帮助学生获得能初步对配送作业绩效进行评价的技能；同时加深理解配送作业绩效评价指标的计算方法及特点，了解绩效评价考核管理全过程。

实训任务
编制一份《××公司送货作业绩效评价办法》文件。

任务情景
现在你是配送中心主管经理，请你针对本章引导案例中的送货作业管理问题，编制一份《××公司送货作业绩效评价办法》文件。文件中要有以下内容：编制文件的目的、评价原则、评价内容、送货人员分工及职责、各项绩效管理控制指标。控制指标应从送货人员、送货车辆、送货质量、送货成本等方面进行构建，并对指标的计算公式及特点进行简单说明。

任务帮助

××配送中心拣货绩效评价办法

办法名称		编号	
		受控状态	
执行部门		监督部门		编修部门	

第1章 总则

第1条 目的
为全面提升配送中心作业水平，提高拣货作业效率，做到拣货无差错，降低货物损耗，特制定本办法。

第2条 适用范围
本办法适用于拣货绩效评价工作。评价采用不定期和定期相结合的办法进行，不定期评价作为月度、季度或年度评价的依据。

第3条 人员职责

1. 配送中心主管
配送中心主管负责组织拣货评价工作，评价配送中心整体拣货作业水平，并督促拣货管理人员通过设备维护更新、人员指导培养提高工作质量。

2. 拣货管理人员
拣货管理人员应做好拣货工作日常监督检查工作，为拣货作业人员开展业务技能培训，提高人员专业水平；组织拣货设备检查、维护和报修工作，确保拣货设备的运转良好；配合中心开展拣货效率评价工作。

3. 拣货作业人员
拣货作业人员要做到眼疾手快，认真完成拣货任务，规范操作设备，定期进行拣货设备检查、维护和报修，并积极配合配送中心组织的绩效评价工作。

第2章 评价原则及内容

第4条 评价原则
评价遵循公开、公正、公平的原则，按拣货流程和工作标准进行严格评价。

第5条 评价内容
拣货效率评价的目的是为通过找出现在问题，改进系统设计与管理，进而提高效率。因此，拣货效率评价内容包括对效率产生影响的因素，具体包括对拣货人员、设备、方式、时间、成本、质量等方面的评价。

(续)

第3章 拣货人员作业效率

第6条 拣货人员分工及职责

1. 拣货管理人员职责
1) 拣货出库计划的完成。
2) 每日拣货作业任务安排。
3) 拣货作业设备的管理。
4) 拣货作业人员的管理。
5) 对客户订单的管理。
6) 拣货作业成本管理。
7) 拣货作业质量控制。

2. 拣货作业人员职责
1) 拣货设备的操作。
2) 每日拣货作业任务的完成。
3) 拣货出库总结和报告。
4) 盘点作业。
5) 拣货设备检查。
6) 安全管理。

第7条 拣货管理人员评价

拣货管理人员主要评价内容为岗位职责的各相关条目，各职责详细工作标准参见本配送中心《配送中心岗位说明书》和《配送中心目标责任书》。

第8条 拣货作业人员效率评价指标（见表8-3）

表8-3 拣货作业人员绩效评价指标表

指标名称	指标计算方法	相关说明
每人时拣取品种数	每人时拣取品种数 = $\dfrac{\text{拣货单笔数}}{\text{拣货人员数} \times \text{每天拣货时数} \times \text{工作天数}}$	在人工拣货或机械化程度较低，或出货多属于少批量多品种的配送作业中，可采用该指标
每人时拣取件数	每人时拣取件数 = $\dfrac{\text{累计拣货总件数}}{\text{拣货人员数} \times \text{每天拣货时数} \times \text{工作天数}}$	对自动化程度较高或出货多属于大批量少品种的配送作业，可采用该指标
每笔货物拣取移动距离	每笔货物拣取移动距离 = $\dfrac{\text{拣货行走距离}}{\text{订单总笔数}}$	如该指标值过高，则表示拣货效率低下，此时可从改进拣货区域布局及拣货策略等方面入手，来提高拣货作业效率

第4章 拣货设备使用效率评价

第9条 拣货设备影响因素说明

不同的储存方式和拣货方式需要采用不同的拣货设备，在影响拣货设备的选用中，拣货包装单位的大小和批量是两个主要因素。拣货设备在使用过程中的效率直接影响配送作业的成本。

第10条 拣货设备效率评价指标（见表8-4）

表8-4 配送中心拣货设备评价指标表

指标名称	指标计算方法	相关说明
拣货人员装备率	拣货人员装备率 = $\dfrac{\text{拣货设备投资成本}}{\text{拣货人员数}}$	装备率越高通常说明配送中心机械化、自动化程度越高，但装备率高并不等于设备使用效率高
拣货设备成本产出率	拣货设备成本产出率 = $\dfrac{\text{出货总体积}}{\text{拣货设备成本}}$	该指标反映单位拣货设备所拣取的货物体积数。因此，设备成本产出率越高，说明设备的使用效率越高

(续)

第5章 拣货时间与速度评价

第11条 拣货时间和速度影响关系说明

拣货时间与速度直接反映配送中心拣货作业能力。拣货时间越短、速度越快,则拣货作业效率越高。

第12条 拣货时间与速度评价指标(见表8-5)

表8-5 拣货时间与速度评价指标表

指标名称	指标计算方法	相关说明
单位时间处理订单数	$单位时间处理订单数 = \dfrac{订单数量}{每日拣货时数 \times 工作天数}$	两项指标分别反映单位时间处理订单数和拣取货物品种数的能力
单位时间拣取品种数	$单位时间拣取品种数 = \dfrac{订单数量 \times 每张订单平均货物品种数}{每日拣货时数 \times 工作天数}$	指标数值越高,说明拣货系统处理订单的能力越强,作业速度越快

第6章 拣货成本控制评价

第13条 拣货成本影响说明

拣货成本通常包括三类:人工成本、拣货设备折旧费、资讯处理成本。

第14条 拣货成本控制评价指标(见表8-6)

表8-6 拣货成本控制评价指标表

指标名称	指标计算方法	相关说明
每份订单投入的平均拣货成本	$每份订单投入的平均拣货成本 = \dfrac{拣货投入成本}{订单份数}$	两项指标分别反映处理一份订单和处理一笔货物需耗的拣货成本。其数值越高,投入成本越多。因此,这一指标上升说明效益正在下降,此时必须采取有效措施控制成本
订单每笔货物投入拣货成本	$订单每笔货物投入拣货成本 = \dfrac{拣货投入成本}{订单上货物的总笔数}$	

第7章 拣货质量控制指标

第15条 拣货错误原因分析

拣货错误多次发生时,应即时查找原因,提高拣货作业的准确性(见表8-7)。

表8-7 拣货错误原因分析及对策表

指标名称	指标计算方法	相关说明
作业信息传递发生错误	单据印刷不清、传递信息不明确、单据混乱	加强计算机系统维护,实施单据分类、编号管理
拣货指示发生错误	储位指示发生错误、货物放置错误	信息标准化管理、加强储位管理
货物拿取错误	拣取数量错误、看错货物、拣货作业人员注意力不集中、拣货作业人员责任心不强	提高信息传递的准确性、明确货物区分标识、提高人员专业素养

第8章 附则

第16条 本办法由配送中心负责起草和修订。

第17条 本办法经公司总经理审批通过后生效实施。

编制日期		审核日期		批准日期	
修改标记		修改处数		修改日期	

本章小结

配送作业绩效评价是配送企业总结配送作业成果，发现配送作业中的问题，并根据评价结果进行配送作业改进的重要工作，也是企业内部监控的有效工具和方法。

本章主要讨论了配送企业的进出货、储存、订单处理、拣货、送货、补货及退货等内部流程作业层面的绩效及其在企业整体层面表现的客户服务绩效。

配送作业绩效评价的内容主要体现在作业质量、作业成本、作业效率、作业安全、客户服务等几方面；评价指标量表是贯穿绩效评价全过程的管理工具；通过构建一个反映配送活动绩效各个侧面评价指标体系来实施评价；对评价结果，我们可以用比较分析法和鱼骨图分析法来分析绩效问题。

同步测试

一、单选题

1. （　　）是反映配送流程作业环节及其整体作业效率与效果，衡量配送作业管理水平高低的尺度。
   A. 配送作业绩效评价量表　　　　　B. 配送作业绩效评价指标
   C. 客户服务效果　　　　　　　　　D. 配送作业成本

2. 一般来说，当评价指标量表应用于对岗位员工考核时，评价主体是此岗位的（　　）。
   A. 上级人员　　　　　　　　　　　B. 下级人员
   C. 同级人员　　　　　　　　　　　D. 无关的第三方

3. 评价指标量表中，指标的权重设置要反映指标的（　　）。
   A. 可行性　　　B. 操作性　　　C. 实践性　　　D. 重要性

4. 紧急订单响应率指标反映配送企业的订单快速处理能力和（　　）处理能力，需要事先制订快速作业处理流程与操作规程。
   A. 调整再订货点　　　　　　　　　B. 交货延迟状况
   C. 紧急插单业务　　　　　　　　　D. 订单变化情况

5. 若本企业送货货物中季节性或节假日商品比例高，旺淡季出货量差别大，宜提高（　　），以此应付业务量变动和降低平日养车成本。
   A. 送货平均速度　　　　　　　　　B. 自有车辆比例
   C. 外雇车辆比例　　　　　　　　　D. 送货车辆开动率

二、多选题

1. 企业选用配送作业绩效评价内容时，要反映（　　），并且尽可能提供实时分析功能。

A. 岗位任务完成情况　　　　　　B. 配送设备数量
C. 配送整体运作情况　　　　　　D. 客户需求的落实
E. 业务流程作业评价

2. 当评价指标量表应用于对岗位员工考核时，运用 360°绩效评价时，评价主体可以是（　　　）。
   A. 本人　　　　B. 同事　　　　C. 下属　　　　D. 客户
   E. 上级

3. 一般拣货成本主要包括（　　　）。
   A. 搬运成本　　　　　　　　　　B. 人工成本
   C. 拣货设备折旧费　　　　　　　D. 资讯处理成本
   E. 加工成本

4. 改善人均每小时拣货品项数，则可通过（　　　）等途径来实现。
   A. 确定高效的拣货方式　　　　　B. 储位合理配置
   C. 拣货的机械化、电子化　　　　D. 拣货人员数量及工时合理安排
   E. 拣货路径合理规划

5. 拣误率高的改善对策是，选择（　　　）等先进拣货技术，以提高拣货的准确度和拣货作业效率。
   A. 计算机辅助拣货系统　　　　　B. 最合理的拣货方式
   C. 引进先进的条码技术　　　　　D. 合理布局拣货区
   E. 加强拣货人员培训

三、判断题

1. 绩效是与组织目标有关的活动或行为，与这种活动或行为所获得的结果无关。（　　）
2. 绩效评价指标不是一成不变的，它根据企业内外情况的变动而变动。（　　）
3. 配送企业仅甄选少数的关键配送作业业绩指标进行评估。（　　）
4. 每笔货物拣取移动距离指标直接反映目前拣货区布局是否合理，拣货作业策略与方式是否得当，如果指标太低，则表示拣货消耗的时间和精力太多，此时需改进。（　　）
5. 当送货车辆空驶率较高时，表明有部分车"回程空驶"，这时配送成本较低。（　　）

四、问答题

1. 什么是绩效评价、绩效管理？
2. 配送企业绩效评价的一般内容有哪些？选用评价内容时要考虑哪些因素？
3. 配送作业绩效评价指标的含义及特点是什么？
4. 配送中心客户服务质量指标有哪些？
5. 鱼骨图法的分析流程是怎样的？

五、计算分析题

1. 某配送中心总泊位数为 10 个，每月工作天数 22 天，每天工作 8h，经统计进出货

车次装卸货停留总时间为880h，计算站台利用率？若利用率为0.5，高峰率为2，说明什么？该怎么办？若利用率为0.9，说明什么问题？应采取何种措施？

2. 某配送中心配送人员考核内容分为配送前考核、配送中考核、配送后考核三部分。A、B两个部门的配送指标数值见表8-8，试比较A、B两个部门的配送绩效。

表 8-8　配送人员考核内容及考核指标

考核内容	内容权重（%）	评估指标	指标权重（%）	A部门考核结果（%）	B部门考核结果（%）
配送前	30	分拣准确率	30	80	90
		紧急订单响应率	30	50	70
		按时发货率	40	90	90
配送中	50	配送延误率	25	5	10
		货物破损率	20	5	2
		货物差错率	20	10	5
		货物丢失率	20	8	4
		签收单返回率	15	96	95
配送后	20	通知及时率	30	95	96
		投诉处理率	30	85	90
		客户满意率	40	85	90

六、案例分析题

××配送中心提供连锁超市鲜活农产品配送服务，其业务具有以下特点。

1）针对连锁超市的鲜活农产品配送，具有多品种、小批量、多批次、响应时间短，但是区域性需求量大、区域性物流量大、配送时效性强等特点。

2）该配送中心需要进行冷藏保鲜、冷藏运输、鲜活加工等系列冷链处理。

3）生鲜产品加工配送环节对保温保鲜、加工制作周期等条件限制很多，限制了生鲜加工配送中心服务的业务辐射半径。

4）鲜活农产品配送风险大、食品安全问题突出。

因此，配送中心领导层认为，搞好鲜活农产品配送绩效考核工作成为企业管理的重点。

问题：

请你针对该配送中心的鲜活农产品配送过程，分析总结鲜活农产品物流配送的特点，并为该配送中心构建一套"鲜活农产品配送绩效评价指标体系表"。

参 考 文 献

[1] 黄晶. 配送管理实务[M]. 杭州：浙江大学出版社，2014.
[2] 黄安心. 配送中心运作与管理实务[M]. 武汉：华中科技大学出版社，2009.
[3] 兰必近. 配送管理实务[M]. 北京：北京交通大学出版社，2014.
[4] 李海民，王建良. 物流配送实务[M]. 2版. 北京：北京理工大学出版社，2015.
[5] 王转. 配送与配送中心[M]. 2版. 北京：电子工业出版社，2015.
[6] 贾春霞. 配送与配送中心管理[M]. 北京：清华大学出版社，2016.
[7] 王晓阔，陈杰. 配送管理实务[M]. 北京：人民交通出版社，2015.
[8] 张志乔. 物流配送管理[M]. 北京：人民邮电出版社，2010.
[9] 马俊生，王晓阔. 配送管理[M]. 2版. 北京：机械工业出版社，2016.
[10] 周长春，宋来方. 配送中心运营管理[M]. 武汉：武汉大学出版社，2012.
[11] 田侠. 配送作业管理[M]. 北京：中国铁道出版社，2015.
[12] 王慧，郝渊晓，马建平. 物流配送管理学[M]. 广州：中山大学出版社，2009.
[13] 李育蔚. 物流管理工作细化执行与模板[M]. 2版. 北京：人民邮电出版社，2011.
[14] 沈天文. 配送作业管理[M]. 北京：高等教育出版社，2012.
[15] 彭秀兰，章良. 物流运筹方法与工具[M]. 北京：机械工业出版社，2018.
[16] 刘亮，马骏. 国内公路运输管理实务[M]. 北京：北京出版社，2015.
[17] 彭秀兰. 道路运输管理实务[M]. 北京：机械工业出版社，2016.
[18] 汪晔，胡大成. 配送中心运营与管理[M]. 西安：西安电子科技大学出版社，2017.